轨道交通工程监理指南系列丛书

丛书主编：王洪东　黄威然　谢小兵　王　虹　魏康林　刘献忠　简　锋　辜思达
丛书主审：米晋生　王　晖　钟长平

轨道交通工程监理指南
地下明挖工程篇

主　编：王洪东　刘献忠　张　荣
副主编：李新明　陈跃进　唐文平

中国建筑工业出版社

图书在版编目（CIP）数据

轨道交通工程监理指南. 地下明挖工程篇 / 王洪东，刘献忠，张荣主编. —北京：中国建筑工业出版社，2020.11
（轨道交通工程监理指南系列丛书 / 王洪东等主编）
ISBN 978-7-112-24618-2

Ⅰ.①轨… Ⅱ.①王…②刘…③张… Ⅲ.①地下铁道—明挖法施工—监理工作—指南 Ⅳ.①U231-62

中国版本图书馆CIP数据核字（2020）第022170号

责任编辑：姚丹宁
文字编辑：刘颖超
版式设计：京点制版
责任校对：焦　乐

轨道交通工程监理指南系列丛书
丛书主编：王洪东　黄威然　谢小兵　王　虹
　　　　　魏康林　刘献忠　简　锋　辜思达
丛书主审：米晋生　王　晖　钟长平

轨道交通工程监理指南　地下明挖工程篇
主　编：王洪东　刘献忠　张　荣
副主编：李新明　陈跃进　唐文平

*

中国建筑工业出版社出版、发行（北京海淀三里河路9号）
各地新华书店、建筑书店经销
北京点击世代文化传媒有限公司制版
北京圣夫亚美印刷有限公司印刷

*

开本：787毫米×1092毫米　1/16　印张：16¼　字数：334千字
2021年3月第一版　2021年3月第一次印刷
定价：**75.00**元
ISBN 978-7-112-24618-2
　　　（35326）

版权所有　翻印必究
如有印装质量问题，可寄本社图书出版中心退换
（邮政编码 100037）

轨道交通工程监理指南系列丛书

轨道交通工程监理指南 地下明挖工程篇

编委会

丛书主编： 王洪东　黄威然　谢小兵　王　虹
　　　　　　魏康林　刘献忠　简　锋　辜思达

丛书主审： 米晋生　王　晖　钟长平

本书主编： 王洪东　刘献忠　张　荣

本书副主编： 李新明　陈跃进　唐文平

本书编委：（排名不分先后）
　　　　　　陈龙文　卢　琨　王欢贵　胡　超
　　　　　　陈丹莲　容金龙　郑凯玲　韦超颖
　　　　　　徐明辉

主编单位： 广州轨道交通建设监理有限公司

编著者简介

王洪东　主编
高级工程师，国家注册监理工程师、注册咨询工程师、注册造价工程师、注册一级建造师，广州轨道交通建设监理有限公司执行董事、副总经理

刘献忠　主编
高级工程师，国家注册监理工程师、注册造价工程师、注册一级建造师，广州轨道交通建设监理有限公司副总工程师

张　荣　主编
高级工程师，国家注册监理工程师，广州轨道交通建设监理有限公司项目经理、项目总监

李新明　副主编
高级工程师，国家注册监理工程师，广州轨道交通建设监理有限公司项目总监

陈跃进　副主编
高级工程师，国家注册监理工程师，广州轨道交通建设监理有限公司项目总监

唐文平　副主编
工程师，国家注册监理工程师、注册咨询工程师、注册造价工程师，广州轨道交通建设监理有限公司总监代表

序

2020年春，在中国全民抗击"新冠"肺炎疫情之际，我陆续收到了广州轨道交通建设监理公司同行们编写的"轨道交通工程监理指南系列丛书"研究成果初稿，这些成果令我们这些早期参与过、主持过广州地铁建设的老同事倍感欣慰，研究成果说明他们在地铁工程管理和技术上已逐步走向成熟，其扎扎实实的科学专研精神非常值得学习与尊重。

广州轨道交通建设监理有限公司成立于1996年，经过二十多年的积累和沉淀，培养了一批又一批技术人才，坚持以老带新，不断壮大。他们坚持"建设一条线，总结一条线，提升一条线"，陆续出版了《复合地层中的盾构施工技术》《盾构施工监理指南》《广州地铁三号线盾构隧道工程施工技术研究》和《地铁盾构施工风险源及典型事故的研究》等多本盾构施工技术专著。今又对公司多年的监理业务进行了系统总结，提炼编著出"轨道交通工程监理指南系列丛书"。

丛书涉及了地铁工程建设中的主要专业与工法，包括盾构工程、地下明挖工程、矿山法工程、高架工程、顶管工程、轨道工程、机电工程等。丛书按专业类别编写，分期分批出版，力争成为国内外城市轨道交通建设监理工作中最有价值的工作指南。

轨道交通工程建设是一门涉及多专业、多工种的综合性建设工程，工程建设周边环境复杂、管线众多、地质多变、施工工艺多样化、接口量大，工程建设风险大。丛书的作者们是一群勤奋的有心人，他们二十年如一日地坚守在轨道交通建设工程中，不断学习，积累经验，总结与提升。大道至简，书中每个工法的总结都体现了他们对规范的理解、对风险的把控、对细节的钻研，值得大家精读。

如果说，抗击"新冠"肺炎疫情，白衣天使们是逆行者。那么，疫情期间还在一线从事监理工作的工程师们就是轨道交通行业的逆行者！作为他们的老同事，我感谢他们的辛勤劳动，并对他们取得的成绩深表祝贺！希望他们能坚持不懈地把这项工作做下去，期待着他们的新成果尽快与大家见面。

希望这套丛书能为从事城市轨道交通建设的工程技术和管理人员提供借鉴和指导。让我们共同为中国轨道交通事业高质量的发展做出应有的贡献。

竺维彬[*]

2020 年 4 月

---

* 竺维彬，教授级高级工程师，国务院特殊津贴专家，广州市人民政府国有资产监督管理委员会专职外部董事，原广州地铁集团有限公司常务副总经理。

前 言

明挖法施工具有历史悠久，应用广泛的特点，其优点是施工技术成熟，主体结构受力条件较好等，在没有地面交通和环境等条件限制时，应是首选方法。但其缺点也是明显的，如阻断交通时间较长，噪声与振动大等。城市轨道交通的建设是百年大计，对轨道交通的明挖结构类型的选择要根据各城市沿线的不同地区、不同的环境要求进行确定。随着科学技术的进步与施工技术水平的不断提高，明挖法施工在技术上已有较大发展。

广州轨道交通建设监理有限公司成立于1996年（原广州地铁工程建设监理有限公司），长期专注于轨道交通和地下工程建设，对轨道交通工程各工法、各专业具有丰富的管理经验。公司自2007年进入轨道交通工程明挖工程施工管理领域，先后承接过广州、深圳、佛山、厦门、南京、苏州、西安、南宁、哈尔滨等国内25个城市的轨道交通工程监理和科研咨询项目，曾参与当时亚洲最深明挖车站广州地铁二号线海珠广场站（车站埋深26m）及当时亚洲面积最大的南京地铁一号线地铁新街口站（面积37176.35m^2）的建设。

公司近年来集中力量收集、整理了广州地铁建设二十多年来积累的监理工作经验和教训，编写了内部使用的"地铁工程监理工作指南系列丛书"，汇集了我司目前监理项目使用的主要监理工作报表作为案例以供参考。本书的出版筹划源于2016年我司内部刊行的《地铁工程监理工作指南 地下明挖工程篇》，根据我司二十年来轨道交通工程明挖工程施工管理实践和总结，结合现行的规范、规程以及政府和行业对轨道交通工程建设的管理规定，编写了本书《轨道交通工程监理指南 地下明挖工程篇》，重点提出了事前、事中、事后的监理控制，以及所需的施工相关检查报表及记录，为地下明挖工程施工的精细化监理管理提供了参考，可供其他工程技术人员借鉴。

本书主要从工程监理的角度阐述地下明挖工程施工监理的工作方法和流程。全书共分10章：第1章前期准备工作监理要点；第2章围护结构施工监理要点；第3章明挖基坑支护施工监理要点；第4章基坑开挖与回填施工监理要点；第5章主体结构施工监理要点；第6章明挖车站施工测量监理要点；第7章明挖车站施工监测监理要点；第8章明挖车站防水施工监理要点；第9章明挖现场安全生产与文明施工监理要点；第10章明挖施工设备验收与日常检查监理要点。

本书在编写过程中得到了监理公司领导和现场员工的大力支持与协助，监理公司前技术顾问鞠世健多次指导并提出许多宝贵建议，监理公司员工杨木桂、吴东生、赵荣、杨朝云、罗伟雄、陆志生、黄良海、邹先科、林旭红等同志协助完成本书资料的收集总结。本书也得到广州地铁新线建设各参建方的大力支持，同时参考了行业规范的相关内容，在此一并衷心地感谢为本书提供支持、指导和帮助的领导和技术人员。

因地下明挖工程施工是一项很复杂的技术，其理论和技术都有待于进一步提高，加之作者的水平有限及时间仓促，本书虽经多次讨论和修改，书中难免会有错漏和不妥之处，敬请读者批评指正。

目 录

序	v
前　言	vii

第1章　前期准备工作监理要点　　001

  1.1　明挖车站前期监理工作要点　　001
  1.2　明挖车站施工准备监控要点　　002
  1.3　明挖车站前期工作检查表　　003
  1.4　明挖车站前期监理工作流程　　007

第2章　围护结构施工监理要点　　008

  2.1　钻（冲）孔灌注桩施工监理控制要点　　008
    2.1.1　钻（冲）孔灌注桩施工监理过程控制　　008
    2.1.2　钻（冲）孔灌注桩施工旁站监理　　017
    2.1.3　钻（冲）孔灌注桩施工工艺及质量控制流程　　020
  2.2　人工挖孔桩施工监理控制要点　　021
    2.2.1　人工挖孔桩施工监理过程控制　　021
    2.2.2　人工挖孔桩施工旁站监理　　027
    2.2.3　人工挖孔桩施工工艺及质量控制流程　　030
  2.3　地下连续墙施工监理控制要点　　031
    2.3.1　地下连续墙施工监理过程控制　　031
    2.3.2　地下连续墙施工旁站监理　　040
    2.3.3　地下连续墙施工工艺及质量控制流程　　043
  2.4　旋喷桩施工监理控制要点　　044
    2.4.1　旋喷桩施工监理过程控制　　044

		2.4.2 旋喷桩施工工艺及质量控制流程	047
	2.5	水泥土搅拌桩施工监理控制要点	**048**
		2.5.1 水泥土搅拌桩施工监理过程控制	048
		2.5.2 水泥土搅拌桩施工工艺及质量控制流程	052
	2.6	地层注浆加固施工监理控制要点	**053**
		2.6.1 地层注浆加固施工监理过程控制	053
		2.6.2 地层注浆加固施工工艺及质量控制流程	057
	2.7	套管咬合桩施工监理控制要点	**058**
		2.7.1 套管咬合桩施工监理过程控制	058
		2.7.2 套管咬合桩施工旁站监理	068
		2.7.3 套管咬合桩施工工艺及质量控制流程	071
	2.8	型钢水泥土搅拌桩（墙）施工监理控制要点	**072**
		2.8.1 型钢水泥土搅拌桩（墙）施工监理过程控制	072
		2.8.2 型钢水泥土搅拌桩（墙）施工工艺及质量控制流程	077
	2.9	旋挖钻孔灌注桩施工监理控制要点	**079**
		2.9.1 旋挖钻孔灌注桩施工监理过程控制	079
		2.9.2 旋挖钻孔灌注桩施工旁站监理	085
		2.9.3 旋挖钻孔灌注桩施工工艺及质量控制流程	089
	2.10	钢板桩施工监理控制要点	**090**
		2.10.1 钢板桩施工监理过程控制	090
		2.10.2 钢板桩施工工艺及质量控制流程	094

第3章 明挖基坑支护施工监理要点　　096

	3.1	钢管及钢筋混凝土支撑施工监理控制要点	**096**
		3.1.1 钢管及钢筋混凝土支撑施工监理过程控制	096
		3.1.2 钢管及钢筋混凝土支撑施工旁站监理	107
		3.1.3 钢管及钢筋混凝土支撑施工工艺流程	110
	3.2	锚杆施工监理控制要点	**111**
		3.2.1 锚杆施工工艺流程	111
		3.2.2 锚杆施工监理过程控制	111
		3.2.3 锚杆施工旁站监理	118

第 4 章　基坑开挖与回填施工监理要点　　120

4.1　基坑土方开挖与回填施工监理控制要点　　120
- 4.1.1　基坑土方开挖与回填施工监理过程控制　　120
- 4.1.2　基坑土方开挖与回填施工旁站监理　　128
- 4.1.3　基坑土方开挖与回填施工工艺及质量控制流程　　130

4.2　管井降水施工监理控制要点　　131
- 4.2.1　管井降水施工监理过程控制　　131
- 4.2.2　管井降水施工质量控制流程　　134

第 5 章　主体结构施工监理要点　　135

5.1　主体结构工程施工监理过程控制　　135
- 5.1.1　钢筋混凝土主体结构工程施工质量控制点　　135
- 5.1.2　事前质量控制　　136
- 5.1.3　事中质量控制　　138
- 5.1.4　钢筋混凝土主体结构工程施工质量验收控制　　151

5.2　主体结构工程施工旁站监理　　158
5.3　主体结构工程施工工艺及质量控制流程　　160

第 6 章　明挖车站施工测量监理要点　　162

6.1　明挖车站施工测量监理过程控制　　162
- 6.1.1　施工测量质量管理目标和质量指标　　162
- 6.1.2　施工阶段的测量工作　　162
- 6.1.3　地面控制测量　　163
- 6.1.4　联系测量　　164
- 6.1.5　明挖车站施工测量　　164
- 6.1.6　明挖车站结构竣工测量　　165

6.2　明挖车站施工测量监理控制要点　　166
6.3　明挖车站施工测量监理工作流程　　174

第 7 章　明挖车站施工监测监理要点　　175

7.1　明挖车站施工监测基本要求　　175
- 7.1.1　工程监测等级划分　　175
- 7.1.2　工程监测项目　　176
- 7.1.3　基坑主体监测点埋设要求　　177
- 7.1.4　周边环境监测点埋设要求　　179
- 7.1.5　基准点及监测点的观测方法及精度要求　　181
- 7.1.6　监测频率　　184
- 7.1.7　监测项目控制值和预警　　185

7.2　明挖车站施工监测监理过程控制　　187
- 7.2.1　明挖车站监测管控要点　　187
- 7.2.2　事前质量控制　　188
- 7.2.3　事中质量控制　　189
- 7.2.4　事后质量控制　　191

7.3　明挖车站施工监测控制流程　　194

第 8 章　明挖车站防水施工监理要点　　196

8.1　明挖车站防水施工工艺流程　　196

8.2　明挖车站防水施工监理过程控制　　196
- 8.2.1　明挖车站防水施工质量控制点　　196
- 8.2.2　事前质量控制　　197
- 8.2.3　事中质量控制　　197
- 8.2.4　防水工程质量验收控制　　206

8.3　明挖车站防水施工旁站监理　　209

第 9 章　明挖现场安全生产与文明施工监理要点　　211

9.1　安全生产管理的监理工作内容　　211
- 9.1.1　施工准备阶段安全生产管理　　211
- 9.1.2　施工阶段安全生产管理　　212

9.2 安全生产管理的监理工作方法及措施　　213
9.2.1 安全生产管理的监理工作方法　　213
9.2.2 安全生产管理的监理措施　　214
9.3 安全生产管理的监理工作控制要点及目标值　　216
9.4 安全生产管理的监理工作流程　　236
9.4.1 安全生产管理的监理工作总体流程　　236
9.4.2 项目安全生产监理实施流程　　237

第10章 明挖施工设备验收与日常检查监理要点　　238

10.1 进场施工设备安全管理　　238
10.1.1 进场报验的施工设备　　238
10.1.2 进场施工设备验收　　238
10.1.3 设备维护保养检查　　239
10.1.4 施工设备操作证检查　　239
10.1.5 交接班检查　　240
10.1.6 完善设备资料档案管理制度　　240
10.2 地铁施工危险性较大施工设备的监理控制要点　　240
10.2.1 龙门吊　　240
10.2.2 交流电焊机　　244
10.2.3 流动式起重设备　　245

第1章
前期准备工作监理要点

本章执笔：刘献忠　张　荣

1.1　明挖车站前期监理工作要点

1. 地铁前期监理工作由项目总监负责，根据监理合同的要求积极配合有关各方开展好前期工作，力争早日开工。

2. 项目总监接到业主指示或通知后，应当立即开展工作，除了筹备项目监理部等监理工作准备外，还需要积极配合业主开展前期工作，并指导、督促承包商做好各项施工准备工作。

3. 配合业主前期工作的要点如下：

（1）跟踪、了解各项前期工作（如征地拆迁、管线迁改等）的进展情况，并收集记录信息。

（2）审核前期迁改的设计图纸和施工方案。

（3）对实际完成的迁改工程量进行现场签认。

（4）保留相关原始记录。

4. 督促、指导施工前期工作的要点如下：

（1）检查项目部组织架构的建立与主要管理人员的到位情况。

（2）参与交桩，对控制点复测及加密工作进行旁站，必要时独立复测。

（3）督促并协助承包商办理安监、质监、环保等手续。

（4）检查承包商质量管理体系的建立与运行情况，审核并签认"施工现场质量管理检查记录表"。

5. 监理准备工作的要点如下：

（1）驻地监理部组建并进驻现场，配备办公及生活设施。

（2）按照企业标准化管理规定布置现场办公室，建立现场资料管理目录。

（3）熟悉有关招投标文件、施工与监理合同、设计文件，编制监理规划和监理实施细则。

（4）组织内部学习与培训，提高现场监理人员的技术与业务水平。

（5）建立前期监理工作日志，记录现场前期各项工作进展情况，收集相关资料。

6. 为了做好前期工作，项目监理部还应做好以下几点：

（1）编制项目有关各方的通讯录，方便联系沟通信息。

（2）建立有关各方参加的定期前期工作会议制度，通报各项工程前期及准备工作进展情况、存在问题及下一步工作计划，协调各方工作，便于各项工作有条不紊顺利推进。

（3）建立前期工作台账，时刻了解各项工作进展，为有关各方提供信息。

（4）收集整理并分类保管好各种原始凭据及记录。

1.2 明挖车站施工准备监控要点

1. 熟悉施工图纸，参与图纸会审和设计交底，并提出意见。

2. 审查承包商（分包商）的技术资质，审查内容包括：技术能力、管理水平、施工业绩、关键岗位人员的上岗证等，签字并经业主认可后方可准许进场。

3. 审查施工组织设计或专项施工方案，审查其人员、机械、材料计划及施工工艺等，重点审查编制内容、审批程序等是否符合危险性较大分部分项工程管理的有关要求。如果需要组织专家论证的，审查是否按照专家意见对方案进行了修改。

4. 检查进场人员资质。重点对现场的特殊工种人员（如电工、电焊工、起吊工、桩机操作工等）资格进行审查，符合要求后签字确认并存档。

对现场各级人员安全教育、技术交底情况进行检查。重点检查项目负责人和专职安全员的安全教育培训证，现场操作工人的三级安全教育记录，开工前的技术与安全交底记录，以及班前安全讲话记录等。

5. 施工机械设备进场检查验收。

对用于本工程的桩机、起重机、电焊机等主要施工机械设备进场后，要求承包商填报进场设备报验单向监理部报验。经过现场检查验收后签署意见。施工过程中如果更换或撤场需要经过监理部同意。

6. 原材料进场检查验收。

（1）审查施工用的水泥、砂石料、外加剂及钢筋的生产厂名、厂址、商标、生产日期、产品合格证、出厂检验报告、进场复验报告是否齐全，否则不予进场。

（2）按照规范规定对进场的原材和钢筋连接件进行抽样复试，质量合格后才能使用，抽检不合格的不得用于本工程。

7. 方案确定后，进行现场试验或试验性施工，通过试验检查桩位、核对地质资料，确定正式施工的技术参数及机械设备的运行状况是否完好、正常。试验过程应有监理旁站，并做好旁站记录。

8. 技术准备工作确认。

（1）核对施工图审查记录，确定已经通过了有关部门的审查。

（2）审核工程地质勘察报告，桩位平面图是否符合现场施工要求。

（3）对选用的混凝土供应厂家进行核查，是否是合格供应商。

（4）对混凝土配合比选定报告进行审核，报业主审批后执行。

（5）审查选择的试验室资质是否符合有关规定。

（6）检查承包商是否进行了技术交底，交底是否全面、具体；检查现场技术准备工作，如桩参数一览表、各种施工记录表等是否准备就绪。

（7）项目监理部要对施工图设计文件进行审查提出审核意见，图纸会审后由项目总监或总监代表对设计文件的主要内容在监理部内部进行交底。

9. 施工现场准备检查确认。

（1）检查施工场地内、外的交通道路是否通顺。

（2）检查施工场地内、外的给水、排水条件，应保证给水有保证，排水顺畅，并尽可能地减少污染。

（3）检查施工用电线路，应保证安全可靠，其用电量应满足施工要求，并有防止漏电及避雷措施。

（4）检查施工场地的空中、地面、地下的清障工作，待清障完毕后方可开始施工。

（5）检查桩位放线偏差是否符合要求。

（6）检查水泥仓库是否达到防潮、防毁、防变质的条件，达不到条件的要求承包商采取相应的防护措施，如采用散装水泥并在现场罐装贮存的，应对水泥罐、基础及罐体安装进行验收。

1.3 明挖车站前期工作检查表

1. 工程开工前准备工作一览表

工程开工前准备工作见表1-1。

工程开工前准备工作一览表 表1-1

工程名称：

序号		检查项目	工作进展情况	完成日期	备注
1	前期工作	项目管理人员进驻现场			
2		测量交桩及手续办理			
3		临时施工场地移交及手续办理			
4		临时供水进展及通水日期			
5		临时供电办理进展及通电日期			

续表

序号		检查项目	工作进展情况	完成日期	备注
6	前期工作	管线迁改工作进展及完成日期			
7		绿化迁移工作进展及完成日期			
8		交通疏解工作进展及实施情况			
9	合同工作	总承包合同办理及签订			
10		设计分包协议签订（如有）			
11		主要施工设备采购协议			
12		钢筋、商品混凝土及防水材料供应协议签订			
13		补充勘探协议签订			
14		地铁工程资金专用银行账户开设			
15		工程管理用车落实			
16	需上报方案	项目架构与人员职责上报			
17		总体施工计划编制与上报			
18		总体施工组织编制与上报			
19		应急预案编制与上报			
20		补充地质勘探、测量与监测方案编制与上报			
21		精密导线点与水准点复测及结果上报			
22		专项安全方案编制与上报			
23		施工现场临时用电专项方案			
24		围护结构分部工程施工组织编制与上报			
25		开工报告上报与审批			
26	证件办理	质量监督登记手续办理			
27		安全监督登记手续办理			
28		淤泥渣土排放证办理			
29		占道开挖、绿化迁移、排水等证件办理			
30		工程夜间施工许可证办理			
31		施工许可证手续办理，免办证明（如有）			
32	全面开工前现场准备工作	临时设施修建并交付使用			
33		监理管理用房落实			
34		工地食堂卫生许可证			
35		施工围蔽完成			
36		施工场地硬化			
37		施工便道修好			
38		防洪措施落实			
39		现场洗车槽建设			

续表

序号	检查项目		工作进展情况	完成日期	备注
40	全面开工前现场准备工作	现场七牌一图			
41		现场办公室及会议室上墙图表布置			
42		安全管理内业档案建立			
43		农民工业余学校建立			
44		工人进场、安全培训及实名制登记			
45		施工机具进场			
46		主要材料进场及送检			
47		施工图会审进展			
48		样板工序验收			
49		图纸尺寸放样与地面调查			
50		安全教育与交底工作			
	编制：		审核：	填报日期：	

2. 前期及准备监理工作一览表

前期及准备监理工作见表1-2。

前期及准备监理工作一览表　　表1-2

序号	类别	内容	责任人	完成时间	目前进展	存在问题
1	项目监理部筹备	驻地监理部的组建和进驻现场情况				
2		各工地前期跟踪人员到位情况				
3		现场办公设备及用品到位情况				
4		现场人员住宿及伙食落实情况				
5		现场办公室标准化配置情况				
6	监理合同及预付款	监理合同签订进展情况				
7		监理预付款审批情况				
8		单位及项目人员的资格证书的收集				
9	监理规划与细则编制情况	监理规划编制情况				
10		监理实施细则编制情况				
11	现场交桩与控制点复测情况	现场交桩情况				
12		控制点复测与加密方案审批情况				
13		复测旁站和审核情况				
14	场地移交与管线迁改工作	场地移交手续办理情况				
15		场地内管线迁改方案与图纸审查情况				
16		管线迁改工程量审核签认情况				

续表

序号	类别	内容	责任人	完成时间	目前进展	存在问题
17	图纸审查情况	施工图纸到位与审查情况				
18		现场监理人员熟悉图纸情况				
19		设计交底与图纸会审情况				
20	施工方案审查情况	整体实施性施工组织设计审查情况				
21		安全施工组织与临电设计审查情况				
22		其他专项方案审查情况				
23	监理资料准备情况	现场监理资料分类建档情况				
24		与各方确定分部、分项、检验批划分，明确有关检查与报验表格的样式				
25		监理资料电子文档的建立情况				
26		技术规范、标准的收集情况				
27		政府、业主及企业有关管理办法收集				
28		监理日志的记录情况				
29		会议记录与会议纪要编写情况				
30	学习和培训	内部监理工作交底情况				
31		对工程规范和有关制度的学习情况				
32		项目内部培训计划制定与实施情况				
33		参加委外培训情况				
34	其他需要跟踪了解的情况	承包商项目管理架构和主要人员到位情况				
35		车站范围或区间沿线建（构）筑物及地下管线调查进展情况				
36		地质补勘方案与进展情况				
37		劳务分包合同签订与报审情况				
38		现场临水、临电建设的进展情况				
39		分包单位（设计、试验、补勘、监测、管片、劳务等）选择与报审情况				
40		质监、安监及环保等有关手续办理情况				
41		第一次工地会议筹备情况				

填报人：	审核人：	项目监理部：	日期：

1.4 明挖车站前期监理工作流程

明挖车站前期监理工作流程如图 1-1 所示。

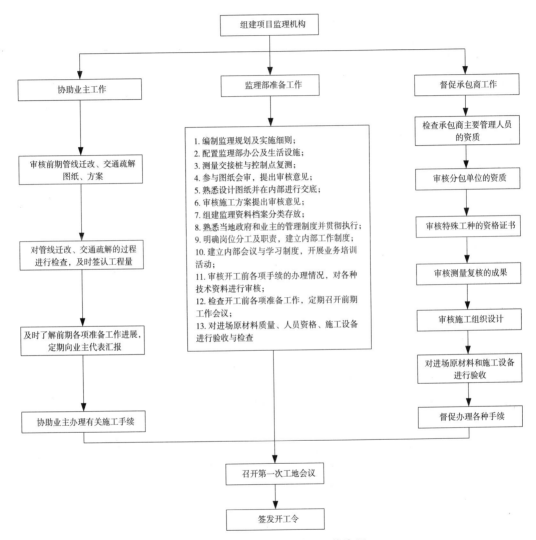

图 1-1 明挖车站前期监理工作流程

第 2 章
围护结构施工监理要点

本章执笔：唐文平　容金龙　韦超颖

2.1 钻（冲）孔灌注桩施工监理控制要点

2.1.1 钻（冲）孔灌注桩施工监理过程控制

泥浆护壁钻孔灌注桩宜用于地下水位以下的黏性土、粉土、砂土、填土、碎石土及风化岩层；冲孔灌注桩除用于上述地质情况外，还能穿透旧基础、建筑垃圾填土或大孤石等障碍物。在岩溶发育地区应慎重使用，采用时，应适当加密勘察钻（冲）孔。本节主要针对地铁比较常见的钻（冲）孔泥浆护壁灌注桩施工过程的监理工作要点。

1. 工序控制点

钻孔桩工序质量控制点见表 2-1。

钻孔桩工序质量控制点　　　　表 2-1

序号	控制点名称	控制事项及检查方法
1	原材料检验	钢筋、水泥、砂石合格证；抽样试验报告；取样复检合格后才使用
2	桩位测量放线检查	检查放线测量成果；抽查桩位外放量
3	护筒埋设检查	定位、埋设深度、高度、周边填实；经纬仪、尺量
4	制备泥浆性能指标检查	检查试验报告；相对密度计检查
5	钻（冲）孔施工控制检查	巡查；检查进尺速度、岩样、泥浆指标等施工记录
6	成孔质量检查与验收	孔位、孔径、孔深、垂直度、清孔及沉渣厚度；经纬仪、验孔器、尺量、吊锤
7	钢筋笼制作质量检验	用卷尺检查钢筋直径、间距等，检查焊接质量、预埋管（件）位置、保护层垫块等
8	钢筋笼安装隐蔽检查	定位、沉放；吊装过程旁站
9	水下混凝土拌合物检验与配合比验证	检查配合比选定试验报告
10	水下混凝土浇筑质量控制检查	混凝土浇筑过程旁站；观察是否有异常现象；留取试件，抽查坍落度
11	桩身混凝土抗压强度试验	检查试验报告
12	桩身无损检验	见证检测过程，检查检验报告

2. 事前质量控制

（1）人员资质检查

①对承包商现场主要管理人员的资质进行审查，对现场的特殊工种人员（如电工、电焊工、起吊工、司索信号工、桩机操作工等）资格进行审查，符合要求后签字确认并存档。

②对现场各级人员安全教育、技术交底情况进行检查。重点检查项目负责人和专职安全员的安全教育培训证，现场操作工人的三级安全教育记录，开工前的技术与安全交底记录，以及班前安全讲话记录等。

（2）施工机械设备检查

对用于本工程的桩机、起重机、电焊机等主要施工机械设备进场后，要求承包商填报进场设备报验单向监理部报验。经过现场检查验收后签署意见。施工过程中如果更换或撤场需要经过监理部同意。

（3）对进场原材料检查验收

对进场钢筋、焊条、焊丝按规范规定进行检查验收，并按规范规定对钢筋原材和钢筋连接件进行抽样复试，质量合格后才能使用。

（4）施工组织设计或专项施工方案审查

审查施工组织设计或专项施工方案，重点审核方案的可行性。

（5）做好技术准备

①核对施工图审查记录，确定已经通过了有关部门的审查。

②项目监理部应对施工图设计文件进行审查提出审核意见，图纸会审后由项目总监或总监代表根据设计文件的主要内容对相关监理人员进行交底。

③检查承包商是否进行了技术交底，交底是否全面、具体；检查现场技术准备工作，如混凝土配合比选定报告、桩位平面图、进度形象图、桩参数一览表、各种施工记录表等准备就绪。

3. 事中质量控制

1）开钻前测量复核与准备工作

（1）在开挖埋置护筒前，承包商向项目监理提交钻（冲）孔桩平面测量放样记录，复核后才能开挖。其中围护桩轴线应根据地层情况和基坑开挖深度情况适当外放。

（2）护筒埋好后承包商应当检查护筒中心位置是否满足施工规范要求，现场监理同意后才能开钻。在成桩过程中，随时检查有关尺寸，桩孔允许偏差及检测方法见表2-2。

2）试桩

在正式全面开始施工前宜先试桩，试桩数量宜不少于2根。监理应现场旁站试桩过程，以便核对地层资料和检验选用的机械设备，施工工艺等是否满足设计要求，对不利用的试成孔必须回填密实且分层止水杜绝隐患。

桩孔允许偏差及检测方法 表2-2

项次	项目	允许偏差	检测方法
1	孔径	-20mm	井径仪或超声波检测
2	孔深	-0、+300mm	用核定的标准测绳测定
3	垂直度	≤1%	用测斜仪
4	沉渣厚度	端承桩≤50mm，摩擦桩≤100mm，围护结构桩≤300mm	用核定的标准测绳测定
5	桩位	顺轴线方向±100mm，垂直轴线方向0mm~+50mm	开挖前量护筒，开挖后量桩中心

3）成孔施工监控

（1）护筒埋设

护筒顶高于地面不应小于0.2m，其埋置深度，黏土层为1.0m，砂质或杂填土层不应少于1.5m。筒外用黏土分层填实，护筒应保持水平。

（2）钻机就位

钻机底盘和转盘必须稳固水平，钻架必须垂直，钻架天轮外缘（或钻头中心）、钻盘中心和护筒中心三点连线处于同一铅垂线，确保桩位精度和钻（冲）孔垂直度。

（3）泥浆循环

一般用原土造浆，特殊情况用黏土或膨润土。泥浆质量指标应满足《地下铁道工程施工标准》GB/T 51310—2018要求（表2-3）。当发生塌孔或漏浆时，应立即增加泥浆密度，甚至向孔内投入黏土等。

各类不同土层冲程和泥浆相对密度选用值 表2-3

土层类别	冲程（m）	泥浆相对密度
护筒及以下3m范围内	0.9~1.1	1.1~1.3
黏土	1~2	清水
砂土	1~3	1.3~1.5
砂卵石	1~3	1.3~1.5
风化岩	1~4	1.2~1.4
塌孔回填后重新钻孔	1	1.3~1.5

（4）泥浆护壁成孔排渣

①黏性土中成孔，可注入清水，以原土泥浆护壁，泥浆相对密度应控制在1.1~1.2。

②砂土和较厚夹砂层中成孔，泥浆相对密度应控制在1.1~1.3，砂夹卵石层或容易塌孔土层中成孔时，泥浆相对密度控制在1.3~1.5。

③泥浆选用塑性指数不小于17的黏土或膨润土等材料配制。

④施工中应经常测定泥浆相对密度，并定期测定黏度、含砂率和胶体率，其指标控制：黏度在黏性土中为18~22s，含砂率为4%~8%，胶体率不应小于90%。

⑤泥浆液面应高出地下水位 1m。

⑥浇筑混凝土前，用原土造浆时，清孔后泥浆相对密度应控制在 1.1 左右；孔壁土质较差时，宜用泥浆循环清孔，清孔后泥浆相对密度应控制在 1.15～1.25。

（5）开（成）孔钻进

①当在软土层中钻进时，应根据泥浆补给情况控制钻进速度；在硬层或岩层中的钻进速度应以钻机不发生跳动为准。

②钻机设置的导向装置应符合下列规定：

a. 潜水钻的钻头上应有不小于 3 倍直径长度的导向装置。

b. 利用钻杆加压的正循环回转钻机，在钻具中应加设扶正器。

③如在钻进过程中发生斜孔、塌孔和护筒周围冒浆、失稳等现象时，应停钻，待采取相应措施后再进行钻进。

④冲击成孔质量控制应符合下列规定：

a. 开孔时，应低锤密击，当表土为淤泥、细砂等软弱土层时，可加黏土块夹小片石反复冲击造壁，孔内泥浆面应保持稳定。

b. 在各种不同的土层、岩层中成孔时，可按照表 2-4 的操作要点进行。

冲击成孔操作要点　　　　表 2-4

项目	操作要点
在护筒刃脚以下 2m 范围内	小冲程 1m 左右，泥浆相对密度 1.2～1.5，软弱土层投入黏土块夹小片石
黏性土层	中、小冲程 1～2m，泵入清水或稀泥浆，经常清除钻头上的泥块
粉砂或中粗砂层	中冲程 2～3m，泥浆相对密度 1.2～1.5，投入黏土块，勤冲、勤掏渣
砂卵石层	中、高冲程 3～4m，泥浆相对密度 1.3 左右，勤掏渣
软弱土层或塌孔回填重钻	小冲程反复冲击，加黏土块夹小片石，泥浆相对密度 1.3～1.5

注：1. 土层不好时提高泥浆相对密度或加黏土块；
　　2. 防黏钻可投入碎砖石。

c. 进入基岩后，应采用大冲程、低频率冲击，当发现成孔偏移时，应回填片石至偏孔上方 300～500mm 处，然后重新冲孔。

d. 当遇到孤石时，可预爆或采用高低冲程交替冲击，将大孤石击碎或挤入孔壁。

e. 应采取有效的技术措施防止扰动孔壁、塌孔、扩孔、卡钻和掉钻及泥浆流失等事故。

f. 每钻进 4～5m 应验孔一次，在更换钻头前或容易缩孔处，均应验孔。

g. 进入基岩后，非桩端持力层每钻进 300～500mm 和桩端持力层每钻进 100～300mm 时，应清孔取样一次，并应做记录。

⑤冲孔中遇到斜孔、弯孔、梅花孔、塌孔及护筒周围冒浆、失稳等情况时，应停止施工，采取措施后方可继续施工。

⑥回转钻进：开孔时宜轻压慢钻，钻进过程中大钩适当吊紧，防止孔斜和断钻杆事故。

⑦孔的最小间距,应根据地层情况、混凝土硬化时间和钻(冲)孔机械安全距离而定,砂土或软土,孔距不宜小于4倍桩径,或硬化时间不少于36h。

(6)成桩施工监控

钻(冲)孔灌注桩的质量问题,多数发生在成桩阶段,监理人员应特别注意做好监控,成孔钻进时(现场监理宜每2~3h巡视一次)应督促施工人员注意如下要点:

①钻(冲)孔过程中的检查和记录:检查承包商每台钻机的钻进记录、开钻高程、完钻高程、钻(冲)孔进尺、地质情况描述。并经常(宜每隔2h)测定泥浆相对密度、黏度、含砂率、胶体率等,其指标当设计没有要求时宜按以下要求控制:黏度为18~22s,含砂率为4%~8%,胶体率不小于90%。

②关注护筒周围不得有积水,以防护筒塌陷。

③关注每台钻机的进度状况,是否符合施工组织设计的进度要求。

④钻(冲)孔到位后,检查钻(冲)孔记录和使用钻杆长度是否与进尺相符,在钻头提出护筒后立即测量,并做好记录。

⑤沉淀厚度测量:混凝土浇筑前测孔底沉淀厚度(在同一位置测)。沉淀厚度为实测控制桩长减去本次测量长度(在上次测桩长的同一位置)。

(7)成孔深度

应根据桩型不同,按设计要求对照现场实际地质条件进行控制,一般为:

①摩擦型桩:以设计桩长控制成孔深度,端承摩擦桩必须保证设计桩长及桩端进入持力层深度。当采用锤击沉管法成孔时,桩管入土深度控制应以标高为主,以贯入度控制为辅。

②端承型桩:当采用钻(冲)挖成孔时,必须保证桩端进入持力层的设计深度;当采用锤击沉管法成孔时,沉管深度控制以贯入度为主,以设计持力层标高对照为辅。

(8)清孔验收

成孔后立即清孔称为第一次清孔。第一次清孔是否彻底是成桩质量的关键,要求泥浆中不含小泥块,孔底沉渣厚度对端承桩不应大于5cm,对摩擦桩不应大于10cm,对抗拔、抗水平力桩不应大于20cm;泥浆相对密度宜1.15左右(含砂量高时可1.2)黏度宜18~22s,含砂率宜小于8%,监理应对孔深、沉渣厚度、泥浆相对密度等(必要时增加黏度和含砂量)进行验收。

第二次清孔在钢筋笼吊装完成后混凝土浇筑前,要求沉渣厚度对端承桩不应大于5cm,对摩擦桩不应大于10cm,对抗拔、抗水平力桩不应大于20cm,泥浆相对密度宜1.15,含砂量高时可酌情放大。第二次清孔对成桩质量有直接影响,监理必须进行验收。

(9)成孔质量验收

成孔后,应及时进行成孔质量验收,验收的指标主要是桩位偏差、桩径偏差、孔身垂直度、孔底沉渣厚度指标等,应符合设计要求及验收规范的规定,其中桩位、桩径、孔身垂直度等偏差一般应符合表2-5所示相关要求。

灌注桩成孔施工允许偏差　　　　　　　　　　　　　　　表2-5

成孔方法		桩径允许偏差（mm）	垂直度允许偏差（%）	桩位允许偏差（mm）
泥浆护壁钻孔桩	$d < 1000mm$	≥0	≤1	≤70+0.01H
	$d \geq 1000mm$	≥0	≤1	≤100+0.01H
套管成孔灌注桩	$d < 500mm$	≥0	≤1	≤70+0.01H
	$d \geq 500mm$	≥0	≤1	≤100+0.01H
干成孔灌注桩		≥0	≤1	≤70+0.01H
人工挖孔桩		≥0	≤0.5	≤50+0.005H

注：1. H 为桩基施工面至设计桩顶的距离（mm）；
　　2. d 为设计桩径（mm）。

4）钢筋笼施工控制

（1）钢筋笼制作

钢筋笼制作应严格按设计图纸要求进行，其制作允许偏差见表2-6。

钢筋笼制作允许偏差　　　　　　　　　　　　　　　　表2-6

项次	项目	允许偏差（mm）
1	主筋间距	±10
2	箍筋间距	±20
3	钢筋笼直径	±10
4	钢筋笼总长	±50

（2）钢筋笼质量要求

钢筋进场时，应按国家现行标准的规定抽取试件作屈服强度、抗拉强度、伸长率、弯曲性能和重量偏差检验，检验结果应符合相应标准的规定。

成型钢筋进场时，应抽取试件作屈服强度、抗拉强度、伸长率和重量偏差检验，检验结果应符合国家现行相关标准的规定。同一厂家、同一类型、同一钢筋来源的成型钢筋，不超过30t为一批，每批中每种钢筋牌号、规格均应至少抽取1个钢筋试件，总数不应少于3个。

钢筋的连接方式应符合设计要求。钢筋采用机械连接或焊接连接时，钢筋机械连接接头、焊接接头的力学性能、弯曲性能应符合国家现行标准《钢筋机械连接技术规程》JGJ107—2016和《钢筋焊接及验收规程》JGJ18—2012的规定。接头试件，应从工程实体中截取。

钢筋采用机械连接时，螺纹接头应检验拧紧扭矩值，挤压接头应量测压痕直径，检验结果应符合现行行业标准《钢筋机械连接技术规程》JGJ107—2016的相关规定。

现场检查时，采用专用扭力扳手或专用量规检查。

钢筋接头的位置应符合设计和施工方案要求，纵向受力钢筋采用机械连接接头或焊接接头时，同一连接区段内（指长度为35d且不小于500mm的区段，d为相互连接两根钢筋的直径较小值）纵向受力钢筋的接头面积百分率（指接头中点位于该连接区段内的纵向受力钢筋截面面积与全部纵向受力钢筋截面面积的比值）应符合设计要求；当设计无具体要求时，应符合下列规定：

①受拉接头，不宜大于50%；受压接头，可不受限制；

②直接承受动力荷载的结构构件中，不宜采用焊接；当采用机械连接时，不应超过50%。

在钢筋连接批量实施前，应进行接头工艺检验，合格后方可按确认的工艺参数进行接头批量加工。

工艺检验应针对不同钢筋生产厂的钢筋、不同的提供单位（制作人或焊工）进行，施工过程中更换钢筋生产厂或接头技术提供单位时，应补充进行工艺检验。工艺检验应符合下列规定：

①各种类型和形式接头都应进行工艺检验，检验项目包括单向拉伸极限抗拉强度和残余变形等；

②每种规格钢筋接头试件不应少于3根。

监理工程师应现场抽检（包括见证送检）钢筋接头的加工、安装质量和力学性能，抽检应按验收批进行，抽检的批量、检验项目、数量等符合相关验收规范及工程所在地建设行政主管部门的要求。

（3）预埋管质量验收

检查预埋的超声波检测管和监测地中水平位移的预埋管，超声波检测管和预埋管的长度应与设计长度一致，管接头承包商应逐个检查，现场监理人员进行抽查，埋管应顺直、中间无变形，封端良好。

（4）钢筋笼安装

钢筋笼在制作、搬运及起吊时，应确保笼子挺直、牢固、不变形，安装入孔前应保持垂直状态，对准孔中心徐徐下放，避免碰撞孔壁，若遇阻碍应查明原因酌情处理后再继续下入。安装位置应符合设计要求，允许偏差±50mm。安装入孔前应补足主筋焊接部位的箍筋并用吊筋固定，严防下落和灌注混凝土时上浮。

钢筋笼属隐蔽工程，监理应对钢筋的制作规格、焊接质量及预埋管进行验收签证合格后才能下入孔中。现场监理应对钢筋笼的吊装过程进行旁站，并做好旁站记录。

5）水下混凝土灌注控制

（1）水下灌注的混凝土应符合下列规定：

①混凝土配合比设计应符合现行行业标准《普通混凝土配合比设计规程》JGJ 55—

2011 的规定。

②混凝土强度应按比设计强度提高等级配置。

③混凝土应具有良好的和易性，坍落度宜为 180~220mm，坍落度损失应满足灌注要求。

（2）水下混凝土灌注前，可根据实际情况督促承包商对混凝土输送导管进行检查，混凝土输送导管的构造和使用检查可按下列规定进行：

①导管壁厚不宜小于 3mm，直径宜为 200~250mm；直径制作偏差不应超过 2mm，导管的分节长度可视工艺要求确定，底管长度不宜小于 4m，标准节宜为 2.5~3.0m，接头宜采用双螺纹方扣快速接头。

②导管使用前应试拼装、试压，试水压力可取为 0.6~1.0MPa。

③每次灌注后应对导管内外进行清洗。

（3）灌注水下混凝土的质量控制应满足下列要求：

①开始灌注混凝土时，导管底部至孔底的距离宜为 300~500mm。

②应有足够的混凝土储备量，导管一次埋入混凝土灌注面以下不应少于 800mm。

③导管埋入混凝土深度宜为 2~6m。严禁将导管提出混凝土灌注面，并应控制提拔导管速度，应有专人测量导管埋深及管内外混凝土灌注面的高差，填写水下混凝土灌注记录表。

④灌注水下混凝土必须连续施工，并保证密实度。导管埋入混凝土深度应保持 2~3m，并随提升随拆除，导管吊放和提升不得碰撞钢筋笼。每根桩的灌注时间应按初盘混凝土的初凝时间控制，对灌注过程中的故障应记录备案。

⑤应控制最后一次灌注量，超灌高度应高于设计桩顶标高 1.0m 以上，充盈系数不应小于 1.0。

（4）现场监理对混凝土浇筑过程进行旁站监理，并注意以下几点：

①水下导管灌注混凝土，灌注中应随时抽查，对采用商品混凝土的运输车，要核查每车进料单的混凝土强度等级、配合比、使用部位等是否符合要求；混凝土出场时间是否超过初凝时间；一般每车都要测定坍落度是否满足规范要求；按照规范要求见证混凝土试块的制作，试件的数量要满足规范要求。要注意灌注导管底端至孔底的距离应为 300~500mm，初灌时导管埋深应不小于 800mm。

②施工中监理人员对导管质量及其下入深度、隔水球塞，特别是初灌量，应进行核查，对灌注中发生的问题应进行跟踪、检查等。

③混凝土浇筑时，监理人员、技术员要注意观察钢筋笼有无上浮情况，一般混凝土进入钢筋笼底部时，应适当放慢浇筑速度。当发生钢筋笼上浮时，应采取加压措施，如出现异常情况，监理人员要如实做好记录，及时向上级报告。

④浇筑混凝土时，要求承包商按施工规范控制导管最小埋置深度（不小于 1m），

一般保持在 2~3m。做好导管长度记录，每次拔导管前必须实测导管实际埋深，防止脱管，此项是防止断桩的基本控制，现场监理旁站时要经常检查记录。

⑤现场监理对试件制作和抗压强度试验进行见证取样，如果现场监理人员对现场拌制的混凝土或商品混凝土有疑问时应进行必要抽检。所有抽检、见证取样资料要妥善保管，逐项登记汇总。

⑥对试验员送项目监理签证的试验报告单、现场监理抽检报告单，应注明桩号和审核时间，报告中合格或不合格的结论均应填入工序质量检查表中，使混凝土的质量控制具有可追溯性。

（5）混凝土试件的制作应注意以下几点：

①每浇筑 50m³ 应有 1 组试件，小于 50m³ 的桩，每个台班应有 1 组试件。对单柱单桩的桩应有 1 组试件，每组试件应有 3 个试块，同组试件应取自同车混凝土。试件必须在施工现场制作，并进行标准养护。

②混凝土试件抗压试验不合格的，应要求承包商对不合格试件对应批次的混凝土施工过程的每个环节进行分析，查找原因。承包商应对该桩进行抽芯取样，实际检测混凝土实体强度。同时，在此基础上，由监理主持或组织协助业主进行质量事故处理。

6）施工过程中监控一般工作方法

钻（冲）孔灌注桩的施工工序多，监理工程师应在承包商自检合格的基础上，由监理人员对一般工序进行抽检，对隐蔽工序关键环节进行验收签证。

（1）对场地引测的水准点标高进行核查，对桩位轴线组织复测。

（2）检查桩机就位平整度、垂直度。

（3）检查孔径、孔深及第一次清孔的沉渣厚度和泥浆相对密度、含砂率。

（4）检查钢筋笼制作、焊接和下笼质量，对钢筋原材及焊接试件进行见证取样，对钢筋笼进行隐蔽验收。

（5）在下钢筋笼前，对第二次清孔后的沉渣厚度和泥浆密度进行检查。

（6）旁站钢筋笼吊装和混凝土灌注过程，见证混凝土试件的取样及制作。

4. 事后质量控制

钻（冲）孔灌注桩经承包商自检确认符合设计要求和有关规范、规程规定，技术资料齐全后，方可进行施工验收。施工验收包括隐蔽工程验收、工程竣工验收和竣工资料验收。

（1）隐蔽工程验收：如钢筋笼验收合后才能下入孔内，孔径、孔深、沉渣厚度和泥浆密度经验收合格后才能进行灌桩等。

（2）施工质量验收：对于工程桩一般按照单桩为一个检验批验收；对于围护结构的钻（冲）孔桩检验批的划分原则是按不同的桩径、桩长，不同的成桩地质条件来划分，也可以以一定数量的桩或一个施工工序段为 1 个检验批。

①对工程桩应进行承载力检验。对桩身质量的检查可用静荷载试验或低应变动测法检测,对设计等级为甲级或地质条件复杂,抽检数量不应少于总数的30%,且不应少于20根;其他桩机工程的抽检数量不应少于20%,且不少于10根。

②对用于围护结构的钻孔桩一般通过低应变法或超声波法检测桩身完整性,检测数量不低于总桩数的10%,且不少于3根。

③混凝土灌注桩钢筋笼质量验收标准和混凝土灌注桩质量验收标准,按《建筑地基基础工程施工质量验收标准》GB 50202—2018执行。

④检验合格后,按《建筑工程施工验收统一标准》GB 50300—2013的要求填表,并报项目监理部备案。

(3)钻(冲)孔灌注桩施工及验收应按验收规范要求及工程当地建设主管部门的规定提供相应的记录表格,见表2-7。

相关检查记录   表2-7

序号	相关检查记录表格名称	检查/填写频率
1	钻(冲)孔灌注桩成孔施工记录	每根
2	泥浆护壁质量检查记录	每根
3	钢筋笼制作安放施工验收记录	每根
4	灌注桩水下混凝土灌注记录	每根
5	混凝土灌注桩(钢筋笼)检验批质量验收记录	按检验批
6	混凝土灌注桩检验批质量验收记录	按检验批

2.1.2 钻(冲)孔灌注桩施工旁站监理

1. 旁站监理主要控制内容见表2-8。

旁站监理主要控制内容   表2-8

序号	旁站点	旁站内容	旁站要点	记录表
1	钢筋笼吊装	在桩孔及钢筋笼完成并通过验收后,驻地监理自钢筋笼起吊到完全下放到桩孔内预定位置的全过程进行旁站,对吊装准备工作及过程中的安全措施和状况进行监控,发现异常立即纠正	吊装设备是否通过监理验收;吊装及指挥人员是否具备资质;吊机支腿是否安全;项目部安全员是否到位;钢筋笼及成桩孔是否通过验收;吊装范围内是否安全等	钢筋笼吊装旁站记录表
2	水下混凝土浇筑	在桩孔及钢筋笼完成并通过验收、钢筋笼起吊到位后,从第一车混凝土到现场开始到完成桩孔混凝土浇筑的全过程进行旁站,对混凝土浇筑质量进行全程监控,发现异常立即纠正	检查混凝土配合比是否符合要求;抽查送料单,混凝土是否超过初凝时间;抽查混凝土坍落度;见证混凝土试件制作;检查导管提升速度,核查混凝土浇筑是否连续;记录混凝土浇筑量等	混凝土浇筑旁站记录表

2. 相关旁站监理记录见表 2-9 和表 2-10。

旁站监理记录表（钢筋笼吊装） 表 2-9

工程名称： 编号：

旁站的关键部位、关键工序		施工单位	
旁站开始时间	年 月 日 时 分	旁站结束时间	年 月 日 时 分

旁站的关键部位、关键工序施工情况：
1. 吊装方案：吊装专项方案是否经过审批：□是 □否；是否按照吊装方案实施：□是 □否；
2. 施工吊装设备型号：是否通过进场验收：□是 □否；
3. 吊装作业人员：起重工（ ），特种作业证书是否有效：□是 □否；
  指挥、司索工（ ），特种作业证书是否有效：□是 □否；
4. 管理人员： 安全员:( )，施工员:( )，是否持证：□是 □否；
5. 钢筋笼：钢筋笼是否通过验收：□是 □否；验收提出问题是否整改完毕：□是 □否；
  骨架是否满足吊装条件：□是 □否；吊点是否满足要求、是否牢固：□是 □否；
6. 吊装设备：吊机支腿是否稳固：□是 □否；行走线路是否安全：□是 □否；
  钢丝绳是否完好：□是 □否；吊机锁具是否合格：□是 □否

吊装旁站过程：
1. 起吊方法是否符合吊装方案要求：□符合要求 □不符合要求 □经整改后符合要求
2. 吊臂作业半径内是否有人员活动：□是 □否；作业半径范围是否及时警戒：□是 □否；
3. 吊机行走过程是否正常：□是 □否；吊装过程吊机支腿是否稳固：□是 □否；
4. 起吊过程是否正常：□是 □否；钢筋笼入孔（槽）过程是否正常：□是 □否；
5. 钢筋笼有无发生变形、弯曲、散架等问题：□是 □否；有无处理：□是 □否

发现的问题及处理情况：

旁站监理人员（签字）

年 月 日

旁站监理记录表（钻（冲）孔灌注桩混凝土浇筑）　　表2-10

工程名称：　　　　　　　　　　　　　　　　　　　　　　　编号：

旁站的关键部位、关键工序		施工单位	
旁站开始时间	年　月　日　时　分	旁站结束时间	年　月　日　时　分

旁站的关键部位、关键工序施工情况：
1. 混凝土设计配合比：设计标号：　　　　，配合比单号：　　　　，设计坍落度：　　　　；
初凝时间：＿＿＿＿h，终凝时间：＿＿＿＿h，是否经过审批：□是　□否；
2. 成孔（槽）的施工参数：孔直径（槽长度）：＿＿＿＿mm，　　孔（槽）深度：＿＿＿＿mm；
二次清孔（槽）后沉渣厚度：＿＿＿＿mm，　桩（墙）垂直度偏差：＿＿＿＿mm；
二次清孔（槽）后泥浆指标：相对密度：＿＿＿＿，含砂率：＿＿＿＿%，黏度：＿＿＿＿s；
是否符合设计及规范要求：□是　□否；是否通过验收：□是　□否；
3. 钢筋笼吊装：钢筋笼吊放时间：＿＿＿＿；混凝土浇筑是否在4h内：□是　□否；
4. 管理人员：　试验员：(　　)，施工员：(　　)，是否到位：□是　□否；
5. 接头处理：　槽段接头是否清刷完成：□是　□否；接头清刷是否满足要求：□是　□否；
6. 浇筑设备：　导管是否经过密闭性试验：□是　□否，隔水栓或皮球是否经过试验：□是　□否

混凝土浇筑旁站过程：
1. 混凝土：　抽查混凝土配合比是否正确：□是　□否；到场时间是否超过初凝时间：□是　□否；
2. 抽查坍落度：
　　坍落度：＿＿＿＿mm，时间：　　　　；坍落度：＿＿＿＿mm，时间：　　　　；
　　坍落度：＿＿＿＿mm，时间：　　　　；坍落度：＿＿＿＿mm，时间：　　　　；
　　坍落度：＿＿＿＿mm，时间：　　　　；坍落度：＿＿＿＿mm，时间：　　　　；
3. 混凝土试件：
　　标□；同□；渗□；试件标号：　　　　，取样时间：　　　　；试件编号：　　　　；
　　标□；同□；渗□；试件标号：　　　　，取样时间：　　　　；试件编号：　　　　；
　　标□；同□；渗□；试件标号：　　　　，取样时间：　　　　；试件编号：　　　　；
4. 混凝土浇筑过程：浇筑是否连续：□是　□否；是否发生断桩、夹泥的问题：□是　□否；
5. 混凝土浇筑量：＿＿＿＿m³，充盈率：＿＿＿＿%，是否满足要求：□是　□否

发现的问题及处理情况：

旁站监理人员（签字）

年　月　日

2.1.3 钻（冲）孔灌注桩施工工艺及质量控制流程

钻（冲）孔灌注桩施工工艺及质量控制流程如图 2-1 所示。

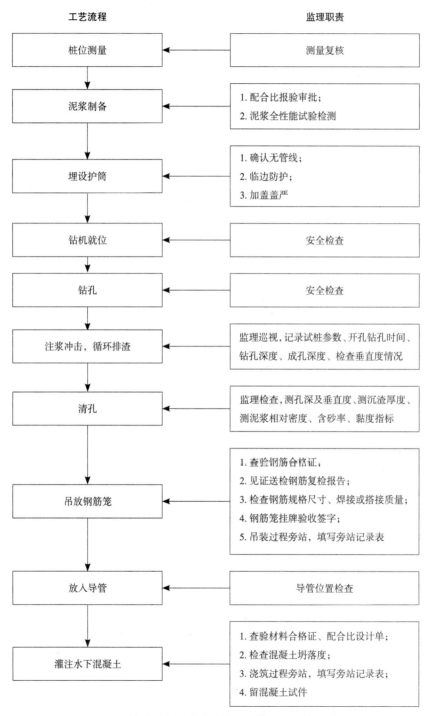

图 2-1 钻（冲）孔灌注桩施工工艺及质量控制流程

2.2 人工挖孔桩施工监理控制要点

2.2.1 人工挖孔桩施工监理过程控制

1. 工序控制点

人工挖孔桩施工工序质量控制点   表 2-11

序号	控制点名称	控制事项及检查方法
1	原材料检验	钢筋、水泥、砂石合格证;抽样试验报告;抽检
2	桩位测量放线检查	检查放线测量成果;抽查桩位外放量
3	每日进尺深度与土样检查	用卷尺量一次开挖深度,观察开挖土体的渗水情况与稳定性
4	安全防护措施	在开挖前要对架设的垂直运输架,安装的电动葫芦、吊桶、照明、通风、抽水设备等施工及安全防护用品进行检查验收,合格后方可使用,过程中随时抽查
5	护壁钢筋隐蔽检查	用卷尺检查钢筋直径、数量、间距、焊接质量等
6	护壁模板尺寸及稳定性检查	用卷尺检查护壁模板安装的尺寸、刚度与稳定性,护壁混凝土的厚度
7	护壁混凝土浇筑质量检查	检查混凝土配合比,检查浇筑振捣质量
8	开挖过程监控	开挖过程中重点检查垂直度及安全措施,如安全用电、洞内通风、抽水、周边安全防护等措施是否到位,是否采用生物活体监测孔内空气质量
9	成孔质量检查与验收	到设计标高后,对桩底岩层进行验收,对成孔孔深、垂直度、岩样、渗水量进行检查
10	钢筋笼制作质量检验	用卷尺检查钢筋直径、数量、间距等,检查焊接质量、预埋管(件)位置、保护层垫块等
11	钢筋笼安装隐蔽检查	定位、沉放;吊装过程旁站
12	混凝土配合比验证	检查试验报告
13	混凝土灌注质量控制检查	混凝土浇筑过程旁站;观察是否有异常现象;留取试件,抽查坍落度
14	桩身混凝土抗压强度试验	检查试验报告
15	桩身无损检验	见证检测过程,检查检验报告

2. 事前质量控制

1)人员资质检查

(1)对承包商现场主要管理人员的资质进行审查,符合要求后签字确认并存档。

(2)对现场各级人员安全教育、技术交底情况进行检查。

(3)对特殊工种人员(如电工、电焊工、起吊工等)的资格进行审查。

2)施工机械设备检查

用于本工程的垂直运输架、电动葫芦、起重机、电焊机等主要施工机械设备进场后,要求承包商填报进场设备报验单向监理部报验。经过现场检查验收后签署意见。施工过程中如果更换或撤场需要经过监理部同意。

3)进场原材料检查验收

对进场水泥、砂石料、钢筋、焊条、焊丝按规范规定进行检查验收,并按规范规定对水泥、砂石料、钢筋原材和钢筋连接件进行抽样复试，质量合格后才能使用。

4）专项施工方案审查

审查人工挖孔桩专项施工方案的编制内容、审批程序等是否符合《危险性较大的分部分项工程安全管理规定》有关要求。如果需要组织专家组审核，审查是否按照专家意见对方案进行了修改。

5）做好技术准备

（1）核对施工图审查记录，确定已经通过了有关部门的审查。

（2）审核工程地质勘察报告，桩位平面图是否符合现场施工要求。

（3）对选用的混凝土供应厂家进行核查，是否是合格供应商。

（4）对混凝土配合比选定报告进行审核，报业主审批后执行。

（5）审查选择的试验室资质是否符合有关规定。

（6）检查承包商是否进行了技术交底，交底是否全面、具体。

（7）项目监理部要对施工图设计文件进行审查提出审核意见，图纸会审后由项目总监或总监代表根据设计文件的主要内容对相关监理人员进行交底。

3. 事中质量控制

1）测量复核

在开挖前，承包商向项目监理提交挖孔桩平面测量放样记录，复核后才能开挖。其中围护桩轴线根据地质条件适当外放。在开挖过程中，随时检查有关尺寸，桩孔允许偏差见表2-12。

桩孔允许偏差及检测方法 表2-12

项次	项目	允许偏差（mm）	检测方法
1	桩径	±20	尺量
2	桩中心位移偏差	20	吊线检查
3	垂直度允许偏差	0.5%	两个正交方向的边吊线检查
4	扩大头的特征尺寸偏差	±20	尺量检查

2）护壁施工

（1）第一节土方开挖及混凝土护壁完成后，要求弹出桩中心十字线和水准控制线，以备随时检查校正，往下施工时每一节作为一个施工循环，即挖好每一节土后接着浇筑一节混凝土护壁。

（2）井圈中心线与设计轴线的偏差不应大于20mm；第一节护壁应高出地面100~200mm，壁厚应比下面护壁厚度增加100~150mm。护壁每节高度应根据岩土层条件确定，且不宜大于1000mm，上下节护壁的搭接长度不宜小于50mm，混凝土护壁立切面宜为倒梯形，平均厚度不应小于100mm，混凝土强度等级不应低于桩身混凝土强度等级，并应振捣密实；护壁应根据岩土条件进行配筋，配置的构造钢筋直径不小于8mm，竖向筋应上下搭接或拉接。

（3）每节护壁必须在当日连续施工完毕。如遇到流砂、淤泥等区段，护壁高度适当缩短，具体视护壁的安全情况而定。护壁混凝土必须保证振捣密实，应根据土层渗水情况使用速凝剂。护壁模板的拆除应在灌注混凝土24h之后。统一水平面上的井圈任意直径的极差不得大于50mm。

（4）当遇有局部或厚度不大于1.5m的流动性淤泥和可能出现涌土涌砂时，护壁施工可按下列方法处理：

①将每节护壁的高度减小到300~500mm，并随挖、随验、随灌注混凝土。
②采用钢护筒或有效的降水措施。

（5）现场监理需监控开挖，必须按照设计要求控制每节开挖深度，禁止在不进行护壁的情况下连续开挖。对每节的护壁钢筋进行隐蔽验收。对护壁模板的刚度和稳定性进行检查；检查护壁的厚度必须满足设计要求；开盘前对混凝土配合比进行检查，对混凝土浇筑过程进行抽查。

（6）安全防护应注意以下几点：

①对开挖及提升设备在进场前要进行检查验收，开挖过程中要配备通风、排水、照明等安全防护设备并保持有效运行，对洞口要设置安全防护网，防止地面物品坠入孔内。

②要配备足够的井内排水设备，并保证随时使用的可靠性，对需要穿过透水层的护壁预留泄水孔，并在浇筑混凝土前予以堵塞。现场监理要检查现场的排水设备是否齐全、有效。

3）开挖过程控制

现场监理应详细记录每根桩逐段开挖的土质情况，按照"一桩一档"的要求记录好每天开挖的桩号、每天进尺、岩土变化、需要特殊处理的异常情况等。

为保证桩的垂直度，每浇完三节护壁后必须进行一次桩中心位置及垂直度的校核工序。现场监理需要随时抽查承包商对垂直度的校核工作是否到位，必要时独立复核。

4）终孔验收

开挖到设计标高并清理基底后，由承包商申报桩孔验收，现场监理组织验收，对桩位、孔深、孔径、垂直度、桩底基岩岩质等进行检查，必要时要求设计、勘察单位负责人参加验收，对少量的渗漏水要求承包商采取措施封堵。终孔后现场监理必须对每根桩下到孔底检查，并要记录下孔人员名单。所验收的指标应符合设计要求及验收规范的规定，其中桩位、桩径、孔身垂直度等偏差一般应符合表2-13所示相关要求。

5）钢筋笼施工控制

（1）钢筋笼制作规格

应严格按钢筋笼设计图纸施工，钢筋笼宜分节制作，每节长度视成笼整体刚度、来料钢筋长度及起吊设备的有效高度合理确定，在笼上每 4～6m，宜对称设置 4 只钢筋定位环或混凝土滚动填块，以确保钢筋笼居中和混凝土保护层厚度。其制作允许偏差见表 2-14。

灌注桩成孔施工允许偏差　　　　　　　　　　　　　　表 2-13

成孔方法		桩径允许偏差（mm）	垂直度允许偏差（%）	桩位允许偏差（mm）
套管成孔灌注桩	$d < 500mm$	≥0	≤1	≤70+0.01H
	$d \geq 500mm$	≥0	≤1	≤100+0.01H
干作业成孔灌注桩		≥0	≤1	≤70+0.01H
人工挖孔桩		≥0	≤2	≤50+0.005H

钢筋笼制作允许偏差　　　　　　　　　　　　　　表 2-14

项次	项目	允许偏差（mm）
1	主筋间距	±10
2	箍筋间距	±20
3	钢筋笼直径	±10
4	钢筋笼总长	±100

（2）钢筋笼焊接质量要求

钢筋笼焊接质量要求同本书 2.1 节"钻（冲）孔灌注桩施工监理控制要点"中的"3. 事中质量控制"的相应内容。

（3）预埋管质量验收

检查预埋的超声波检测管和监测地中水平位移的预埋管，超声波检测管和预埋管的长度应与设计长度一致，管接头承包商应逐个检查，现场监理人员进行抽查，埋管应顺直、中间无变形，封端良好。

（4）钢筋笼安装

钢筋笼在制作、搬运及起吊时，应确保笼子挺直、牢固、不变形，安装入孔前应保持垂直状态，对准孔中心徐徐下放，避免碰撞孔壁，若遇阻碍应查明原因酌情处理后再继续下入。安装位置应符合设计要求，允许偏差 ±50mm。安装入孔前应补足主筋焊接部位的箍筋并用吊筋固定，严防下落和灌注混凝土时上拱。

监理应对钢筋笼的吊装过程进行旁站，并做好旁站记录。

（5）钢筋笼质量验收

钢筋笼属隐蔽工程，监理应对钢筋的制作规格、焊接质量及预埋管进行验收签证合格后才能下入孔中。

6）混凝土施工

（1）浇筑封底混凝土时，当孔内渗水量较小时，可先抽净孔底积水，在积水深度不大于 100mm 时，按照常规方法浇筑混凝土；若渗水量较大时，孔底积水深度大于 100mm 时，应采用水下混凝土施工方法浇筑。

（2）封底混凝土采用常规方法浇筑时需使用导管或串筒，出浆口离混凝土面距离不大于 2m，且应连续浇筑、分层振捣（分层厚度约 1.0～1.5m），坍落度一般取 80～100mm。

（3）当采用水下混凝土浇筑时，孔内积水要抽尽，浮渣要清除干净，并采用漏斗加管下料。管在混凝土中埋深约 1m，随浇随提，用振动棒振捣，要求急插慢提，防止漏振，且必须由熟练工人操作，根据桩长浮浆厚度等情况决定超灌高度（一般 0.3～0.5m）。

（4）编好浇筑桩芯混凝土的施工顺序，凡正在浇筑桩芯混凝土的桩孔，相邻的桩孔严禁有人作业。

（5）在混凝土浇捣过程中，监理应进行全过程旁站监控，并填好旁站监理记录表。

（6）按施工规范要求留置混凝土试块。试件必须在施工现场制作，并进行标准养护。项目监理对试件制作和抗压强度试验进行见证取样。

7）常见问题的处理

（1）开挖中遇到强地下水的处理

①水量不大时，在开挖过程中，可以先开挖土方，工人撤离后再用潜水泵抽水，成孔一段及时浇筑一段混凝土护壁。

②水量较大时，用施工孔自身水泵抽水也易开挖时，可从施工顺序考虑，对周围桩孔同时抽水，以减少开挖孔内的水量，并采取交替循环作业的方法。

（2）开挖过程中遇到流砂时的处理

开挖进程中若遇到细砂或粉砂地层，再加上地下水的作用，极易在挖孔时形成流砂，严重时甚至会发生井涌。针对这些情况，施工中可采取以下措施：

①对少量流砂的桩位，先将附近无流砂桩孔挖深，使其起到集水井的作用，集水井应选择在地下水流的上游，用水泵将集水井内的水抽出，将流砂桩孔附近的地下水位降至井底以下，使井底部免除水淹。

②流砂情况较轻时，一旦发现流砂层，应及时减少每节开挖深度，缩短护壁井圈高度，如将每节护壁井圈高度由 100cm，降至 30～50cm，混凝土中加入速凝剂，加快凝固速度，及时进行护壁井圈混凝土的灌注，减少开挖后孔壁无保护暴露时间。当孔壁坍塌，泥砂流入不能形成桩孔时，可用麻袋装土逐段堆堵，形成桩孔的外壁。

③流砂情况较重时，常用的办法是下钢套护筒。钢套护筒高 1～2m，厚 4mm，直径略小于混凝土护壁井圈内径，施工时用混凝土支护作支点，用油压千斤顶将钢护筒逐渐压入土中，阻挡流砂，钢套护筒压入一段，开挖一段桩孔，直至穿过流砂层 0.5～1.0m，再转入正常挖土和构筑混凝土井圈支护。钢套护筒上口设吊环，桩身混凝土浇筑至该段时，随将钢套护筒吊出来。

（3）开挖时遇到地下障碍物的处理

开挖进程中如遇到诸如混凝土板、大的钢筋混凝土块、废弃的钢管、废钢板、废模板、废木枋等，要求在不影响安全与稳定的前提下采取措施予以清除。

8）有关安全注意事项

（1）孔内必须设置应急软爬梯供人员上下，软爬梯应与护壁上预留的连接钢筋进行捆绑，防止其摆幅过大，禁止工人脚踩护壁或坐吊桶上下。使用的电动葫芦、吊笼等应安全可靠，并配有自动卡紧保险装置，不得使用麻绳和尼龙绳吊挂或脚踏井壁边沿上下。电动葫芦宜用按钮式开关，使用前必须检验其安全起吊能力。

（2）下桩孔内作业人员必须戴好安全帽、系好安全带，每次下孔作业前必须先通风，作业进程也必须继续保持通风，工地应随时配备发电机以备临时停电时供电和保障正常通风；孔深超过10m时地面应配备向孔内送风装置，风量不小于25L/s；承包商应定期对桩孔内气体抽样检测，一般采取生物活体（如鸡、鸟等）对孔内气体进行检验，每次下井必须先进行至少半小时的生物活体检测，合格后方可下井。一旦有毒气体超标，必须停工除毒。

（3）桩孔内抽水时，孔内不得有人，且必须在切断电源后才能下井作业。

（4）对易坍孔土层采取可靠的护壁设施。经常检查桩孔护壁施工质量和变形情况。碰到障碍物、涌水量过大等不良地质现象时，如施工方案中的技术措施不能有效处理，监理应会同建设、设计、施工、勘察单位有关人员提出更好、更新的处理方案。

（5）井下照明必须使用36V安全照明电，电气设备应有安全漏电保护开关并应经常检查其可靠性。严禁带电作业，施工场地内的一切电源、电线线路的安装与拆除，必须由持证电工专管，电器必须接地和使用漏电保护器；执行一机一闸一漏电开关。

（6）严禁带病作业与酒后作业，不得在桩孔内吸烟与明火作业。

（7）桩孔四周要有安全盖板，安全帽必须系扣防脱；桶内装土只能装2/3。

（8）对运土吊筐经常检查其质量及吊绳是否扎牢，防止掉土、掉石砸伤井下施工人员。桩孔内浇完混凝土后，应对孔口进行回填或孔口必须用盖板封严，以免发生人身安全事故。对挖土施工作业的设备应经常检查，摇把质量、滑轮、吊绳等定期检查，防止断落、脱落等可能发生的事故。

（9）井口护圈应高出100~200mm，并防止物体从井口掉入砸伤井下人员。孔口四周必须设置护栏，护栏高度宜为0.8m。挖出的土石方应及时运离孔口，桩孔周围1m范围内不允许堆土。

（10）开挖进程中如需静态爆破时，应充分考虑周边环境的安全与稳定；如需动态爆破时需按照国家和当地主管部门规定执行，爆破时施工作业人员必须全部从桩孔内撤离；同时要求在孔内凿岩时要有防尘措施。

4. 事后质量控制

人工挖孔桩经承包商自检确认符合设计要求和有关规范、规程以及资料齐全后，方可进行施工验收。现场监理应督促承包商和协助业主进行施工验收，施工验收包括隐蔽工程验收、工程竣工验收和竣工资料验收。

1）隐蔽工程验收：如钢筋笼验收合格后才能下入孔内，孔径、孔深及浮渣厚度经验收合格后才能进行灌桩等。

2）施工质量验收：对于工程桩一般按单桩为一个检验批验收；对于围护结构的排桩检验批的划分原则是按不同的桩径、桩长，不同的成桩地质条件来划分，也可以以一定数量的桩或一个施工工序段为1个检验批。

（1）开挖到底后，由参与各方对孔底持力层土（岩）性进行复验，对嵌岩桩必须要有桩端持力层的岩性报告。现场监理人员应对持力层岩性检验取样、送样过程按规定进行见证。

（2）工程桩承载力检验。对桩身质量的检查应按桩基检验方案进行，可用静荷载试验或低应变动测法检测，对设计等级为甲级或地质条件复杂的情况，抽检数量不应少于总数的30%，且不应少于20根；其他桩基工程的抽检数量不应少于20%，且不少于10根。

（3）对用于围护结构的人工挖孔桩一般通过低应变法或超声波法检测桩身完整性，检测数量不低于总桩数的10%，且不少于3根。

（4）人工挖孔桩钢筋笼质量验收标准和混凝土桩质量验收标准按《建筑地基基础工程施工质量验收标准》GB 50202—2018执行。

（5）检验合格后，按《建筑工程施工质量验收统一标准》GB 50300—2013的要求填表，并报项目监理部备案。

3）人工挖孔桩施工及验收应按验收规范要求及工程当地建设主管部门的规定提供相应的记录表格，相关检查记录见表2-15。

相关检查记录　　　　　　　　　　　　　　　　　　　　　　　　　　　表2-15

序号	相关检查记录表格名称	检查/填写频率
1	人工挖孔桩成孔施工记录	每根
2	钢筋笼制作安放施工验收记录	每根
3	混凝土灌注记录	每根
4	混凝土灌注桩钢筋制作工程检验批质量验收记录	按检验批验收
5	混凝土灌注桩工程检验批质量验收记录	按检验批验收

2.2.2　人工挖孔桩施工旁站监理

1.旁站监理主要控制内容见表2-16。

旁站监理主要控制内容   表2-16

序号	旁站点	旁站内容	旁站要点	记录表
1	钢筋笼吊装下孔	在桩孔及钢筋笼完成并通过验收后,驻地监理自钢筋笼起吊到完全下放到桩孔内预定位置的全过程进行旁站,对吊装准备工作及过程中的安全措施和状况进行监控,发现异常立即纠正	吊装设备是否通过监理验收;吊装及指挥人员是否具备资质;吊机支腿是否安全;项目部安全员是否到位;钢筋笼及成桩孔是否通过验收;吊装范围内是否安全等	钢筋笼吊装旁站记录表
2	混凝土浇筑	在桩孔及钢筋笼完成并通过验收、钢筋笼起吊到位后,从第一车混凝土到达现场开始到完成桩孔混凝土浇筑的全过程进行旁站,对混凝土浇筑质量进行全程监控,发现异常立即纠正	检查混凝土配合比是否符合要求;抽查送料单,混凝土是否超过初凝时间;抽查混凝土坍落度;见证混凝土试件制作;检查导管设置及提升速度,核查混凝土浇筑是否连续;振捣是否密实;记录混凝土浇筑量等	混凝土浇筑旁站记录表

2. 旁站监理记录样表见表 2-17 和表 2-18。

旁站监理记录表（钢筋笼吊装）   表2-17

工程名称：　　　　　　　　　　　　　　　　　　编号：

旁站的关键部位、关键工序		施工单位	
旁站开始时间	年　月　日　时　分	旁站结束时间	年　月　日　时　分

旁站的关键部位、关键工序施工情况：
1. 吊装方案：　　吊装专项方案是否经过审批：□是　□否；　　是否按照吊装方案实施：□是　□否；
2. 施工吊装设备型号：　　　　　，是否通过进场验收：□是　□否；
3. 吊装作业人员：起重工（　　　），特种作业证书是否有效：□是　□否；
   指挥、司索工（　　　），特种作业证书是否有效：□是　□否；
4. 管理人员：　安全员：（　　），施工员：（　　），是否持证：□是　□否；
5. 钢筋笼：钢筋笼是否通过验收：□是　□否；验收提出问题是否整改完毕：□是　□否；
   骨架是否满足吊装条件：□是　□否；吊点是否满足要求、是否牢固：□是　□否；
6. 吊装设备：吊机支腿是否稳固：□是　□否；行走线路是否安全：□是　□否；
   钢丝绳是否完好：□是　□否；吊机锁具是否合格：□是　□否

吊装旁站过程：
1. 起吊方法是否符合吊装方案要求：□符合要求　□不符合要求　□经整改后符合要求
2. 吊臂作业半径内是否有人员活动：□是　□否；作业半径范围是否及时警戒：□是　□否；
3. 吊机行走过程是否正常：□是　□否；吊装过程吊机支腿是否稳固：□是　□否；
4. 起吊过程是否正常：□是　□否；钢筋笼入孔（槽）过程是否正常：□是　□否；
5. 钢筋笼有无发生变形、弯曲、散架等问题：□是　□否；有无处理：□是　□否

发现的问题及处理情况：

旁站监理人员（签字）

年　月　日

旁站监理记录表（人工挖孔桩混凝土浇筑）　　表2-18

工程名称：　　　　　　　　　　　　　　　　　　　　　　　　　编号：

旁站的关键部位、关键工序		施工单位	
旁站开始时间	年　月　日　时　分	旁站结束时间	年　月　日　时　分

旁站的关键部位、关键工序施工情况：
1. 混凝土设计配合比：设计标号：　　　　，配合比单号：　　　　，设计坍落度：　　　　；
   初凝时间：_____h，终凝时间：_____h，是否经过审批：□是　□否；
2. 成孔（槽）的施工参数：孔直径（槽长度）：_____mm，孔（槽）深度：设计：_____mm；实测：_____mm；
   清孔后沉渣厚度：_____mm，桩（墙）垂直度偏差：_____mm；
   是否符合设计及规范要求：□是　□否；　　　是否通过验收：□是　□否；
3. 管理人员：试验员：(　　　)，施工员：(　　　)，是否到位：□是　□否；
4. 桩底清理：桩底浮渣是否清理：□是　□否；积水深度是否满足规范要求：□是　□否；
5. 浇筑设备：导管是否经过密闭性试验：□是　□否，隔水栓或皮球是否经过试验：□是　□否

混凝土浇筑旁站过程：
1. 混凝土：抽查配合比是否正确：□是　□否；到场时间是否超过初凝时间：□是　□否；
2. 抽查坍落度：
   坍落度：_____mm，时间：　　　；坍落度：_____mm，时间：　　　；
   坍落度：_____mm，时间：　　　；坍落度：_____mm，时间：　　　；
   坍落度：_____mm，时间：　　　；坍落度：_____mm，时间：　　　；
3. 混凝土试件：
   试件标号：　　　，取样时间：　　　；试件编号：　　　；
   试件标号：　　　，取样时间：　　　；试件编号：　　　；
   试件标号：　　　，取样时间：　　　；试件编号：　　　；
   试件标号：　　　，取样时间：　　　；试件编号：　　　；
4. 浇筑过程：浇筑过程是否连续：□是　□否；是否发生塌孔、断桩、夹泥：□是　□否；
5. 浇筑量：理论：_____m³，实际：_____m³，充盈率：_____%；是否满足要求：□是　□否

发现的问题及处理情况：

旁站监理人员（签字）

年　月　日

2.2.3 人工挖孔桩施工工艺及质量控制流程

人工挖孔桩施工工艺及质量控制流程如图 2-2 所示。

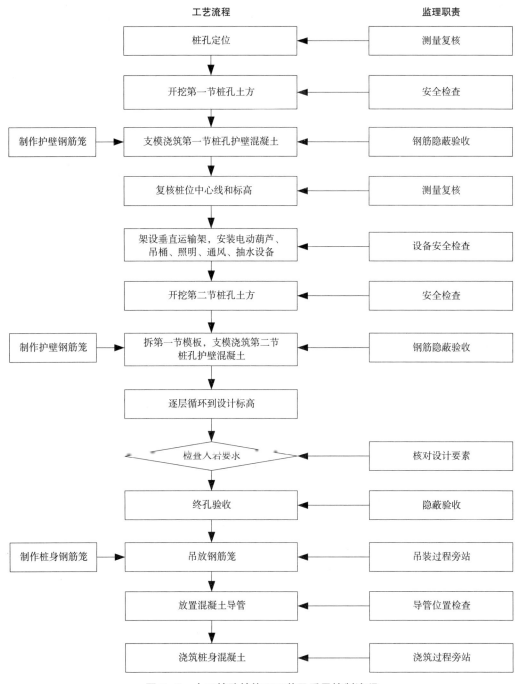

图 2-2 人工挖孔桩施工工艺及质量控制流程

2.3 地下连续墙施工监理控制要点

2.3.1 地下连续墙施工监理过程控制

1. 事前质量控制

1）资质审查：在地下连续墙工程开工前，对地下连续墙承包商（包括成槽、材料检测单位及商品混凝土搅拌站）进行资质审查。

2）设计交底：组织或参加设计施工图会审和设计交底。

3）方案审批：审查承包商提出的施工组织设计或施工方案，提出审核意见并核查意见落实情况。

4）施工准备工作检查：

（1）督促承包商做好场地平整工作及施工机械行走的道路铺筑。

（2）检查泥浆循环系统的设置情况。

（3）检查挖机、吊机及其他辅助设备的配备和运行情况。

（4）检查计量设备、测量工具、检测工具（测绳、卷尺、测槽仪、经纬仪、水平仪等）标定情况。

（5）审查电焊工、电工、起重工等特殊工种的上岗证。

（6）审查钢筋、焊条等原材料产品的质保书、合格证、准用证及混凝土配合比，见证材料取样及送样，复试合格后方准使用。

5）监理交底：施工前组织召开监理交底会议，就监理纪律、监理方式、验收程序、工艺环节、技术要求等向承包商进行交底。同时，在图纸会审后由项目总监或总监代表根据设计文件的主要内容对相关监理人员进行交底。

6）试成槽控制：施工前应先进行试成槽，以检验泥浆的配合比、成槽机的选型并且复核地质资料。

2. 事中质量控制

1）导墙

导墙施工是地下连续墙施工的重要准备环节，其主要作用是为成槽导向、施工测量基准、储存泥浆、控制槽段、钢筋网定位、防止槽口坍塌及承重作用，其控制要点如下：

（1）承包商在导墙放样自检后，应分段填报导墙复核单，经现场监理复验后予以签证。

（2）导墙高度必须满足设计要求，高度宜为 1.5～2m，顶部高出地面不宜小于 200mm，基底应密实或位于原状土层，导墙外侧土应夯实且不得移位和变形。

（3）导墙立模结束之后，浇筑混凝土之前，测量监理工程师应对导墙平面放样成果进行复核，精度符合要求后，方可进入下道工序。内外导墙之间的中心线应和地下连续墙纵轴中心线重合，轴线中心允许偏差为 ±10mm；当地下连续墙深度较大时，需考虑地下连续墙施工过程中可能发生的墙身垂直度偏差的影响。为避免墙底向基坑内侧侵限，应适当调整导墙的平面位置，根据槽段地质条件情况给予适当外放。导墙内壁面垂直度允许偏差不大于 1/300，墙面位置的允许偏差 ±10mm，导墙净距为地下连续墙设计厚度加 40~60mm 的施工余量。导墙顶面应平整，平整度允许偏差为 5mm。

（4）导墙混凝土浇筑完毕，拆除内模板之后，监理工程师应督促施工方，及时在导墙沟内架设钢管撑或圆木撑，并及时回填导墙外侧空隙，以免导墙产生超出规定的变形。混凝土强度未达到设计强度前，吊机等重型设备禁止在导墙附近停置或作业，防止导墙位移或开裂。

（5）施工机械作业道路应考虑到履带吊频繁行驶起吊，钢筋笼、锁口管等会对施工道路产生影响，施工道路必须坚固。

2）泥浆制备

泥浆是地下连续墙成槽过程中稳定槽壁的关键，应结合工程地质、水文资料及成槽工艺选择泥浆拌制材料，一般宜选用膨润土或高分子聚合物材料，如采用黏土，应进行物理、化学分析和矿物鉴定，其黏粒含量应大于 50%，塑性指数应大于 20，含砂量应小于 5%，二氧化硅与氧化铝含量比值宜为 3~4。泥浆制备过程监理主要针对以下几方面加强控制：

（1）督促及时进行泥浆指标检验，合格泥浆的指标要求主要有黏度、pH 值、含砂率、密度、泥皮厚度、失水量等。达到合格指标要求的泥浆可有多种配置方法，但要找到最经济的配置方法需要多次试验。泥浆配制性能指标见表 2-19。

泥浆配制性能指标　　　　　表 2-19

泥浆性能	新配置		循环泥浆		废弃泥浆		检验方法
	黏性土	砂性土	黏性土	砂性土	黏性土	砂性土	
密度（g/cm^3）	1.04~1.05	1.06~1.08	<1.10	<1.15	>1.25	>1.35	密度计
黏度（s）	20~24	25~30	<25	<35	>50	>60	漏斗计
含砂率（%）	<3	<4	<4	<7	>8	>11	洗砂瓶
pH 值	8~9	8~9	>8	>8	>14	>14	试纸

（2）新拌制泥浆应贮存 24h 以上或加分散剂使膨润土（或黏土）充分水化后方可使用。成槽过程中应及时补浆，泥浆面不宜低于导墙底部，且应高于地下水位 0.5m 以上。

（3）泥浆储备量应满足槽壁开挖使用需要，宜大于单元槽段 2 倍以上的容积，主要控制现场泥浆池容积及制浆量，应满足现场槽壁开挖所需的泥浆循环及废浆的沉淀处理需要，以保证成槽时泥浆循环，达不到要求时，应有其他辅助措施。

（4）在容易产生泥浆渗漏的土层中施工时，应适当提高泥浆黏度（可渗入适量的羧甲基纤维素），增加泥浆储备量，并备有堵漏材料。当发生泥浆渗漏时应及时堵漏和补浆，使槽内泥浆液面保持正常高度。

（5）严格控制制浆原材料质量和制浆配比，在连续墙成槽的各阶段对泥浆的相对密度、含砂率和黏度等进行抽检，保证泥浆各项指标满足要求。

（6）施工中可回收利用的泥浆应进行分离净化处理，符合标准后方可使用。废弃的泥浆和残渣应采取措施予以处理，不得污染环境。

（7）遇有地下水含盐或受化学污染时应采取措施，不得影响泥浆性能指标。

（8）在清槽时应自底部抽吸并及时补浆。清槽后槽底泥浆相对密度当设计无要求时应小于1.15，含砂率不大于8%，黏度不大于28s，沉渣厚度不大于100mm。

3）成槽

（1）地下连续墙施工前应做成槽工艺试验，试验数量不少于一个单元槽段。试验槽段可利用工程槽段核对地质资料、检验所选用的设备、施工工艺以及技术措施的合理性，取得造孔成槽、泥浆护壁、混凝土等施工参数。

（2）挖槽机械应根据成槽地点的工程地质和水文地质情况、施工环境、设备能力、地下连续墙的结构、尺寸及质量要求等条件选择。

（3）挖槽前，应预先将地下连续墙划分为若干个施工槽段。槽段平面形状常用的有一字形、L形、T形等。槽段的长短应根据设计要求、土层性质、地下水情况、钢筋笼的轻重大小及设备起吊能力、混凝土供应能力等条件确定。

（4）挖槽前应制订切实可行的挖槽方法和施工顺序。一般应采用跳槽式开挖，以保证安全。

（5）挖槽过程中应观测槽壁变形、垂直度、泥浆液面高度，采用抓斗施工的，应控制抓斗上下运行速度。如发现较严重坍塌时，应及时将机械设备提出，分析原因，妥善处理。

（6）连续墙的槽壁和接头均应保持垂直，垂直度偏差应符合设计要求。槽段终槽深度必须保证设计深度，同一槽段内，槽底开挖深度一般应一致并保持平整。

（7）槽段开挖完毕，应检查槽位、槽深、槽宽及槽壁垂直度，合格后方可进行清槽换浆工作。地下连续墙成槽允许偏差见表2-20。

地下连续墙成槽允许偏差　　　　　　表2-20

序号	检查项目	允许偏差（mm）	控制等级	检查方法
1	槽壁垂直度	≤1/300（永久结构） ≤1/200（临时结构）	主控项目	超声波测槽仪或成槽机的监测系统
2	成槽深度	+100	一般项目	重锤测
3	沉渣厚度	≤100（永久结构） ≤150（临时结构）	一般项目	重锤测或沉淀物测定仪测

（8）连续墙入孤石地层时，宜采冲击钻配合施工，泥浆护壁反循环出渣。可先采用圆锤跳孔施工，先施工完奇数孔，再施工偶数孔，然后用方锤击打两孔之间小墙，最后清孔、下钢筋笼、浇筑混凝土。冲击钻进工法施工时除应满足一般地段成槽技术规范要求外，还应注意以下事项：

①冲击钻进工法成槽，渣土主要通过泥浆反循环携带出地面，从沟槽出来的泥浆含有大量的土渣，应安排派专人负责清理，防止倒灌污染施工槽段泥浆。

②冲击钻进工法成槽时，先开始冲击钻进的奇数序冲击孔严格控制其垂直度，严防偏槽。

③严格控制成槽过程中护壁泥浆的质量，加强护壁，泥浆相对密度适当增大，减少因成槽时间过长而引起槽壁坍塌情况发生。

④钻头重量、刃脚长度均选择大值。加大冲程、加快冲击频率。采用合金钻头，提高冲击击碎效率。

⑤当发现偏槽时，应及时进行纠偏，如遇半软半硬地质，必要时回填石块进行纠偏。

4）成槽接头处理

（1）清刷接头：成槽后（清底前）应进行接头清刷，采用专门工具将接头处刷洗干净，刷壁次数不得少于10次，且刷壁器上无泥。

（2）清底换浆：接头清刷后进行清底换浆，清底应自底部抽吸并及时补浆，清底后的槽底泥浆相对密度不应大于1.15，沉淀物淤积厚度不应大于100mm。检查槽宽、槽深、沉淤厚度及垂直度，应符合规范要求。

（3）下放接头箱：如果采用接头箱，接头箱要有足够的刚度，位置应与设计槽段分界相符，接头箱下端应插入槽底，上端宜高出地下连续墙泛浆高度，同时应制定有效地预防混凝土绕流措施。

5）钢筋笼制作、吊装

（1）审查各种规格钢筋、钢材的出厂证明书，钢筋原材、接头、直螺纹接驳器等严格见证取样复试，合格后方准使用。

钢筋进场时，应按国家现行标准的规定抽取试件做屈服强度、抗拉强度、伸长率、弯曲性能和重量偏差检验，检验结果应符合相应标准的规定。

成型钢筋进场时，应抽取试件作屈服强度、抗拉强度、伸长率和重量偏差检验，检验结果应符合国家现行相关标准的规定。同一厂家、同一类型、同一钢筋来源的成型钢筋，不超过30t为一批，每批中每种钢筋牌号、规格均应至少抽取1个钢筋试件，总数不应少于3个。

关于钢筋连接接头质量要求同本书2.1节"钻（冲）孔灌注桩施工监理控制要点"中的"3.事中质量控制"的相应内容。

（2）应对钢筋笼骨架的钢筋规格、数量、长度、间距、外形尺寸、钢筋焊接的焊缝长度、宽度及搭接长度、预埋件（规格、数量、位置）、注浆管的位置、标高、吊筋的规格长度进行严格的监理检查、验收，并做好检查记录。

（3）钢筋笼应在平台上制作成型并应符合下列规定：

①钢筋笼纵向应预留导管位置，并上下贯通。

②钢筋笼底端应在0.5m范围内的厚度方向上做收口处理。

③吊点焊接应牢固，并应保证钢筋笼起吊刚度。

④钢筋笼应设定位垫块，其深度方向间距为3~5m，每层应设2~3块。

⑤预埋件（管）应与主筋连接牢固，外露管口应封堵严密。

⑥分节制作钢筋笼应试拼装，其主筋接头搭接长度应符合设计要求，如采用焊接或机械连接时，应按相应的技术规定执行。

（4）钢筋笼制作尺寸应符合质量检验标准的要求（表2-21）。

地下连续墙钢筋笼制作的允许偏差 表2-21

项目	偏差（mm）	检查方法
钢筋笼长度	±50	钢尺量，每片钢筋网检查上、中、下三处
钢筋笼宽度	±20	
钢筋笼厚度	0 -10	
主筋间距	±10	任取一断面，连续量取间距，取平均值作为一点每片钢筋网上测四点
分布筋间距	±20	
预埋件中心位置	±10	钢尺测量

（5）钢筋骨架制作前，骨架先根据设计要求摆放均匀并固定牢靠，一般用点焊焊牢，其他交叉点数不得少于50%，桁间部分必须100%焊接。

（6）钢筋骨架在制作运输和安装过程中，应采取措施，防止出现不可恢复的变形，入槽时不得碰撞槽壁，更不得强行入槽。钢筋笼在泥浆置换合格后及时入槽，浇筑混凝土时，应防止钢筋笼上浮。

（7）钢筋骨架的安置标高，应符合设计要求，其允许偏差在±100mm以内，应采取措施固定其位置。

（8）混凝土保护层厚度迎土面不应小于70mm。为保证钢筋笼的保护层厚度，需按设计要求在钢筋笼外侧采取定位措施，如采用绑扎预制混凝土垫块或焊接钢筋耳环定位。

（9）钢筋笼制作时应构造安放导管的通道，并采取必要的加强措施。承包商应填报隐蔽工程验收单，经现场监理检验合格后予以签证。

（10）钢筋笼吊放前要对槽深、泥浆相对密度、黏度、含砂率等指标进行验收，待合格后方能进行钢筋笼吊装,地下连续墙钢筋笼起吊采用横吊梁或吊架,起吊时两台吊机同时平行起吊,然后缓慢起主吊,放副吊,直至钢筋笼吊竖直。吊点设于桁架筋上,施工时根据每种墙型及其重量以及吊装等情况确定吊点位置,以保证钢筋笼在起吊过程中的变形控制在允许范围内。钢筋笼在起吊及行走过程中小心、慢速平稳操作,同时在钢筋笼下端系上拽引绳以人力操纵,防止笼抖动而造成槽壁坍塌以及钢筋笼自身产生不可恢复的变形,钢筋笼在槽口按设计要求位置对正就位后缓慢下放入槽,不得放空挡冲放,遇障碍物不能下放时,重新吊起,待查明原因并采取措施后再吊入。钢筋笼下放到位后,用特制的钢扁担搁置在导墙上,并通过控制笼顶标高来确保预埋件的位置准确。钢筋笼吊放示意如图2-3所示。

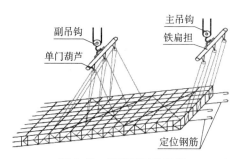

图2-3 钢筋笼吊放示意

在钢筋笼下放到位后,由于吊点位置与测点不完全一致,吊筋会拉长等,影响钢筋笼的标高。为确保预埋件的标高,立即用水准仪测量钢筋笼的笼顶标高,根据实际情况进行调整,将笼顶标高调整至设计标高。单门葫芦副吊钩铁扁担主吊钩定位钢筋。钢筋笼吊装过程中还应注意:

①所有起吊用机械、机具、设备使用前进行检修,保证完好率100%;严格按照钢筋笼质量标准加工制作,并增加足够的加强筋,加强撑,保证吊装过程中钢筋笼不变形。

②起吊时,主副钩均衡起吊,缓慢行进,减少冲击力。

③钢筋笼入槽困难时,分析原因,采取相应措施:

如果由于槽壁偏斜、壁面不平或槽底沉渣太厚而引起,应立即进行修壁清孔,恢复槽壁垂直精度和槽底设计标高;如果由于钢筋笼自身变形而引起,应立即进行整修、加固,恢复其设计几何尺寸。

④钢筋笼的吊装工作一气呵成,尽量减少在泥浆中的浸泡时间,尽早开始灌注墙体混凝土,以保证钢筋的握裹力。钢筋笼沉放就位至开始灌注水下混凝土的间隔时间控制在4h之内。

6)水下混凝土浇筑

(1)混凝土应具有良好的和易性,配合比应经试验确定。细骨料宜采用中、粗砂,粗骨料宜采用粒径不大于40mm卵石或碎石，坍落度宜为180~220mm。

（2）混凝土宜采用商品混凝土，并应采用导管法灌注。导管应采用直径为200~250mm的多节钢管，管节连接应严密、牢固，施工前应试拼并进行密闭性试验。

（3）导管底端到槽底距离要求为30~50cm；导管连接处应密封可靠，避免漏浆；浇筑前应安装隔水塞，混凝土初灌量应确保导管底端能被埋入混凝土深度不少于0.8~1.2m。

（4）混凝土灌注应符合下列规定：

①钢筋笼沉放就位后应及时灌注混凝土，并不应超过4h。

②在一个单元槽段同时使用二根导管浇筑时，其间距一般不宜大于3m，导管距槽段端部不宜大于1.5m；各导管处的混凝土表面高差不宜大于0.5m，应两根导管同时同速下料。各导管剪断隔水栓吊挂线后应同时均匀连续灌注混凝土，因故中断灌注的时间间隔不得超过30min。

③水下灌注混凝土过程中，应督促承包商随时测量混凝土的上升高度，以确保导管始终埋入混凝土中，各导管储料斗内混凝土储量应保证开始灌注混凝土时埋管深度不小于500mm，导管随混凝土灌注应逐步提升，其埋入混凝土深度应为2~6m，相邻两导管内混凝土高差不应大于0.5m。

④混凝土灌注速度不应低于2m/h，杜绝导管拔离混凝土面现象的发生，注意经常上下窜动以避免造成"埋管"事故。

⑤墙顶灌注标高宜高出设计标高300~500mm，以保证凿去浮浆层厚的墙顶标高和强度，符合设计要求。当混凝土灌注测量标高到达设计要求值时，经监理确认后方可停止浇筑。

⑥混凝土质量检查：混凝土进场后，应检查混凝土配合比通知单、发货单、出厂时间等内容。要求承包商在材料见证人的监督下，按规定做混凝土坍落度测试，每槽段测定不应少于3次，混凝土坍落度控制在180~220mm。抗压强度试件每一槽段不应少于一组，且每100m³混凝土不应少于一组，每5个槽段应制作抗渗试件一组，同组试块应取自同车混凝土。

⑦记录：水下混凝土浇筑过程中，应督促承包商做好浇筑记录，并予以检查；监理应按相关监理表做好检查记录。

⑧统计：浇筑混凝土结束后，应做好实际浇筑混凝土量的统计工作，计算出混凝土浇灌的充盈系数。

⑨起拔接头箱：督促承包商应根据第一车混凝土制作的混凝土试块初凝时间确定宜选择混凝土灌注2~3h后进行；开始每30min提升一次，每次50~100mm，直至终凝后全部拔出，起拔应垂直、均速、缓慢、连续，不得损坏接头处混凝土。

7）连续墙混凝土接头处理

（1）首先施工首开幅，开挖时考虑外放尺寸及接头箱厚度，施工前在工字钢背后下放接头箱，接头箱背后回填黏土，混凝土浇筑结束后起拔接头箱。在连接幅成槽结束后用钢刷壁器进行接头刷壁处理。连接幅槽段钢筋笼端头向内收10cm，便于二期槽段与一期槽段端头相互嵌套，形成整体。闭合幅与连接幅相同，仅在施工时把钢筋笼两头均向内收10cm，使连续墙相互嵌套。

（2）对采用工字钢连接街头，清刷接头的工作应在清槽换浆即将完成之前进行。清刷时，清刷锤应与接头混凝土面（或接头工字钢）紧贴并上下来回拉动，直到钢丝刷不带泥屑为止。

3. 事后质量控制

（1）地下连续墙是围护结构分部中的一个分项，一般一幅为一个检验批进行质量验收，在承包商自检合格的基础上提出工程验收申请，由专业监理工程师组织分项验收。

（2）土方开挖完成后应进行地下连续墙验收，验收标准为：混凝土抗压强度和抗渗压力应符合设计要求，采用超声波检测墙体完整性达到规范要求墙面无露筋、露石和夹泥现象。

（3）验收时主控项目必须符合验收标准规定，发现问题应立即处理直至符合要求；一般项目应有80%合格。混凝土试件强度评定不合格或对试件的代表性有怀疑时，应采用钻芯取样，检测结果符合设计要求可按合格验收。

（4）地下连续墙施工及验收应按验收规范要求及工程当地建设主管部门的规定提供相应的记录（表2-22）。

相关检查记录　　　　　　　　　　　　　　　表2-22

序号	相关检查记录表格名称	检查/填写频率
1	地下连续墙导墙检查记录	每施工段
2	钢筋笼制作安放（导墙）施工验收记录	每施工段
3	钢筋笼制作安放施工验收记录	每槽段
4	地下连续墙槽段开挖检查记录表	每槽段
5	地下连续墙泥浆护壁配制记录表	每槽段
6	地下连续墙隐蔽验收记录	每槽段
7	地下连续墙灌注水下混凝土记录	每槽段
8	地下连续墙钢筋笼制作检验批质量验收记录	每施工段
9	地下连续墙工程检验批质量验收记录	每施工段

（5）地下连续墙质量控制流程如图2-4所示。

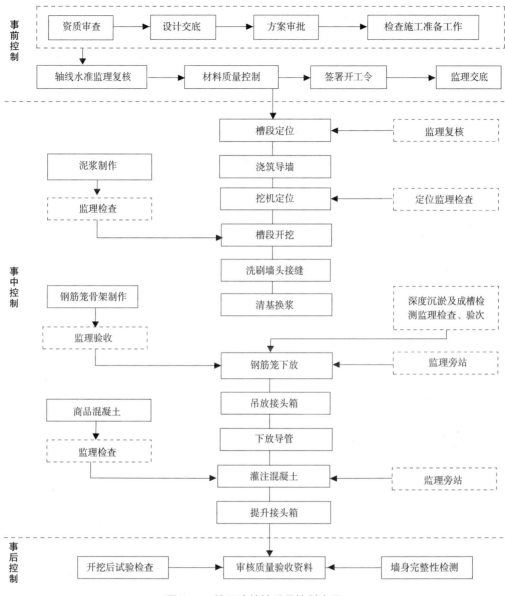

图 2-4 地下连续墙质量控制流程

4. 连续墙施工过程中常见问题的预防措施

（1）槽段塌方预防

①重视槽段选型，尽量避免出现异型槽段，若避免不了应及时针对这些槽段进行注浆加固处理。

②及时灌浆，施工中始终维持稳定槽段所必需的液位高度，保证泥浆液面比地下水位高。

③合理改善泥浆性能。

④在成槽时尽量小心，抓斗每次下放和提升都缓慢匀速进行，尽量减少抓斗对槽

壁的碰撞和引起泥浆振荡。

⑤减小槽边荷载。

⑥安放钢筋应做到稳、准、平,防止钢筋笼上下移动而引起槽壁塌方。

⑦加强工序间的衔接,尽量缩短槽壁的暴露时间。

(2)成槽垂直度控制措施

①周边地面提前硬化,防止成槽机在成槽挖土过程中产生倾斜而引起槽壁垂直偏差。

②导墙施工时严格控制导墙的垂直度和净空,确保导墙施工的精确。

③成槽过程中及时根据成槽机上的垂直度显示仪表上显示的垂直度调整抓斗的垂直度,以确保成槽的精度。

(3)地下连续墙渗漏水预防

①槽段接头处一定要处理干净。

②地下连续墙的清底要彻底。

③对各项性能指标超标的泥浆应禁止使用,防止造成夹层现象。

④钢板保护块有足够的刚度、厚度、数量,钢筋笼在吊放入槽时对准槽壁中心,以免挤压保护块,造成露筋现象。

⑤避免出现夹层,首批灌注混凝土要有足够的量,使之有一定的冲击力,能把泥浆从导管中挤出,浇筑时导管埋入深度不小于1.5m,不能发生导管拔空现象。

(4)钢筋无法下放到位的预防措施

①钢筋笼的尺寸和槽宽确保吻合,二期槽加工钢筋笼前一定要对槽宽进行量测。

②钢筋笼吊装前要对槽尺寸及槽深进行量测,对于塌孔、缩孔、变形槽段,重新进行修槽,待修槽完成后再吊放钢筋笼。

③二期槽成完成后,清除一期槽因混凝土绕流部分混凝土后,再吊放钢筋笼入槽。

④对于大量塌方,以致无法继续进行施工时,应对该幅槽段进行回填密实后再成槽。

(5)对预埋件标高控制措施

①钢筋笼施工时应保证钢筋笼横平竖直,预埋件必须准确对位。

②预埋件必须牢固固定于钢筋笼上,杜绝预埋件在钢筋笼起吊和下放过程中产生松动或者脱落现象。

③钢筋笼下放时,必须严格控制笼顶主筋标高,以保证预埋件实体位置的准确。

2.3.2 地下连续墙施工旁站监理

1. 旁站监理主要控制内容见表2-23。
2. 相关旁站监理记录见表2-24和表2-25。

旁站监理主要控制内容   表2-23

序号	旁站点	旁站内容	旁站要点	记录表
1	钢筋笼吊装下孔	在槽段及钢筋笼完成并通过验收后,驻地监理自钢筋笼起吊到完全下放到槽段内预定位置的全过程进行旁站,对吊装准备工作及过程中的安全措施和状况进行监控,发现异常立即纠正	吊装设备是否通过监理验收;吊具及指挥人员是否具备资质;吊机支腿是否安全;项目部安全员是否到位;钢筋笼及成桩孔是否通过验收;吊装范围内是否安全等	钢筋笼吊装旁站记录表
2	水下混凝土浇筑	在槽段及钢筋笼完成并通过验收、钢筋笼起吊到位后,从第一车混凝土到达现场开始到完成槽段混凝土浇筑的全过程进行旁站,对混凝土浇筑质量进行全程监控,发现异常立即纠正	检查混凝土配合比是否符合要求;抽查送料单,混凝土是否超过初凝时间;抽查混凝土坍落度;见证混凝土试件制作;检查导管提升速度,核查混凝土浇筑是否连续;记录混凝土浇筑量等	混凝土浇筑旁站记录表

旁站监理记录表(钢筋笼吊装)   表2-24

工程名称: 编号:

旁站的关键部位、关键工序		施工单位	
旁站开始时间	年 月 日 时 分	旁站结束时间	年 月 日 时 分

旁站的关键部位、关键工序施工情况:
1. 吊装方案: 吊装专项方案是否经过审批:□是 □否;是否按照吊装方案实施:□是 □否;
2. 施工吊装设备型号: ,是否通过进场验收:□是 □否;
3. 吊装作业人员:起重工(   ),特种作业证书是否有效:□是 □否;
   指挥、司索工(   ),特种作业证书是否有效:□是 □否;
4. 管理人员: 安全员:(   ),施工员:(   ),是否持证:□是 □否;
5. 钢筋笼:钢筋笼是否通过验收:□是 □否;验收提出问题是否整改完毕:□是 □否;
   骨架是否满足吊装条件:□是 □否;吊点是否满足要求、是否牢固:□是 □否;
6. 吊装设备:吊机支腿是否稳固:□是 □否;行走线路是否安全:□是 □否;
   钢丝绳是否完好:□是 □否;吊机锁具是否合格:□是 □否

吊装旁站过程:
1. 起吊方法是否符合吊装方案要求:□符合要求 □不符合要求 □经整改后符合要求;
2. 吊臂作业半径内是否有人员活动:□是 □否;作业半径范围是否及时警戒:□是 □否;
3. 吊机行走过程是否正常: □是 □否;吊装过程吊机支腿是否稳固:□是 □否;
4. 起吊过程是否正常: □是 □否;钢筋笼入孔(槽)过程是否正常:□是 □否;
5. 钢筋笼有无发生变形、弯曲、散架等问题:□是 □否; 有无处理:□是 □否

发现的问题及处理情况:

                                        旁站监理人员(签字)
                                                年   月   日

旁站监理记录表（地下连续墙混凝土浇筑）　　表2-25

工程名称：			编号：	
旁站的关键部位、 关键工序		施工单位		
旁站开始时间	年　月　日　时　分	旁站结束时间	年　月　日　时　分	

旁站的关键部位、关键工序施工情况：

1. 混凝土设计配合比： 设计标号： ，配合比单号： ，设计坍落度： ；
初凝时间：_____h，终凝时间：_____h，是否经过审批：□是　□否；
2. 成孔（槽）的施工参数： 孔直径（槽长度）：_____mm，孔（槽）深度：_____mm；
　　二次清孔（槽）后沉渣厚度：_____mm，桩（墙）垂直度偏差：_____mm；
　　二次清孔（槽）后泥浆指标：_____相对密度：_____，含砂率：_____%，黏度：_____s；
是否符合设计及规范要求：□是　□否；是否通过验收：□是　□否；
3. 钢筋笼吊装：钢筋笼吊放时间： ；混凝土浇筑是否在4h内：□是　□否；
4. 管理人员： 试验员：( )，施工员：( )，是否到位：□是　□否；
5. 接头处理： 槽段接头是否清刷完成：□是　□否；接头清刷是否满足要求：□是　□否；
6. 浇筑设备： 导管是否经过密闭性试验：□是　□否，隔水栓或皮球是否经过试验：□是　□否

混凝土浇筑旁站过程：

1. 混凝土： 抽查混凝土配合比是否正确：□是　□否；到场时间是否超过初凝时间：□是　□否；
2. 抽查坍落度：
　坍落度：_____mm，时间： ；坍落度：_____mm，时间： ；
　坍落度：_____mm，时间： ；坍落度：_____mm，时间： ；
　坍落度：_____mm，时间： ；坍落度：_____mm，时间： ；
3. 混凝土试件：
　标□；同□；渗□；试件标号： ，取样时间： ；试件编号： ；
　标□；同□；渗□；试件标号： ，取样时间： ；试件编号： ；
　标□；同□；渗□；试件标号： ，取样时间： ；试件编号： ；
4. 混凝土浇筑过程： 浇筑是否连续：□是　□否；是否发生断桩、夹泥的问题：□是　□否；
5. 混凝土浇筑量：___ m³，充盈率：_____%，是否满足要求：□是　□否

发现的问题及处理情况：

旁站监理人员（签字）

年　月　日

2.3.3 地下连续墙施工工艺及质量控制流程

地下连续墙施工工艺及质量控制流程如图 2-5 所示。

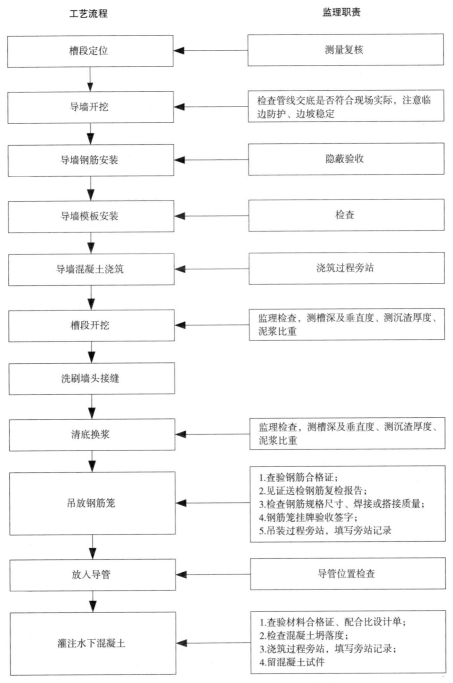

图 2-5 地下连续墙施工工艺及质量控制流程

2.4 旋喷桩施工监理控制要点

2.4.1 旋喷桩施工监理过程控制

1. 旋喷桩施工质量控制点

旋喷桩施工质量控制点见表2-26。

旋喷桩施工工序质量控制点　　　　　表2-26

项目	质量控制点	控制要求
工程测量定位	标准轴线、定位轴线、标高	桩位偏差不大于50mm
旋喷桩成孔过程	孔深、垂直度、土层状况、持力层岩性	钻孔垂直度偏差不大于1.5%，注浆前应检查桩深、垂直度
水泥浆搅拌、注浆过程	水泥质量、搅拌时间、技术参数	浆液搅拌时间；检查注浆流量、风量、压力、旋喷提升速度等
施工机械	搅拌机、引孔机、旋喷机	正常运行
其他	施工技术环境、劳动环境、管理环境	尽可能减少对环境的影响

2. 事前质量控制

（1）熟悉施工图纸，参与图纸会审和设计交底，并提出意见。

（2）审查承包商（分包商）的技术资质，审查内容包括：技术能力、管理水平、施工业绩、关键岗位的人员上岗证等，签字并经业主认可后方可准许进场。

（3）审查承包商提交的施工组织设计（施工方案），重点审查其人员、机械、材料计划及施工工艺等，提出审核意见，并经总监理工程师审核、签认后报建设单位。

（4）检查进场人员资质。

（5）施工机械设备进场检查验收。

①检查压力表、流量表的精度和灵敏度，检查高压喷射设备的性能等。旋喷桩包括单管旋喷、双管旋喷和三管旋喷，应根据各自的设备性能分别进行检查验收。

②三管旋喷桩机应检查高压喷射注浆的设备造孔系统，供水、供气、供浆系统和喷射系统组成。为确保施工质量，施工机具必须配置准确的计量仪器。

（6）原材料进场检查验收。

①审查施工用的水泥及外加剂的生产厂名、厂址、商标、生产日期、产品合格证、出厂检验报告、进场复验报告是否齐全，否则不予进场。

②按照有关要求对进场水泥进行抽检，抽检不合格的水泥不得用于本工程。

（7）高压旋喷注浆方案确定后，施工前应根据设计要求进行工艺性试验，数量不应少于2根，通过试喷检查桩位、核对地质资料，确定不同土层旋喷桩的最小直径，确定正式施工的技术参数,通过试喷检查注浆机械设备的运行状况是否完好、正常。

试喷主要工艺参数:喷嘴直径与个数、注浆压力、注浆管的提升与旋转速度、不同土层的喷浆厚度、浆液配制水灰比及外加剂的掺入量等;试喷过程应做好参数记录。

3. 事中质量控制

(1)旋喷桩施工过程质量监控

施工过程中监理工程师督促承包商严格按照施工程序及施工参数(压力、水泥浆量、提升速度、旋转速度等)进行施工质量控制。对土层及土质情况、施工工艺参数进行认真记录。根据土层及土质情况提醒承包商及时调整和变更喷射参数以达到处理良好效果的目的。主要控制:

①桩施打顺序:旋喷桩由于喷射压力较大,容易发生窜浆,影响邻孔的质量,应采用间隔跳打法施工,两孔间距宜大于1.5m。

②钻孔就位:钻头对准孔位中心,钻孔的位置与设计位置的偏差不大于50 mm。钻机平面放置平稳、水平,保证钻孔达到设计要求的垂直度,钻机就位后必须做水平校正,使钻杆轴线垂直对准钻孔中心线,钻杆垂直度偏差应小于1/100。

③对实际孔位、孔深和每个孔内的地下障碍物、洞穴、涌水及工程地质报告不符等情况均应进行详细记录。

④在进行高压喷射注浆作业时,严格控制各工艺参数,并随时做好关于喷射时间、用浆量、喷射压力、提升速度、冒浆情况等的记录。喷射过程中用的水泥浆随制随用,防止水泥浆沉淀。

⑤钻杆需匀速旋转、提升,确保桩体连续、均匀;当换卸钻杆或因故障停喷继续喷浆时,应重复喷射不小于200mm。

⑥注浆管分段提升的搭接长度应大于100mm,根据设计的桩径或喷射范围要求,可以采用复喷的方法扩大加固范围。

⑦在高压喷射注浆过程中出现压力骤降、上升或大量冒浆等异常现象时,应查明产生原因并及时采取措施,故障排除后方可继续施工。

⑧高压喷射注浆完毕,应迅速拔出注浆管,并及时清洗。

(2)下达停工令

施工中出现下述情况时,监理工程师依据监理合同规定形式,报业主同意后下达停工令。

①施工中出现质量异常情况,经提出后承包商仍不采取改进措施,或采取改进措施不力,未能扭转这种情况的。

②对已发生质量事故并未进行处理和提出有效的改进措施且继续作业。

③使用没有产品质量合格证的工程材料,或擅自替换、变更工程材料。

承包商必须对存在的施工质量问题认真整改,并填写复工申请,经监理工程师审查同意，方可签发复工令。

（3）施工质量检查主要内容

①巡视检查：经常到现场作巡视检查，重点检查对成桩质量有重要影响的桩机水平、垂直度、浆液制备、喷射时间、注浆量、注浆压力和提升速度等质量关键点，防止违章操作和偷工减料。发现违章作业者当场指正，要求立即改正，并责令不得重犯。

②工序交接检查：严格执行上道工序不合格下道工序不得施工的原则，保证每一道工序的质量。

③做好监理日志等监理工作记录，发现问题及时向业主、承包商反映，必要时发隐患整改通知单或监理通知书、停工令。

4. 事后质量控制

（1）施工质量验收

相应的施工完成后，依据相关规范要求及工程所在地、业主的验收管理规定，会同有关方面及时对施工质量进行质量检验和验收工作。

①检验桩体强度、桩径、桩身中心位置、桩体质量及承载力（止水帷幕除外）等。

②对完成工程检查验收应按规定的质量评定标准和方法进行，其中桩体质量及承载力检验应在施工结束后28d进行，旋喷桩允许偏差和检验方法应符合表2-27所示的相关规定。

旋喷桩允许偏差和检验方法 表2-27

序号	检查项目	允许偏差或允许值 数值	检查方法
1	钻孔位置	≤50mm	用钢尺量
2	钻孔垂直度	≤1.5%	经纬仪测钻杆或实测
3	孔深	±20mm	用钢尺量
4	注浆压力	按设定参数指标	查看压力表
5	桩体搭接	>200mm	用钢尺量
6	桩体直径	≤50mm	开挖后用钢尺量
7	桩身中心允许偏差	≤0.2d（d为桩径）	开挖后桩顶下500mm处用钢尺量

③整理有关工程项目质量的技术文件，并编目、建档。旋喷桩施工及验收应按验收规范要求及工程当地建设主管部门的规定提供相应的记录（表2-28）。

相关检查记录 表2-28

序号	相关检查记录表格名称	检查/填写频率
1	高压旋喷桩施工记录表	每根桩
2	高压喷射桩地基分项工程检验批质量验收记录	分区

(2) 竣工验收资料

旋喷桩竣工资料应按照验收规范要求及当地建设主管部门的规定进行编制和组卷，一般包括：

①原材料质量合格证；

②图纸会审记录、变更设计或洽商记录；

③工程测量定位记录；

④各种试验报告和质量验收记录；

⑤隐蔽工程验收记录和有关施工记录；

⑥开竣工报告，竣工图。

2.4.2 旋喷桩施工工艺及质量控制流程

旋喷桩施工工艺及质量控制流程如图2-6所示。

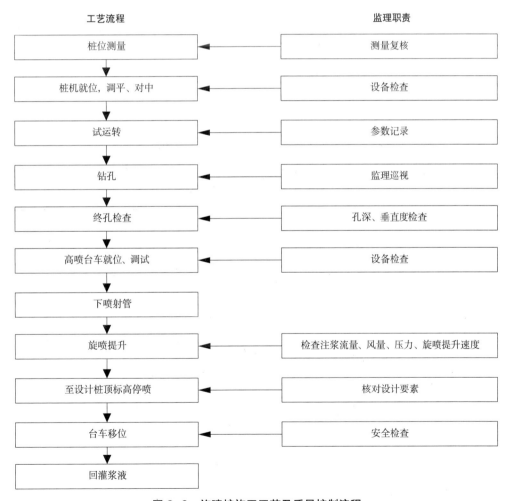

图2-6 旋喷桩施工工艺及质量控制流程

2.5 水泥土搅拌桩施工监理控制要点

2.5.1 水泥土搅拌桩施工监理过程控制

1. 水泥土搅拌桩施工质量控制点

水泥土搅拌桩施工质量控制点见表2-29。

水泥土搅拌桩施工质量控制点　　　　　　　表2-29

控制点名称	质量标准	检验及认可			备注
		检验频率	检验方法	认可程序	
复核轴线、桩位布置尺寸和桩数	设计或规范要求；桩位位置与设计图的误差不得大于50mm	复查	观察和用尺量	监理工程师书面认可后方可进行下一道工序	
水泥品种、强度等级、水泥浆的水灰比和外加剂品种、掺量	设计要求	经常检查	检查出厂合格证、试验报告和复检报告	监理工程师书面认可后方可进行下一道工序	有怀疑时，进行抽样检测
水泥用量、水泥浆拌制数量、提升时间、复拌次数	设计要求；检验搅拌均匀性，观察颜色是否一致	经常检查		监理工程师书面认可后方可进行下一道工序	
搅拌深度、直径	设计要求	经常检查	观察和用尺量	监理工程师书面认可后方可进行下一道工序	
桩位中心位移	桩位中心位移不得超过50mm	按桩数抽查5%	用经纬仪或拉线、尺量	监理工程师书面认可后方可进行下一道工序	
管垂直度	管垂直度不得超过1.5H/100	按桩数抽查5%	用经纬仪检查	监理工程师书面认可后方可进行下一道工序	H为管长度
桩体强度	设计要求；在成桩后7d内进行成桩质量检查	抽检总桩数的2%～5%	钻孔取芯、标准贯入等，检查强度试验记录和施工纪录	监理工程师书面认可后方可进行下一道工序	抽检频率由设计人员定
成桩桩位、桩数	设计要求	全部检查	观察和用尺量，用平头钢筋压入检查	监理工程师书面认可后方可进行下一道工序	基坑开挖时/后检查

2. 事前质量控制

（1）图纸确认

熟悉图纸，参与图纸会审和设计交底，并提出意见。

（2）方案审查

审查承包商提交的施工组织设计（施工方案），重点审查其人员、机械、材料及施工工艺等，并提出修改意见。对重大技术问题，向业主建议，并组织专家研讨会。

（3）资质审查

审查承包商（分包商）的技术资质，审查内容包括：技术能力、管理水平、施工业绩、关键岗位的人员上岗证等，签字并经业主认可后方可准许进场。

（4）施工现场准备检查确认

①检查施工场地内、外的交通道路是否通顺。

②检查施工场地内、外的给水、排水条件，应保证给水有保证，排水顺畅，并尽可能地减少污染。

③检查施工用电线路应安全可靠，其用电量应满足施工要求，并有防止漏电及避雷措施。

④检查施工场地的空中、地面、地下的清障工作，待清障完毕后方可开始施工。

⑤检查桩位放线偏差是否符合要求。

⑥检查水泥仓库是否达到防潮、防毁、防变质的条件，达不到条件的要求承包商采取相应的防护措施，如采用散装水泥并在现场罐装贮存的，应对水泥罐、基础及罐体安装进行验收。

（5）施工机械设备的监理控制

①审核机械设备清单是否符合施工组织设计和施工工艺方法的规定，进场时应报监理进行验收，以保证施工质量和进度的要求。

②机械设备进场时监理工程师应按清单逐一对设备的名称、型号、规格和数量进行核查，不符合要求时予以调换。

③现场监督机械设备的安装、调试或试车，检查搅拌机工作性能及各种计量设备完好程度（主要是水泥浆流量计及其他计量装置），保证适用于水泥土搅拌桩的施工机械设备运转正常、性能良好、配套完整，并经监理工程师签认后，方可使用。

④检查施工配套设施的布设位置，灰浆拌制场地应大于$40m^2$，并有抽风、防尘措施。

⑤泵送距离不应大于100m，输浆管的长度应在试桩中标定并设置；灰浆输送泵管线通畅，无跑、冒、滴、漏现象。

⑥搅拌机安装时左右两条轨道或链轮的高差不大于20cm，以保证其垂直度偏差不大于1.5%。

⑦用于施工的测量、丈量、计量仪器或衡器应有合格证，并经校验符合技术要求后方可使用。

⑧机械设备使用、操作应贯彻"人机固定"的原则，实行定机、定人、定岗制度。

（6）劳动组织监控

审核承包商的劳动组织，并就其完备性、合理性作出评价，关键岗位人员必须具备合格的上岗资格和身体条件。

（7）工程材料进场质量监控

①审核承包商提交的工程材料计划，审核水泥及外加剂的种类、品名、强度等级等质量指标是否符合设计、合同等要求。

②审查施工用的水泥及外掺剂的生产厂名、厂址、商标、生产日期、产品合格证、出厂检验报告、进场复验报告是否齐全，否则不予进场。按照有关要求对进场水泥进行抽检，抽检不合格的水泥不得用于本工程。

③进入场地的水泥储存期一般不得超过3个月。超过储存期的水泥等加固材料，必须重新检验，根据检验结果，决定可否使用或降低强度等级使用。

（8）试桩监理监控

①试桩数量宜为两根，位置最好选择在勘察孔附近的工程桩。

②试桩中监理工程师应督促承包商做好参数记录，督促承包商按设计拟定的加固剂掺入比，外掺剂的品种和数量，有效桩长和桩顶标高施工。对泵送、喷浆视角、搅拌提升、下沉速度、复拌、复喷次数、深度及水泥掺入量或水泥浆水灰比等做好施工记录，并监督施工技术人员制作试块及做好养护。

③试桩成桩7d后，会同承包商钻取桩身芯样，观察、记录搅拌均匀程度，并根据触探击数用对比法判断桩身强度。试桩成桩28d后，采用动测试验，以查明桩身强度。

④审核承包商提交的试桩报告等试桩资料，若能满足设计要求，业主、设计和监理共同签字认可的试桩参数提交用于正式施工；否则，应调整工艺参数以满足设计要求为准。

（9）下达开工令

审查承包商的开工申请，检查施工前各项准备工作已经就绪后，可批准开工申请，下达开工令。

3. 事中质量控制

（1）水泥土搅拌桩施工过程质量监控

①施工过程中监督检查承包商做到"三按"（按图纸、按工艺、按规范）施工，施工记录及时、真实、准确、完备、清晰。

②施工检查重点：核对施工记录上的桩数、桩位、桩长及标高与施工图是否相符；检查机头提升速度、水泥浆或水泥注入量、总喷浆时间、复喷、复搅深度、搅喷次数等是否与试桩工艺要求相符；供浆记录的总喷浆时间与施工记录两者误差应小于10s；停电、机械等原因造成的断桩处理是否符合规范要求；记录重要的施工参数与承包商的施工报表进行核对。

（2）水泥土搅拌桩施工中质量检查主要环节

①巡视：经常到现场作巡视检查，重点对成桩质量有重要影响的桩机水平、垂直度、浆液制备、注浆量。有无断桩、喷浆搅拌、提升时间与速度、复搅（喷浆）次数和有

效桩长等质量关键点，防止违章操作和偷工减料。

②工序交接检查：严格执行"上道工序不合格，下道工序不得施工的原则"，保证每一道工序的质量。

③施工信息分析及应用：运用数理统计分析法，通过搜集、整理质量数据，分析、发现质量问题，以便发现纠正。

④完善监理管理：做好监理日志等监理工作记录，发现问题及时向业主、承包商反映，必要时发监理备忘录或监理通知书、停工令以及复工令。

（3）下达停工令

施工中出现下述情况时，监理工程师依据监理合同规定形式，报业主同意后下达停工令：

①施工中出现质量异常情况，经提出后承包商仍不采取改进措施，或采取改进措施不力，未能扭转这种情况者。

②对已发生质量事故并未进行处理和提出有效的改进措施且继续作业。

③使用没有产品质量合格证的工程材料，或擅自替换、变更工程材料。

承包商必须对存在的施工质量问题认真整改，并填写复工申请，经监理工程师审查同意，总监签发复工令方可复工。

4.事后质量控制

（1）质量验收：施工完成后，应检查桩体强度、桩体直径及地基承载力，对桩基进行质量检验和验收。水泥土搅拌桩质量检验标准见表2-30。

水泥土搅拌桩质量检验标准 表2-30

项目	序号	检查项目		允许偏差或允许值	检查方法
主控项目	1	水泥及外掺剂质量		设计要求	查产品合格证书、抽样送检
	2	水泥用量		参数指标	查看流量计和施工记录
	3	桩体强度		设计要求	轻便触探或其他检测方法；查试验报告
	4	地基承载力		设计要求	载荷板试验，查试验报告
一般项目	1	机头提升速度		≤0.5m/min	量机头上升距离及时间
	2	桩底标高		±200mm	测机头深度
	3	桩顶标高		-50~+100mm	水准仪（最上部500mm不计入）
	4	桩位偏差	地基加固	<50mm	用钢尺量
			支护	±30mm	
	5	桩径		<0.04d	用钢尺量，d为直径
	6	垂直度	地基加固	≤1.5%	经纬仪
			支护	≤0.3%	
	7	搭接		>200mm	用钢尺量

（2）水泥土搅拌桩施工及验收应按验收规范要求及当地建设主管部门的规定提供相应的记录（表2-31）。

相关检查记录　　　　　　　　　　　　　　表2-31

序号	相关检查记录表格名称	检查/填写频率
1	水泥土搅拌桩施工原始记录	每根桩
2	水泥土搅拌桩分项工程检验批质量验收记录	分区

（3）竣工验收资料：水泥土搅拌桩竣工资料应按照验收规范要求及当地建设主管部门的规定进行编制和组卷，一般包括：

①原材料质量合格证；
②图纸会审记录、变更设计或洽商记录；
③工程测量定位记录；
④各种试验报告和质量验收记录；
⑤隐蔽工程验收记录和有关施工记录；
⑥开竣工报告；
⑦竣工图。

2.5.2 水泥土搅拌桩施工工艺及质量控制流程

水泥土搅拌桩施工工艺及质量控制流程如图2-7和图2-8所示。

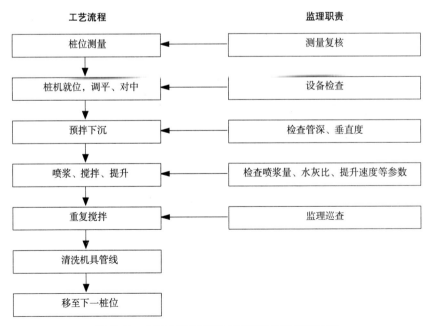

图2-7　水泥土搅拌桩施工工艺及质量控制流程

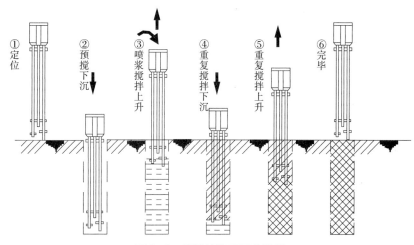

图 2-8 搅拌桩施工工艺流程

2.6 地层注浆加固施工监理控制要点

2.6.1 地层注浆加固施工监理过程控制

1. 地层注浆加固施工监理控制点

地层注浆加固施工监理控制点见表 2-32。

地层注浆加固施工监理控制点　　　表 2-32

序号	控制点名称	控制事项及检查方法
1	原材料检验	水泥、水玻璃合格证；抽样试验报告；抽检
2	注浆孔位测量放线检查	检查放线测量成果；抽查
3	注浆孔深检查	根据下管长度进行检查；尺量
4	压力表、流量计性能指标检查	检查标定报告；现场试验检查
5	配合比检查	现场抽查；使用密度计、量筒、量杯等量测仪器
6	注浆压力检查	现场抽查；检查压力表读数
7	注浆体强度检测	进行抽芯或标贯检测；抽样试验报告；抽检
8	注浆地基承载力检测	进行承载力静载检测；检测报告

2. 事前质量控制

（1）检查人员资质。

（2）检查施工机械设备及临时用电。

①灌浆设备主要是压浆泵、水泥压浆泵、多用泥浆泵或砂浆泵代替。能满足灌浆压力的要求，一般为灌浆实际压力的 1.2~1.5 倍。

②监理要对流量计、压力表仪器是否标定进行检查。

③临时用电检查。

(3)对进场原材料检查验收。

(4)审查施工组织设计或专项施工方案。

(5)调查场地环境。

(6)做好技术准备,要点是:

①核对施工图审查记录,确定已经通过了有关部门的审查。

②项目监理部需要对施工图设计文件进行审查,并在内部进行设计交底。

③检查承包商是否进行了安全技术交底,交底是否全面、具体。

④施工前监理应掌握有关技术文件,如注浆点位置、浆液配比、注浆施工技术参数、检测要求等,完成项目部内部的工作交底。

⑤依照设计对现场的注浆孔位进行检查。

3. 事中质量控制

(1)注浆位置与孔深的复核与记录

①地层注浆前,现场监理应复核承包商提交的注浆孔位平面测量放样记录,合格后进行下管。钻头点位与布孔点的距离相差不得大于2cm,钻杆角度偏差不得大于1°,注浆孔位偏差为±50mm。

②每一注浆孔位到达设计地层深度后,承包单位要及时报告监理,监理判断地层渣样符合设计地层要求后,对注浆孔深进行验收,注浆孔深偏差为±100mm。

(2)注浆施工工艺监理要点

地层注浆可采用不同的工艺,通常采用袖阀管注浆工艺,袖阀管工艺同其他注浆工艺相比,其具有上下2个阻塞器(橡皮圈),能将浆液限定在注浆区域的任一段范围内进行灌注,达到分段注浆的目的;阻塞器在袖阀管中可以自由移动,可根据需要在注浆区域内某一段反复注浆;袖阀管也可根据地层特点采用不同注浆材料,选用不同的注浆参数进行注浆施工。地层注浆时可根据设计及地层要求采用跳注、分层注浆、二次注浆等方法。

①跳注时监理要注意控制承包商的注浆顺序,同一排注浆孔,先注奇数孔,再注偶数孔,即多孔注浆的同时,保证注浆孔四周四个孔位没有注浆。这样可以保证第一批注浆充分挤密、凝结,在第二批注浆时将水泥浆液中的空隙减至最低。

②分层注浆时要注意将注浆管插至洞底,当注浆压力接近1.0MPa时,提管20~30cm,压力下降,再进行注浆,重复提管工序,直至注浆管提至设计标高以上为止。

③二次注浆是在同一注浆孔注浆完毕24h后进行第二次注浆,目的是充分挤密第一次注浆未填满的洞体空隙,最大可能地保证注浆质量。

(3)施工过程质量监理

①检查确认进场的水泥是否已按要求送检且检查合格,对未经送检的材料一律禁止用于施工。

②地层注浆正式施工之前，在现场进行注浆试验。根据设计要求的水泥用量等指标，最终确定控制压力、水泥用量、配合比、注浆次数等施工参数。

③浇筑套壳料，套壳料应按设计要求配制。钻孔结束后，进行清孔，接着将拌制好的套壳料采用钻机钻杆从孔底压入，利用套壳料相对密度比泥浆大的特点，将孔内泥浆全部置换到孔外，套壳料充满整个孔内。

④下放注浆管，下管前监理要对袖阀管的密封性进行抽查，可采用在管内注满清水检查密封性能。套壳料浇筑完成后，在孔内下袖阀管，下管过程中可在管内注入清水抵消套壳料的浮力。注浆管到位后，监理应对下管深度进行检查。

⑤注浆过程检查，注浆施工过程中应对照施工方案，经常抽查浆液配比及主要性能指标、注浆的顺序、注浆压力、注浆量等参数，当压力突然上升或从孔壁溢浆，应立即停止注浆，分析产生的原因并采取应对措施，注浆压力控制（与设计参数比）偏差为±10%，注浆量满足设计要求。

⑥拔出注浆管，封堵注浆孔。采用黏土或其他材料封堵注浆孔，防止浆液流失。

⑦冲洗注浆管。注浆完毕，应立即用清水冲洗注浆管，必须采取适当措施处理废水，搞好清洁工作。

（4）施工过程计量监控

注浆地基质量检验标准见表2-33。

注浆地基质量检验标准　　　　　　　　　表2-33

项目	序号	检查项目		允许偏差或允许值	检查方法
主控项目	1	原材料检验	水泥	设计要求	查产品合格证书或抽样送检
			注浆用砂：粒径 细度模数 含泥量及有机物含量	<2.5mm <2.0 <3%	试验室试验
			注浆用黏土：塑性指数 粒径含量 含砂量 有机物含量	>14 >25% <5% <3%	试验室试验
			粉煤灰：细度 烧失量	不粗于同时使用的水泥 <3%	试验室试验
			水玻璃：模数	2.5~3.3	抽样送检
			其他化学浆液	设计要求	查产品合格证书或抽样送检
	2	注浆体强度		设计要求	取样检验
	3	地基承载力		设计要求	按规定的方法
一般项目	1	各种注浆材料称量误差		<3%	抽查
	2	注浆孔位		±50mm	用钢尺量
	3	注浆孔深		±100mm	量测注浆管长度
	4	注浆压力（与设计参数比）		±10%	检查压力表读数

地层计量分两部分：一是注浆管，二是注浆量。

①对照设计图纸提供的地质剖面图，结合现场实际情况，对每个土墩柱在每个剖面间至少抽查一根注浆管深度，并做好记录。

②要求承包商水泥进场卸车前通知监理现场清点验收。

③要求承包商现场做好每一根注浆管的开始时间、结束时间等施工记录，监理人员随机检查施工记录。

④钻孔完毕后，注浆前，监理检查验收其袖阀管深度。

⑤注浆量可按照进场的水泥用量吨数根据配合比进行推算。

4. 事后质量控制

地层注浆经承包商自检确认符合设计要求和有关规范、规程及资料齐全后，方可进行施工验收。

（1）施工质量验收

①注浆检验时间应在注浆结束后28d进行。可选用标准贯入、轻型动力触探或静力触探对加固地层进行检测，对重要工程可采用载荷试验测定。

②注浆检验点可为注浆孔数的2%～5%，且每格检测数量不少于3处，每处的钻孔抽芯的注浆体厚度不小于1.5m。当检验点合格率小于或等于80%，或虽大于80%，但检验点的平均值达不到强度或防渗的设计要求时，应对不合格的注浆区实施重复注浆。

土层注浆加固效果采用钻孔抽芯法进行检测，检测指标包括：a.采用钻孔抽芯法做抗压试验，要求28d无侧限抗压强度达到设计要求，如强度不小于0.2MPa；b.采用随机原位标贯试验，标贯击数应达到设计要求，如不小于10击；c.利用上述钻孔检验注浆充盈度。

③地层注浆施工及验收应按规范、工程当地主管部门规定的表式填写相关检查验收表格，如按每孔的频率填写"注浆地基工程验收记录表"。

（2）竣工验收资料

①注浆孔位竣工平面图和注浆孔位偏差图。

②原材料（水泥、水玻璃）出厂质保证书及进场后的复检资料等。

③注浆地基验收记录和有关施工记录。

④浆液配合比设计单和抽芯、标贯报告。

⑤设计变更通知单，技术交底审核单，事故处理记录。

⑥工程质量评定表。

⑦注浆地基竣工报告。

2.6.2 地层注浆加固施工工艺及质量控制流程

1. 地层注浆施工工艺

地层注浆加固通常采用袖阀管、花管等注浆加固工艺,地层注浆时可采用跳注、分层注浆、二次注浆等方法,地层注浆施工总体流程见图2-9。

图2-9 地层注浆施工总体流程

2. 地层注浆质量控制流程

地层注浆质量控制流程见图2-10。

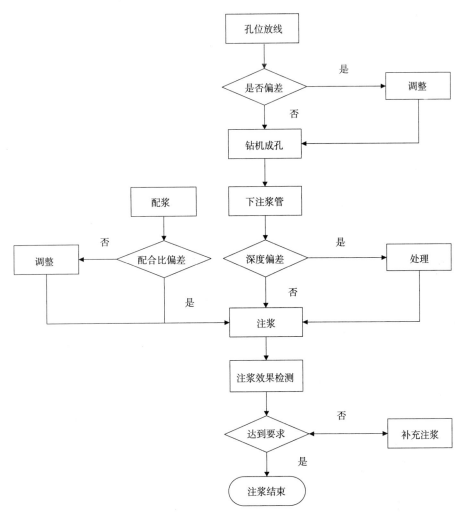

图2-10 地层注浆质量控制流程

2.7 套管咬合桩施工监理控制要点

2.7.1 套管咬合桩施工监理过程控制

1. 套管咬合桩施工监理控制点

套管咬合桩施工监理控制点见表 2-34。

套管咬合桩施工监理控制点 表 2-34

序号	控制点名称	控制事项及检查方法
1	原材料检验	钢筋、水泥、砂石合格证；抽样试验报告；抽检
2	桩位测量放线检查	检查放线测量成果；抽查
3	导墙立模检查	定位、埋设深度、高度、经纬仪、尺量
4	导墙混凝土施工检查	旁站混凝土浇筑；同钢筋混凝土结构的混凝土工程检查
5	冲孔施工控制检查	巡查；检查施工记录
6	成孔质量检查与验收	孔位、孔径、孔深、垂直度、清孔及沉渣厚度；经纬仪、验孔器、尺量、吊锤
7	钢筋笼制作质量检验	同钢筋混凝土结构的钢筋工程检查
8	钢筋笼安装隐蔽检查	定位、沉放；旁站
9	混凝土拌合物检验与配合比验证	检查试验报告
10	混凝土灌注质量控制检查	旁站混凝土浇筑过程；观察是否有异常现象；留取试件抽查坍落度
11	桩身混凝土抗压强度试验	检查试验报告
12	桩身无损检验	检查检验报告

2. 事前质量控制

1）检查人员资质

（1）要求承包商在进场时提供参加本项目施工人员的名单及相关资质证书，项目监理在检查符合招标文件要求后，进行签字确认并存档，在施工过程中如承包商要求调换有关人员，必须得到监理批准。

（2）对各级安全教育、技术交底情况进行检查。重点检查项目负责人和专职安全员的安全培训证，现场操作工人的安全教育记录，开工前的技术与安全交底记录，以及班前安全讲话记录等。

（3）对特殊工种人员（如电工、电焊工、起吊工等）的资格进行审查。

（4）所有施工人员都应挂牌上岗。

2）检查施工机械设备及临时用电

（1）对用于工程的基础施工机械、设备进场后，要求承包商填报进场设备报审单，进场的机械、设备数量、型号完好率应符合施工组织设计中的要求，并具有产品检验合格证书或有效的检测报告。经试运转一切完好，还要有一定的备品备件。

（2）场内临时供电线路应满足《施工现场临时用电安全技术规范》JGJ 46—2005的相关要求，监理在开工前和施工过程中随时进行检查，达不到安全用电规定时，要及时通知承包商整改，避免事故发生。施工前承包商应预备发电机，在电网供电中断的情况下能及时发电，发电机功率至少应不少于一台钻机正常用电的需要。

3）对进场原材料检查验收

（1）对选用的混凝土供应厂家进行核查，是否是合格供应商。

（2）对混凝土配合比选定报告进行审核，报业主审批后执行。

（3）审查选择的试验室资质是否符合有关规定。

（4）对进场钢筋按规范规定进行检查验收，并按规范规定对钢筋原材和钢筋连接件进行抽样复试，质量合格后才能使用。

（5）核查材料计划和后续供应是否已经落实。

4）审查施工组织设计或专项施工方案

（1）选用的冲孔机械设备是否满足工程需要，施工工艺是否合理。

（2）安全与质量保体系是否健全，劳动力组织、材料供应、进度计划是否落实等。

（3）安全与质量保证措施是否详细具体并切实可行。

（4）相关的环保措施是否全面到位。

5）调查场地环境

（1）"三通一平"符合要求，场地条件满足施工要求。

（2）调查清楚地下管线分布，清除施工场区范围各种地下管线等。

（3）施工场地平面布置合理，堆土场等符合环保要求。

（4）场地排水顺畅，便于施工和确保场地整洁。

6）做好技术准备

（1）核对施工图审查记录，确定已经通过了有关部门的审查。

（2）项目监理部需要对施工图设计文件进行审查，并在内部进行设计图纸交底。

（3）检查承包商是否进行了技术交底，交底是否全面、具体。

（4）检查现场技术准备工作，如混凝土配合比选定报告、桩位平面图、进度形象图、桩参数一览表、各种施工记录表等准备就绪。

（5）依照设计对现场的桩位轴线进行检查。

3. 事中质量控制

1）施工测量的复核与记录

（1）在导墙施工前，承包商向项目监理提交咬合桩平面测量放样记录，复核后才能开挖。其中围护桩轴线向基坑外每侧适当外放一定的数量（根据现场情况和施工单位工艺水平确定，外放量宜为100~200mm），以防止围护桩意外侵限。

（2）导墙施工后承包商应检查导墙施工位置是否满足施工规范要求，经监理验收同意后方可冲孔。

2）导墙施工

为了提高咬合桩孔口的定位精度并提高就位效率，在桩顶上部施作混凝土或钢筋混凝土导墙。具体步骤：

（1）平整场地：清除地表杂物，填平碾压地面管线迁移的沟槽。

（2）测放桩位：根据设计图纸提供的坐标并按已定外放量，计算排桩中心线坐标，采用全站仪根据地面导线控制点进行实地放样，做好护桩，作为导墙施工的控制中线。监理复核。

（3）导墙沟槽开挖：在桩位放样线符合要求后即可进行沟槽的开挖，开挖结束后，立即将中心线引入沟槽下，以控制底模及模板施工，确保导墙中心线正确无误（表2-35）。

（4）钢筋绑扎：沟槽开挖结束后绑扎导墙钢筋，导墙钢筋按设计布置，经"三检"合格后，填写隐蔽工程验收单，经监理验收后方可进行下道工序施工。

（5）模板施工：模板采用订制整体钢模，导墙预留定位孔模板直径为套管直径扩大2cm。模板加固采用钢管支撑，支撑间距不大于1m，确保加固牢固，严防跑模，并保证轴线和净空的准确，混凝土浇筑前先检查模板的垂直度和中线以及净距是否符合要求，经承包商自检合格后报监理通过方可进行混凝土浇筑。

（6）混凝土浇筑施工：混凝土采用满足设计要求的商品混凝土，混凝土浇筑时应在定型钢模两边对称浇筑，严防走模而导致桩中心移位。如发生走模，应立即停止混凝土浇筑，重新加固模板，并调整到设计位置后，方可继续进行浇筑。振捣采用插入式振捣器，振捣间距宜为600mm左右，防止振捣不均，同时也要防止在一处过振而发生走模现象。

导墙施工的质量检验标准主要技术数据　　　　　表2-35

序号	项目名称	允许偏差
1	导墙定位孔孔径	±10mm
2	导墙定位孔孔口定位	≤10mm
3	导墙面平整度	±5mm
4	导墙平面位置	≤20mm
5	导墙顶面标高	±20mm

3）素桩（B桩）的施工监理要点

（1）钻机就位的监理

待导墙有足够的强度后，拆除模板，重新定位放样排桩中心位置，将点位反到导墙顶面上，作为钻机定位控制点。移动套管钻机至正确位置，使套管钻机抱管器中心对应定位在导墙孔位中心。

为了保证咬合桩底部有足够厚度的咬合量，应对其孔口的定位误差进行严格的控制，孔口定位误差的允许值应控制在 ±10mm 以内。

（2）成孔过程的监理

在桩机就位后，吊装第一节管在桩机钳口中，找正桩管垂直度后，磨桩下压桩管，压入深度约为 1.5~2.5m，然后用抓斗从套管内取土，一边抓土、一边继续下压套管，始终保持套管底部标高低于取土面不小于 2.5m。第一节套管全部压入土中后（地面以上要留 1.2~1.5m，以便接管），检测垂直度，如不合格则进行纠偏调整，如合格则安装第二节套管继续下压取土，如此继续，直至达到设计孔底标高。

成孔过程中要控制好桩的垂直度，必须抓好以下三个环节的检查。

①套管的顺直度检查和校正

咬合桩施工前在平整地面上进行套管顺直度的检查和校正，首先检查和校正单节套管的顺直度，然后将按照桩长配置的套管全部连接起来进行整根套管顺直度检查，其顺直度应不大于 1/500。检测方法：于地面上测放出两条相互平行的直线，将套管置于两条直线之间，然后用线锤和直尺进行检测。

②成孔过程中桩的垂直度监测和检查

地面监测：在地面选择两个相互垂直的方向采用经纬仪或线锤监测地面以上部分的套管的垂直度，发现偏差随时纠正。这项检测在每根桩的成孔过程中应自始至终坚持，不能中断。

孔内检查：每节套管压完后安装下一节套管之前，都要停下来用测斜仪或"测环"进行孔内垂直度检查，不合格时需进行纠偏，直至合格才能进行下一节套管施工。

③成孔过程中纠偏调整

成孔过程中如发现垂直度偏差过大，必须及时进行纠偏调整，纠偏的常用方法有两种。

利用钻机油缸进行纠偏：如果偏差不大或套管入土不深（5m 以下），可直接利用钻机的两个顶升油缸和两个推拉油缸调节套管的垂直度，即可达到纠偏的目的。

B 桩纠偏：如果 A 桩在入土 5m 以下发生较大偏移，可先利用钻机油缸直接纠偏，如达不到要求，可向套管内填砂或黏土，一边填土一边拔起套管，直至将套管提升到上一次检查合格的地方，然后调直套管，检查其垂直度合格后再重新下压。

（3）灌注混凝土的监理

如孔内有水时需采用水下混凝土灌注法施工，如孔内无水时则采用干孔灌注法施工，此时应加强振捣。

超缓凝混凝土是咬合桩施工工艺所需的特殊材料（因为其缓凝时间特别长，所以称为超缓凝混凝土），这种混凝土主要用于 B 桩，其作用是延长 B 桩混凝土的初凝时间，以达到其相邻 A 桩的成孔能够在 B 桩混凝土初凝之前完成，这样便给套管钻机切割 B 桩混凝土创造了条件。由此可以看出超缓凝混凝土是咬合桩施工工艺成败的关键。

为了满足咬合桩的施工工艺的需要，超缓凝混凝土必须达到表 2-36 所示相关技术参数的要求。

超缓凝混凝土相关技术参数 表 2-36

强度等级	坍落度	缓凝时间	3d 强度
满足设计要求	16cm±2cm	≥60h	≤3MPa

4）钢筋桩（A 桩）施工监理要点

（1）钻机就位的监理要点（同素桩的施工监理要点）

（2）成孔的监理要点（同素桩的施工监理要点）

A 桩的纠偏与 B 桩的纠偏方法有其不同之处，不能向套管内填砂或黏土，而应填入与 A 桩相同的混凝土，否则有可能在桩间留下土夹层，从而影响排桩的防水效果。

（3）钢筋笼制作的监理要点

①钢筋笼制作前应清除钢筋表面污垢、锈蚀，钢筋下料时应准确控制下料长度。

②钢筋笼采用环形、圆形模制作，制作场地保持平整。

③钢筋笼焊接选用 E50 焊条，焊缝宽度不应小于 $0.8d$，厚度不小于 $0.3d$。

④钢筋笼焊接过程中，应即时清渣，钢筋笼两端的加强箍与主筋应全部点焊，必须焊接牢固，其余部分按设计要求进行焊接。

⑤钢筋笼主筋连接应满足设计要求，宜采用闪光对焊，箍筋采用双面搭接焊，焊缝长度不小于 $5d$，且同一截面接头数不大于 50%。

⑥在每只钢筋笼每隔 2m 处设置一道钢筋定位控制件，保护层厚度根据设计和规范要求设置。

（4）吊放安装钢筋笼的监理要点

成孔检测合格后进行安放钢筋笼工作，安装钢筋笼时应采取有效措施保证钢筋笼标高的准确。

①钢筋笼安放标高，由套管顶端处的标高来计算，安放时必须保证桩顶的设计标高，允许误差为 ±100mm。

②钢筋笼下放时，应对准孔位中心，采用正、反旋转慢慢地逐步下放，放至设计标高后立即固定。

③钢筋笼安装入孔时和上下节笼进行对接施焊时，钢筋笼保持垂直状态，对接钢筋笼时两边对称施焊。

④孔口对接钢筋笼完毕后,进行中间验收,合格后方可继续下笼进行下一节笼安装。

⑤为防止钢筋笼在浇筑混凝土时上浮,在钢筋笼底部焊上一块比钢筋笼直径略小的薄钢板以增加其抗浮能力。

(5)灌注混凝土的监理要点

①在钢筋笼吊装合格后,安装导管。导管应采用直径不小于250mm的管节组成,接头应具备装卸方便,连接牢固,并带有密封圈,保证不漏水不透水。导管的支承应保证在需要减慢或停止混凝土流动时使导管能迅速升降。

②安放混凝土漏斗与隔水橡皮球胆,并将导管提离孔底0.5m。混凝土初灌量必须保证能埋住导管0.8~1.3m,初灌量宜为2~3m³。

③灌注过程中,导管埋入深度宜保持在3~10m之间,最小埋入深度不小于2.5m。灌注混凝土时随浇随提,严禁将导管提出混凝土面或埋入过深,一次提拔不得超过6m,经常测量混凝土面上升高度。

④混凝土灌注中应防止钢筋笼上浮,混凝土配制宜选用5~20mm粒径碎石,并可调整配比确保其和易性,钢筋笼底部宜设置配重,钢筋笼可设置导正定位器,在混凝土面接近钢筋笼底端时灌注速度应适当放慢,当混凝土进入钢筋笼底端1~2m后,可适当提升导管,导管提升要平稳,避免出料冲击过大或钩带钢筋笼。

⑤每车混凝土在使用前由试验室检测其坍落度及观感质量是否符合要求,每车混凝土均取一组试件,检测坍落度损失情况。钢筋桩混凝土强度等级应根据设计确定。

(6)拔管成桩的监理要点

一边浇筑混凝土一边拔管,应注意始终保持套管底低于混凝土面2.5m。

5)有关安全注意事项

(1)检查施工机械的安全状况,机械传动性能,电气绝缘性能以及起吊钢丝绳等是否符合安全要求。如果有故障,必须要求排除后才能使用。

(2)检查督促承包单位司机在机械启动前做好例行检查,机械启动时,严禁用手清除机械上的泥土,作业中随时观察机械运转情况,发现异常应即停机处理后方可继续作业。

(3)在成桩过程中进行巡视检查,发现在操作桩机过程中有不安全行为,立即予以纠正,并通知项目部进一步改进。

(4)检查钢筋笼吊点位置是否符合设计要求,吊装要由有资质的起重工操作和指挥,在起重臂和起重物下方严禁站人。

(5)在现场要检查各项安全防护措施,确保按规定到位。

6)常见问题的形成原因、造成的后果及处理措施

(1)桩孔倾斜

原因分析:桩孔倾斜原因很多,一是要考虑地质原因,在钻孔取土过程中随时查

看地质状况,检查地质是否存在一半软层,一半硬层的情况。二是钻机的倾斜是否校正,抓斗取土施工中由于冲力较大,所以容易造成倾斜,在取土过程中要时时检查套管的垂直度。三是在拔管过程中混凝土桩体扭是否曲或一边搅动过大。

造成的后果:桩孔倾斜容易造成排桩桩体下部开叉、桩间渗漏;严重时还会造成桩体侵限,影响主体结构施工。

处理措施:①施工过程中发现钢套管有倾斜趋势时,可以立即通过反复摇动、微量扭、挪套管支座等方法将套管倾斜消除在初始状态。如垂直度偏斜超过3‰,无法靠桩机本身调整时,可采取向孔内填砂,向上拔出套管,重新校正精度和成孔。如无法利用套管钻机重新成孔时,在待处理桩位的两侧注浆,形成隔渗帷幕拦截地下水。②过程中未及时发现桩孔倾斜,已造成不利后果的可根据桩孔倾斜情况及造成的后果分别处理。对于桩体下边开叉、桩间渗漏可在开挖前对其补打旋喷桩背后补强或在开挖过程中及时采取注浆处理;对于桩体侵限一般视情况,以凿除侵限部位为主,但以碰到钢筋为准,如果仍侵占主体,只能采用结构钢筋补强的方式处理,不宜过多凿除,以免影响整体结构稳定。

(2)管涌

原因分析:发生管涌有两种情况:一是随着钻孔深度增加和套管的摇动,淤泥质黏土在饱和压力水作用下,软化呈流塑状,引起管涌;二是在A桩成孔过程中,由于B桩混凝土尚未凝固,还处于流动状态,B桩混凝土有可能从A、B桩相交处涌入A桩孔内,也可能发生管涌。

造成的后果:①B桩混凝土面下陷过多,造成桩顶标高偏低,不利于冠梁混凝土支撑施工。②对桩体本身结构造成破坏,对整体围护结构有间接影响,地下水也容易从此薄弱点流入基坑内部。

处理措施:①在成孔过程中缓冲轻抓,减小对孔底土层的扰动。②B桩混凝土的坍落度应尽量小一些,以便降低混凝土的流动性。③加长桩机套管,套管底口始终保持超前于开挖面一定距离,孔内留足一定厚度的反压土层,形成"瓶颈"达到瓶塞效果,阻止混凝土流动。如果钻机能力许可,这个距离越大越好,但至少不应小于1.0m。④如果遇地下障碍物套管无法超前时,可向套管内注入一定量的水,使其保持一定的反压力来平衡B桩混凝土的压力,以阻止"管涌"的发生。⑤A桩成孔过程中应注意观察相邻两侧B桩混凝土顶面,如发现B桩混凝土下陷,则应立即停止A桩开挖,并一边将套管尽量下压,一边向A桩内填土或注水,直到完全制止住"管涌"为止。⑥在混凝土浇筑标高控制上,B桩应多浇筑混凝土1m左右,以预防A桩成孔时发生管涌造成素桩混凝土面下降,果真发生管涌时应及时向素桩内补素混凝土;在开挖后,如仍发现在有少量桩面较低,在做冠梁前应及时补充浇筑混凝土,将其补到设计标高,以防浅水从此薄弱点流入基坑内部。

（3）暗浜

原因分析：暗浜是不良地质情况的一种。简单来讲就是被填埋的河道、沟渠等，有淤泥沉积，后来被土填没了，但是沉积的淤泥仍在，这种情况不利于施工，尤其对基础建设存在隐性危害。

造成的后果：对工程建设不利或有不良影响的动力地质现象。既影响场地稳定性，也对地基基础、边坡工程、地下洞室等具体工程的安全、经济和正常使用不利。

处理措施：首先在施工前应进行详细调查，尽可能提前发现提前填冲处理；其次如果在施工中发现取土钻进速度出现异常，要及时分析原因，如发现是暗浜时应上拔少许套管，然后填入砂砾，并给予一定的压力，压实后，再继续下钻取土。

（4）遇地下障碍物

原因分析：地下障碍物因其深埋地下，具有其不明确性，地质勘查有时也不能完全探测清楚，这就是其形成的主要原因。

造成的后果：影响施工进度，给施工过程中造成不必要的麻烦，加大成本支出。

处理措施：钻孔咬合桩素桩超缓凝混凝土由于受到时间的限制，遇到地下障碍物处理起来比较困难。所以施工前必须对地质情况十分清楚，对一些比较小的障碍物，如卵石层、体积小的孤石等，可以先抽干套管内积水，然后再吊放作业人员下去将其清除；如遇到深层大孤石套管不能超前或者桩端需嵌入岩石时，可更换十字冲锤进行冲击钻进，待破碎后继续施工。

（5）钢筋笼上浮与下沉

原因分析：在钻孔咬合桩施工中，由于钢筋笼在桩内处于悬挂状态，在混凝土浇筑过程中，钢筋笼所受到的力是泥浆和混凝土向上运动时对其产生的浮托摩擦与下部埋深混凝土摩擦、钢筋笼自重及钢筋笼固定对其产生的压力的合力，如果浮托作用超过向下的作用力，就会出现钢筋笼上浮。此外，由于套管内壁与钢筋笼外缘之间的空隙较小，在拔套管的时候，钢筋笼有可能被套管带着一起"上浮"，俗称"卡管"。下沉的原因主要是桩底持力层较软弱，不能够承受钢筋笼的自重。

造成的后果：在咬合桩的混凝土浇筑过程中，钢筋笼上浮是较为常见的事故，轻微的上浮一般不影响桩的施工质量，但钢筋笼上浮过多会对桩的质量造成一定影响，其桩体配筋状况也随之发生变化，最明显的是使其加强筋与钢支撑对应位置发生改变，不能达到设计的指定位置，导致桩承载力降低，不能安全承受设计荷载。

防止钢筋笼上浮的措施：①与设计沟通，在满足结构安全系数的前提下，适当减小钢筋笼直径尺寸，使钢筋笼外径与套管内径间距加大，减小摩擦力；②确保钢筋笼加工的垂直度，不能出现弯曲、突出、变形现象；③在钢筋笼底部焊接防浮混凝土板，增加钢筋笼本身自重，力争使其大于上浮的力；④起拔套管时视起拔状况精心操作，阻力过大采用多转动（套管）慢拔保证套管起拔中的顺直，减少钢筋笼与管壁的摩擦，必要时配以专用压笼器，利用钻机上拔动作，下压钢筋笼拔套管，控制上浮。

防止钢筋笼下沉的措施：在钢筋笼底板焊接抗浮板，以增大钢筋笼和持力层的接触面。

出现钢筋笼上浮后的处理措施：①与设计沟通，根据上浮高度的不同，重新验算其安全系数。②根据验算结果可分别选择在背后补打同类型钢筋混凝土桩、SMW、三轴水泥土搅拌桩或旋喷桩等。

（6）事故桩的处理

原因分析：在钻孔咬合桩施工过程中，因素桩超缓凝混凝土出现早凝现象或机械设备故障以及其他常见问题的影响等原因，造成钻孔咬合桩的施工未能按正常要求进行而形成的桩简称事故桩。事故桩的处理主要有以下几种情况：平移桩位单侧咬合、背桩补强、预留咬合楔口、钢筋笼上浮等。

造成的后果：造成相邻桩与桩之间不能充分咬合，从而使整个围护结构不能有效地形成一个整体，给以后的基坑开挖埋下桩间渗漏、结构不稳定等隐患。

处理措施：①平移桩位单侧咬合：B桩成孔施工时，其一侧A1桩的混凝土已经凝固，使套管钻机不能按正常要求切割咬合A1、A2桩，处理方法是向A2桩方向平移B桩位，使套管钻机单侧切割A2桩施工B桩，并在A1桩和B桩外侧另增加一根旋喷桩作为防水处理，如图2-11所示。

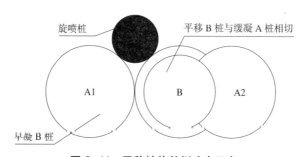

图2-11 平移桩位单侧咬合示意

②背桩补强：B1桩成孔施工时，其两侧A1、A2桩混凝土均已凝固，处理方法是放弃B桩的施工，调整桩序继续后面咬合桩的施工，以后在B1桩外侧增加3根咬合桩及两根旋喷桩作为补强防水处理，并在基坑开挖过程中将A1和A2桩之间的夹土清除，喷上混凝土即可，如图2-12所示。

③预留咬合楔口：在B1桩成孔施工中发现A1桩混凝土已有早凝倾向但还未完全凝固时，此时为避免继续按正常顺序施工造成事故桩，可及时在A1桩右侧施工一砂桩以预留出咬合楔口，待调整完成后再继续后面桩的施工，如图2-13所示。

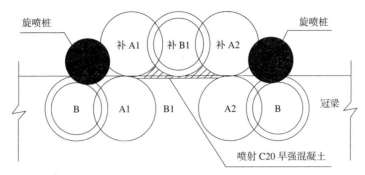

图 2-12 咬合桩背桩补强示意

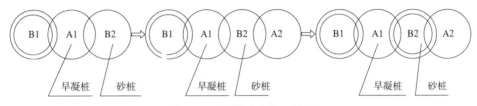

图 2-13 预留咬合楔口示意

（7）冷缝的处理

原因分析：冷缝形成的主要原因有分段施工时砂桩与素桩咬合形成的冷缝、素桩混凝土出现早凝造成咬合桩不能正常咬合形成的冷缝。

造成的后果：咬合桩不能充分咬合，容易造成冷缝处渗漏，不利于基坑防水。

处理措施：①对于砂桩与素桩咬合形成冷缝主要采取背后补打旋喷桩进行处理。②素桩混凝土出现早凝造成咬合桩不能正常咬合形成的冷缝，一般采取咬合桩平移或背后补桩，不管是平移还是补桩，在新出现缝隙处都应补打旋喷桩进行堵漏，以确保桩间的整体止水效果。

4. 事后质量控制

咬合桩经承包商自检确认符合设计要求和有关规范、规程以及资料齐全后，方可进行施工验收。咬合桩施工监理应督促承包商和协助业主进行施工验收，施工验收包括隐蔽工程验收、工程竣工验收和竣工资料验收。

（1）隐蔽工程验收：如钢筋笼验收合后才能下入孔内，孔径、孔深、沉渣厚度及泥浆密度经验收合格后才能进行灌桩等。

（2）施工质量验收：对于围护结构的咬合桩检验批的划分原则是按不同的桩径、桩长，不同的成桩地质条件来划分，也可以以一定数量的桩或一个施工工序段为 1 个检验批。

①对桩身质量的检查，可用低应变动测法检测，检测数量不低于总桩数的 10%。

②作为临时围护结构的混凝土咬合桩，钢筋笼质量验收标准和混凝土咬合桩质量验

收标准,按《建筑地基基础工程施工质量验收标准》GB 50202—2018 的相关要求执行。

③检验合格后,按《建筑工程施工质量验收统一标准》GB 50300—2013 与业主相关要求填表报项目监理部备案。

(3)咬合桩施工及验收应按验收规范要求及工程当地建设主管部门的规定提供相应的记录表(表 2-37)。

相关检查记录表 表 2-37

序号	相关检查记录表格名称	检查/填写频率
1	导墙施工检查记录	每根
2	咬合桩成孔施工记录	每根
3	钢筋笼制作安放施工验收记录	每根
4	桩混凝土灌注记录	每根
5	混凝土咬合桩钢筋笼分项工程检验批质量验收记录	按检验批验收
6	混凝土咬合桩分项工程检验批质量验收记录	按检验批验收

(4)竣工资料验收

①桩位竣工平面图和桩位偏差图;

②原材料(钢筋、水泥、砂石料)出厂质保证书及进场后的复检资料、钢筋连接后拉伸和冷弯试验报告、电焊条合格证等;

③隐蔽工程验收记录和有关施工记录;

④混凝土配合比设计单和试块强度报告;

⑤设计变更通知单,技术交底审核单,事故处理记录;

⑥桩孔测试报告、静载、动测等检测报告;

⑦工程质量评定表;

⑧咬合桩竣工报告。

2.7.2 套管咬合桩施工旁站监理

1. 旁站监理主要控制内容见表 2-38。

旁站监理主要控制内容 表 2-38

序号	旁站点	旁站内容	旁站要点	记录表
1	钢筋笼吊装下孔	在桩孔及钢筋笼完成并通过验收后,驻地监理自钢筋笼起吊到完全下放到槽段内预定位置的全过程进行旁站,对吊装准备工作过程中的安全措施和状况进行监控,发现异常立即纠正	吊装设备是否通过监理验收;吊装及指挥人员是否具备资质;吊机支腿是否安全;项目部安全员是否到位;钢筋笼及成桩孔是否通过验收;吊装范围内是否安全等	钢筋笼吊装旁站记录表

续表

序号	旁站点	旁站内容	旁站要点	记录表
2	水下混凝土浇筑	在桩孔及钢筋笼完成并通过验收、钢筋笼起吊到位后,从第一车混凝土到达现场开始到完成槽段混凝土浇筑的全过程进行旁站,对混凝土浇筑质量进行全程监控,发现异常立即纠正	检查混凝土配合比是否符合要求;抽查送料单,混凝土是否超过初凝时间;抽查混凝土坍落度;见证混凝土试件制作;检查导管提升速度;核查混凝土浇筑是否连续;记录混凝土浇筑量等	混凝土浇筑旁站记录表

2. 旁站监理记录样表见表 2-39 和表 2-40。

旁站监理记录表(钢筋笼吊装) 表 2-39

工程名称: 编号:

旁站的关键部位、关键工序		施工单位	
旁站开始时间	年 月 日 时 分	旁站结束时间	年 月 日 时 分

旁站的关键部位、关键工序施工情况:
1. 吊装方案: 吊装专项方案是否经过审批:□是 □否;是否按照吊装方案实施:□是 □否;
2. 施工吊装设备型号: ,是否通过进场验收:□是 □否;
3. 吊装作业人员:起重工( ),特种作业证书是否有效:□是 □否;
  指挥、司索工( ),特种作业证书是否有效:□是 □否;
4. 管理人员: 安全员:( ),施工员:( ),是否持证:□是 □否;
5. 钢筋笼:钢筋笼是否通过验收:□是 □否;验收提出问题是否整改完毕:□是 □否;
  骨架是否满足吊装条件:□是 □否;吊点是否满足要求、是否牢固:□是 □否;
6. 吊装设备:吊机支腿是否稳固:□是 □否;行走线路是否安全:□是 □否;
  钢丝绳是否完好:□是 □否;吊机锁具是否合格:□是 □否

吊装旁站过程:
1. 起吊方法是否符合吊装方案要求:□符合要求 □不符合要求 □经整改后符合要求;
2. 吊臂作业半径内是否有人员活动:□是 □否;作业半径范围是否及时警戒:□是 □否;
3. 吊机行走过程是否正常:□是 □否;吊装过程吊机支腿是否稳固:□是 □否;
4. 起吊过程是否正常:□是 □否;钢筋笼入孔(槽)过程是否正常:□是 □否;
5. 钢筋笼有无发生变形、弯曲、散架等问题:□是 □否;有无处理:□是 □否

发现的问题及处理情况:

旁站监理人员(签字)

年 月 日

旁站监理记录表（套管咬合桩混凝土浇筑）　　　　表 2-40

工程名称：　　　　　　　　　　　　　　　　　　　　　编号：

旁站的关键部位、关键工序		施工单位	
旁站开始时间	年　月　日　时　分	旁站结束时间	年　月　日　时　分

旁站的关键部位、关键工序施工情况：
1. 混凝土设计配合比：设计标号：　　　　，配合比单号：　　　　，设计坍落度：　　　　；
   初凝时间：＿＿＿＿h，终凝时间：＿＿＿＿h，是否经过审批：□是　□否；
2. 成孔（槽）的施工参数：＿＿＿＿孔直径（槽长度）：＿＿＿＿mm，孔（槽）深度：＿＿＿＿mm；
   二次清孔（槽）后沉渣厚度：＿＿＿＿mm，桩（墙）垂直度偏差：＿＿＿＿mm；
   二次清孔（槽）后泥浆指标：相对密度：＿＿＿＿，含砂率：＿＿＿＿％，黏度：＿＿＿＿s；
   是否符合设计及规范要求：□是　□否；是否通过验收：□是　□否；
3. 钢筋笼吊装：钢筋笼吊放时间：　　　　；混凝土浇筑是否在 4h 内：□是　□否；
4. 管理人员：　　　试验员：（　　　），施工员：（　　　），是否到位：□是　□否；
5. 接头处理：槽段接头是否清刷完成：□是　□否；接头清刷是否满足要求：□是　□否；
6. 浇筑设备：导管是否经过密闭性试验：□是　□否，隔水栓或皮球是否经过试验：□是　□否

混凝土浇筑旁站过程：
1. 混凝土：　抽查混凝土配合比是否正确：□是　□否；到场时间是否超过初凝时间：□是　□否；
2. 抽查坍落度：
   坍落度：＿＿＿＿mm，时间：　　　　；坍落度：＿＿＿＿mm，时间：　　　　；
   坍落度：＿＿＿＿mm，时间：　　　　；坍落度：＿＿＿＿mm，时间：　　　　；
   坍落度：＿＿＿＿mm，时间：　　　　；坍落度：＿＿＿＿mm，时间：　　　　；
3. 混凝土试件：
   标□；同□；渗□；试件标号：　　　　，取样时间：　　　　；试件编号：　　　　；
   标□；同□；渗□；试件标号：　　　　，取样时间：　　　　；试件编号：　　　　；
   标□；同□；渗□；试件标号：　　　　，取样时间：　　　　；试件编号：　　　　；
   标□；同□；渗□；试件标号：　　　　，取样时间：　　　　；试件编号：　　　　；
4. 混凝土浇筑过程：浇筑是否连续：□是　□否；是否发生断桩、夹泥的问题：□是　□否；
5. 混凝土浇筑量：＿＿＿＿m³，充盈率：＿＿＿＿％，是否满足要求：□是　□否

发现的问题及处理情况：

　　　　　　　　　　　　　　　　　　　　　　　　　　　旁站监理人员（签字）

　　　　　　　　　　　　　　　　　　　　　　　　　　　　　　年　月　日

2.7.3 套管咬合桩施工工艺及质量控制流程

套管咬合桩施工工艺及质量控制流程如图 2-14 所示。

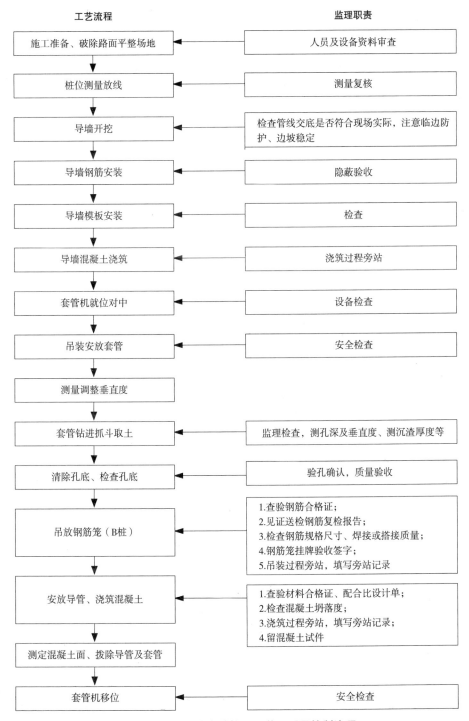

图 2-14 套管咬合桩施工工艺及质量控制流程

2.8 型钢水泥土搅拌桩（墙）施工监理控制要点

2.8.1 型钢水泥土搅拌桩（墙）施工监理过程控制

1. 事前控制

（1）编制监理实施细则

收集、熟悉技术资料，编制《型钢水泥土搅拌桩（墙）监理实施细则》，要明确质量控制点、旁站监理点以及监理对施工质量的控制流程和措施，并要单列安全文明施工控制的章节。

（2）审查施工组织设计或专项施工方案

①了解设备的性能，审查拟选用的施工机械设备及配备是否满足地质条件、施工工艺和现场条件等工程的实际需要，宜采用三轴及以上的搅拌桩机施工。

②审查桩体平面布置的搭接方式和数量是否合理，是否满足加固体或围护体系的防渗漏的要求。

③审查是否制定试桩方案，施工前应进行工艺性试桩，数量不应少于3根。

④拟采用的下沉和提升速度、水泥浆液和供浆压力等施工参数是否合理。

⑤安全与质量保证体系是否健全，劳动力组织、材料供应、进度计划是否合理等；安全与质量保证措施是否详细具体，并切实可行。

（3）做好技术准备

①项目监理部需要对施工图设计文件进行审查，组织做好图纸会审和设计交底，并认真核对施工图审查记录。

②检查承包商是否进行了技术交底，交底是否全面、具体，签字手续是否完善。

③对照设计和施工放线成果，对现场的桩位轴线进行复测。

④要求承包商备齐必要的现场检测器具，如泥浆密度计、测量仪器、靠尺等。

（4）原材料质量控制

原材料进场后，承包商进行自检，包括核查三证（出厂合格证、质量保证书、试验检测报告）。对原材料、水泥材料先抽检，待检验合格后应以书面形式向监理申报同意后方可使用。

对进场的型钢必须提供产品合格证和质量保证书等有关质量证明资料，必要时要对型钢进行抽样送检。

（5）施工机械设备检查

对用于工程的施工机械、设备进场后，要求承包商填报进场设备报验单或承包商申报表，进场的机械、设备数量、型号完好率应符合施工组织设计或施工方案中的要求，并具有产品检验合格证书或有效的检测报告。设备由专人负责操作，上岗前必须检查设备的性能。施工前对搅拌桩机进行维护保养，经试运转设备性能完好，尽量减少施工过程中由于设备故障而造成的质量问题。

（6）分包资质和人员的检查

审核分包资质，要求承包商在进场前提供参加项目施工人员的名单及相关资质证书，满足要求后方可进场施工。

（7）调查场地环境

①"三通一平"符合要求，场地条件满足施工要求。

②调查清楚地下管线分布，清除施工场区范围地上、地下障碍物，并设定场地标高控制点。

2. 事中质量控制

（1）技术参数确认

首先应进行工艺性试桩，数量不应少于3根，通过试桩计量一根桩所用水泥浆量，调整搅拌下沉、提升速度、供浆压力和流量等技术参数，使水泥掺量合理分布并达到设计要求。

监理重点检查：水泥用量、搅拌提升时间和复搅次数、桩径、桩长，对不合格桩根据其位置、数量等具体情况，随时发出通知要求整改并做好监理记录，对问题桩要采取补桩或加强邻桩等措施。

（2）桩机就位

①监理对放样桩位进行复核，施工后恢复桩位，检查偏差。

②桩机要保持稳定、平正且对位准确，用桩机自带的垂直度测量装置调整使桩架垂直，人工复核垂直度，桩架垂直度偏差不得超过1/150。

（3）搅拌速度及注浆控制

①水泥浆液制备

水泥浆液制备基本要求：水泥的品种和标号、水泥浆的水灰比、外掺剂品种、掺量等必须符合设计要求。

水泥浆液须随拌随用，搅拌时间一般不少于3min，制备好的浆液不得离析、不得停滞时间过长，超过2h以上的拌制浆液，应作为废浆处理，不得使用。监理经常检查和抽检水泥浆的制备质量，水灰比可采用泥浆密度计对各台班进行随机抽样测试，并做好抽检记录。

浆液拌置经现场试验确定配比后挂牌标示，便于施工人员操作和核对检查。拌制浆液的罐数、外掺剂的用量和泵送浆液的时间应有专人记录，监理巡视检查现场的施工原始记录。

②浆液供应

注浆压力达到设计要求，浆泵压力表应经过校核，并要求配备备用压力表和流量表。

注浆要连续、均匀，监理要经常进行现场实测压浆泵的流量，确保供浆正常。

发生管道堵塞，应立即停机处理。待处理结束后应把搅拌钻具下沉1m左右后，方能继续注浆搅拌，等10~20s恢复向上提升搅拌，以防断桩发生。监理和承包商要做好此类搅拌桩的台账，便于后续施工的检查和处理。

③钻进搅拌

桩机就位后，启动电机开始施工，在提升过程中均应注入水泥浆液，同时严格控制下沉和提升速度。当喷浆口到达桩顶设计标高时，停止提升，搅拌数秒，以保证桩头均匀密实。搅拌机搅拌下沉速度与搅拌提升速度应均速，且控制在0.3~2m/min内。在桩底部分应适当持续搅拌注浆，做好每次成桩的原始记录。搅拌深度与施工时间的关系见图2-15。

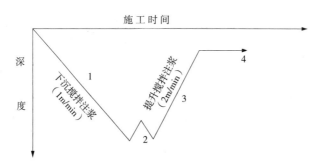

图2-15 搅拌深度与施工时间关系

对于有自动控制搅拌下沉和提升速度、标高和垂直度控制装置的自动化施工桩机，监理要检查其参数设置是否正确，并要求打印每幅桩的施工记录后核对数据。

（4）监理巡检质量控制重点

①桩底、桩顶高程均不应低于设计值。桩底标高允许偏差为±50mm，桩顶应高于设计值300~500mm，桩径允许偏差为±10mm。

②桩身垂直度，每根桩机械就位时，用经纬仪或其他方法检查导向架的垂直度，间接控制桩的垂直度。

③监理要经常丈量钻头直径，钻头直径允许偏差为±20mm，偏差超过允许范围要先对钻头进行加工处理。

④无自动调整垂直度功能的桩机查看桩架垂直度指示针调整桩架垂直度，并用线锤或经纬仪进行校核；有自动调整垂直度功能的桩机要经常检查其调整和显示设备是否正常，并定期用人工校核。

⑤工程实施过程中，严禁发生定位型钢移位现象，一旦发现挖土机在清除沟槽土时碰撞定位型钢使其跑位，应立即重新放线。

⑥场地布置综合考虑各种因素，避免设备多次搬迁、移位，减少搅拌和型钢插入

的间隔时间，尽量保证施工的连续性。

⑦桩与桩搭接的间隔时间宜大于 24h，如间隔时间太长，搭接质量无法保证时，应做冷缝处理，并做好记录后期采取局部补浆或注浆措施。

（5）插入 H 型钢质量保证措施

①型钢进场后监理检查验收，确认其制作精度、焊接质量符合要求后，进行下插 H 型钢施工。

②型钢进场后要逐根吊放，其底部垫枕木以减少型钢变形，下插 H 型钢前要检查型钢的平整度，确保其顺利下插。

③型钢插入前必须将型钢的定位设备准确固定，并校核其水平。

④型钢吊起后用经纬仪调整型钢的垂直度，达到垂直度要求后下插 H 型钢，利用水准仪控制 H 型钢的顶标高，保证 H 型钢的插入深度。

⑤型钢吊起前必须重新检查表面的减摩剂涂层是否完整。

⑥型钢宜在水泥土搅拌墙施工结束后 30min 内插入，相邻型钢焊接接头位置应相互错开，竖向错开距离不宜小于 1m。

（6）水泥土配合比设计和施工要点

根据型钢水泥土搅拌桩（墙）的特点，水泥土配比的技术要求如下：

①设计合理的水泥浆液及水灰比，使其确保水泥土强度的同时，在插入型钢时，尽量使型钢靠自重插入。若型钢靠自重仍不能顺利到位，则略微施加外力，使型钢插入到规定位置。

②水泥土无侧限抗压强度不小于设计要求的强度。

③水泥掺入比的设计，必须确保水泥土强度，降低土体置换率，从而减轻施工时对环境的扰动影响。

④水泥土和涂有隔离层的型钢具有良好的握箍力，确保水泥土和型钢发挥复合效应，起到共同止水挡土的效果，并创造良好的型钢上拔回收条件，即在上拔型钢时隔离涂层易损坏，产生一定的隔离层间隙。

⑤水泥土在型钢起拔后能够自立不塌，便于充填孔隙。

（7）对插入的型钢涂刷减摩剂要求

①清除 H 型钢表面的污垢及铁锈。

②减摩剂必须用电热棒加热至完全熔化，用搅棒搅拌时感觉厚薄均匀，才能涂敷于 H 型钢上，否则涂层不均匀，易剥落。

③如遇雨雪天，型钢表面潮湿，先用抹布擦干其表面后涂刷减摩剂。不可以在潮湿表面上直接涂刷，否则将剥落。

④如 H 型钢在表面铁锈清除后不立即涂减摩剂，必须在以后涂料施工前抹去表面灰尘。

⑤ H 型钢表面涂上涂层后，一旦发现涂层开裂、剥落，必须将其铲除，重新涂刷减摩剂。

⑥ 基坑开挖后，设置支撑牛腿时，必须清除 H 型钢外露部分的涂层，方能电焊。地下结构完成后撤除支撑，必须清除牛腿，磨平型钢表面，然后重新涂刷减摩剂。

⑦ 浇筑连接梁时，埋设在梁中的 H 型钢部分必须用 10mm 厚泡沫塑料片包裹好。使型钢与混凝土隔离良好，以利型钢拔除。

（8）插入型钢和拔出型钢

三轴水泥土搅拌桩施工完毕后，吊机应立即就位，准备吊放 H 型钢。

① 根据高程控制点，用水准仪引放到定位型钢上，根据定位型钢与 H 型钢顶标高的高度差，在型钢两腹板处外侧焊好吊筋（如 $\phi 12$ 线材），误差控制在 ±5cm 以内。型钢插入水泥土部分均匀涂刷减摩剂。

② 在沟槽定位型钢上设 H 型钢定位卡，固定插入型钢平面位置，型钢定位卡必须牢固、水平，而后将 H 型钢底部中心对正桩位中心并沿定位卡徐徐垂直插入水泥土搅拌桩体内，采用线锤控制垂直度。

③ H 型钢下插至设计深度后，用槽钢穿过吊筋将其搁置在定位型钢上，待水泥土搅拌桩达到一定硬化时间后，将吊筋及沟槽定位型钢撤除。

④ 若 H 型钢插放达不到设计标高时，则重复提升下插使其达到设计标高，此过程中始终用线锤跟踪控制 H 型钢垂直度。

⑤ H 型钢回收：待主体结构施工土方回填并达到设计强度后，采用专用夹具及千斤顶以冠梁或其他稳固的结构作为反梁，起拔回收 H 型钢。

3. 事后质量控制

（1）型钢水泥土搅拌桩（墙）的质量验收标准

水泥土搅拌桩地基质量检验标准见表 2-41。

水泥土搅拌桩地基质量检验标准　　　　表 2-41

项目	序号	检查项目	允许偏差或允许值	检查方法
主控项目	1	水泥及外掺剂质量	设计要求	查产品合格证书或抽样送检
	2	水泥用量	参数指标	查看流量计
	3	桩体强度	设计要求	按规定办法
	4	地基承载力	设计要求	按规定办法
一般项目	1	机头提升速度	≤ 0.5m/min	量机头上升距离及时间计算
	2	桩底标高	+100mm、-50mm	测机头深度
	3	桩顶标高	+200mm -50mm	水准仪（最上部 500mm 不计入）

续表

项目	序号	检查项目	允许偏差或允许值	检查方法
一般项目	4	桩位偏差	≤ 50mm	用钢尺量
	5	桩径	± 10mm	用钢尺量
	6	垂直度	≤ 5‰	经纬仪
	7	搭接	> 200mm	用钢尺量

（2）型钢水泥土搅拌桩（墙）的质量检验方法

①每台班应抽查2根桩，每根桩做三联标准模水泥土试块3组。试样来源于沟槽中置换出的水泥土。按规定条件养护，到达龄期后送3块试块做抗压强度试验，试验报告及时提交监理并报业主备案。

②检验项目根据设计要求选用：对承重水泥土搅拌桩应取90d后的试件；对支护水泥土搅拌桩应取28d后的试件。

搅拌桩应在成桩用轻型动力触探器钻取桩身水泥土样观察搅拌均匀程度，宜用轻型动力触探判断桩身强度。检验数量应不小于总桩数的2%，且不少于3根。

经轻型动力触探检验对桩身强度有怀疑的桩，应在桩头截取试块或钻芯取样（芯样直径应大于80mm）做抗压强度试验，必要时可取基底下500mm长的桩段进行现场抗压强度试验。

③取芯位置应为相邻桩体的咬合部位，且不少于3个，其28d无侧限抗压强度应达到设计要求的标准。取芯率不少于90%，芯样应连续、均匀、完整。

④对于持力层要做地基承载力试验，不满足设计要求的要制定专项加固或加强处理方案，满足要求后方可进入下道工序。

（3）型钢水泥土搅拌桩（墙）质量验收

型钢水泥土搅拌桩（墙）施工及验收应按验收规范要求及工程当地建设主管部门的规定提供相应的记录表格（表2-42）。

相关检查记录 表2-42

序号	相关检查记录表格名称	检查/填写频率
1	型钢水泥土搅拌桩（墙）施工记录	每幅墙
2	型钢水泥土搅拌桩（墙）分项工程检验批质量验收记录表	每幅墙

2.8.2 型钢水泥土搅拌桩（墙）施工工艺及质量控制流程

型钢水泥土搅拌桩施工工艺及质量控制流程见图2-16和图2-17。

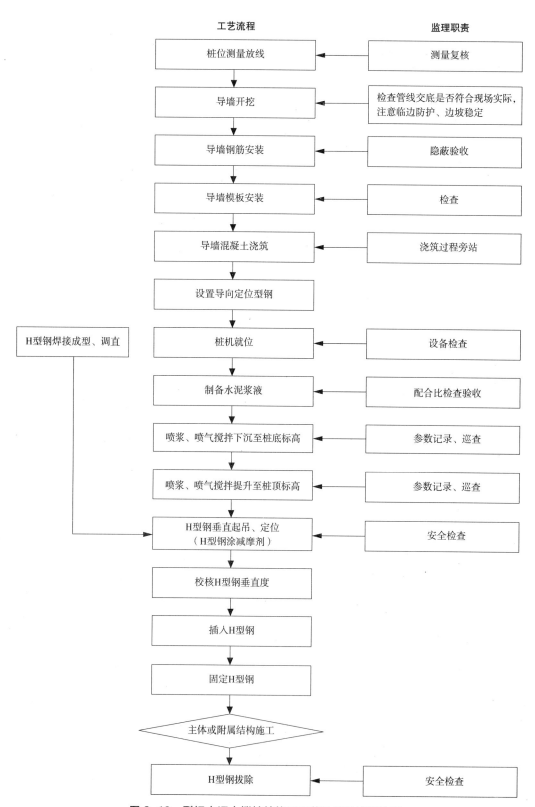

图2-16 型钢水泥土搅拌桩施工工艺及质量控制流程

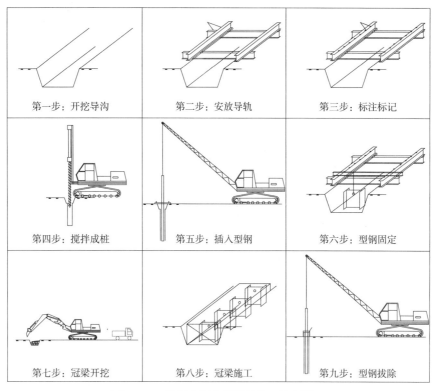

图 2-17 型钢水泥土搅拌桩施工流程简图

2.9 旋挖钻孔灌注桩施工监理控制要点

2.9.1 旋挖钻孔灌注桩施工监理过程控制

1. 旋挖钻孔灌注桩工序控制点

旋挖钻孔灌注桩应根据地层和地下水情况,采用干成孔或泥浆护壁成孔工艺。对旋挖钻孔桩的施工监理,要抓住三个方面:一是根据设计文件和相关规范制定出施工质量标准;二是根据施工方案和施工重难点明确验收实施方案;三是落实每根桩的施工记录以便进行质量验收和控制。目标是保证桩身质量和桩身承载力达到设计要求。施工过程质量监控应抓住影响施工质量环节和施工参数进行严格控制,质量控制点见表 2-43。

旋挖钻孔灌注桩施工质量控制点　　　　表 2-43

序号	控制点名称	控制事项及检查方法
1	原材料检验	钢筋、水泥、砂石合格证;抽样试验报告;抽检
2	桩位测量放线检查	检查放线测量成果;抽查
3	护筒埋设检查	定位、埋设深度、高度、周边填实;经纬仪、尺量

续表

序号	控制点名称	控制事项及检查方法
4	制备泥浆性能指标检查	检查试验报告；密度计检查
5	钻孔施工控制检查	巡查；检查施工记录
6	成孔质量检查与验收	孔位、孔径、孔深、垂直度、清孔及沉渣厚度，防止塌孔和缩径；经纬仪、验孔器、尺量、吊锤
7	钢筋笼制作质量检验	同钢筋混凝土结构的钢筋工程
8	钢筋笼安装隐蔽检查	定位、沉放；旁站
9	水下混凝土拌合物检验与配合比验证	检查混凝土配合比选定报告
10	水下混凝土灌注质量控制检查	旁站混凝土浇筑过程，观察是否有异常现象；留取试件抽查坍落度
11	桩身混凝土抗压强度试验	检查试验报告
12	桩身无损检验	检查检验报告

2. 事前质量控制

（1）项目监理机构在施工前要熟悉或审核的资料

①建筑场地岩土工程勘察报告；

②桩基工程施工图、图纸会审纪要和设计技术交底；

③建筑场地和邻近区域内的地下管线、地下构筑物、危房等的调查资料；

④桩基工程的施工方案；

⑤水泥、砂、石、钢筋等原材料及其制品的质检报告；

⑥有关荷载、施工工艺的试验参考资料；

⑦施工人员资格、施工设备的报验情况；

⑧施工场地坡度不大于1%，要求平整夯实，设置沉浆池并配备足够的排水设施。

（2）开钻前测量复核与准备工作

①在开挖埋置护筒前，承包商向项目监理机构提交钻孔桩平面测量放样记录，复核后才能开挖。其中围护桩轴线宜向基坑外每侧外放150~200mm。桩位的放样误差应在设计的允许范围内；监理人员在检查时，要注意用钢尺校核与相邻桩位的距离，避免发生错误。

②对于排桩或群桩，应采取隔桩施工，并应在浇筑混凝土24h后才进行邻桩的成孔施工。

③护筒中心与桩位中心的误差不得大于50mm，内径大于钻头直径100mm。埋深在黏性土中不宜少于1m，在砂土中不宜少于1.5m。护筒高度应满足孔内泥浆面高度的要求，钢护筒周围和护筒底脚应紧密，不透水。

④在开钻前应检查钻锤直径尺寸。若钻锤直径过小，应对钻齿进行修理或更换钻锤。钻锤心应在对准定位桩心后方可施工。

⑤除能自行造浆的黏性土层外,泥浆制备应选用黏土或膨润土。经常测定泥浆相对密度、黏度、含砂率、胶体率等,其指标控制:黏度为18～22s,含砂率为4%～8%,胶体率不小于90%。

⑥旋挖钻机重量较大,机架较高,保证其安全作业很重要。应放置坚实平稳,避免产生不均匀沉陷,钻机的中心线偏斜应小于全高的1%。严禁在高低压架空电线下方钻孔或移动钻机。

⑦临时施工用电的检查。电源线路、电箱接线正确,绝缘可靠,接地牢固,漏电保护灵敏有效,电源容量和导线截面符合钻机说明书和安全用电规范的要求。

3. 事中质量控制

(1) 成孔施工质量控制

①施工中应对成孔、清渣、放置钢筋笼、灌注混凝土等进行全过程检查。钻孔深度须达到设计要求,嵌岩桩必须有桩端持力层的岩性报告。

②要重视泥浆的相对密度检查,在钻入不同土质时都应进行核测。施工期间护筒面的泥浆面应高出地下水位1.0m以上,在受水位涨落影响时,泥浆面应高出最高水位1.5m以上。

③在钻进过程中,要加强桩心和桩身垂直度的检测,防止桩心位移。要经常注意钻杆的垂直度,垂直度允许误差小于1%,发现垂直度超限时要及时纠正。由于旋挖钻机本身装有自动监测钻孔垂直度的仪表,能精确地反映钻进过程中的孔位倾斜情况。发生偏移时,可提升钻头,重新在发生倾斜的地方调整钻杆角度钻进即可纠偏。钻孔过程中,如遇机架摇晃、移动、偏斜或钻头内发出有节奏的响声时,应立即停钻,经处理后方可继续施钻。

在桩机上备有原始成桩记录、测量纠偏记录、钻锤直径检查记录等。当钻孔深度到达设计孔深时,承包商的质检工程师要通知监理确定终孔深度。

④清孔

钻孔深度符合设计要求,经现场监理对成孔质量检验合格后,即进行清孔。新鲜浆液把孔底余渣浮起,通过泥浆循环把孔内余渣带出孔外。清孔后孔底的沉渣厚度、泥浆相对密度、黏度和含砂率等参数均要满足相关要求,旋挖钻机成孔的沉渣较难控制,更应注意保证清孔质量。废弃的浆、渣应进行处理,不得污染环境。

终孔后立即清孔称为第一次清孔。第一次清孔是否彻底对成桩质量是关键,要求泥浆中不含有小泥块,孔底沉淤不大于100mm,泥浆密度为1.15左右(含砂高时可为1.2)黏度为18～22s,含砂量不大于8%,监理应对孔深、沉淤厚度、泥浆密度等(必要时增加黏度和含砂量)进行验收。第二次清孔,要求沉淤厚度不大于100mm,泥浆相对密度为1.15,含砂量高时可酌情放大。第二次清孔对成桩质量有直接影响,所以清孔后的沉渣厚度应在钢筋笼放入后,混凝土浇筑前测定,监理应进行验收。为减少重锤检查的人为因素影响，应由专人负责测定。

（2）钢筋笼施工控制

①钢筋笼属隐蔽工程，监理应对钢筋的制作规格、焊接质量及预埋件进行验收签证合格后才能下入孔中。

②钢筋笼制作应严格按钢筋笼设计图纸施工，当钢筋笼分节制作时，每节长度按照成笼的整体刚度、来料钢筋长度以及起吊设备的有效高度来合理确定，并在钢筋笼上焊接耳朵或装置定位块以确保钢筋笼居中和混凝土保护层厚度。钢筋笼质量检查验收标准见表2-44。

钢筋笼质量检查验收标准 表2-44

项目	序号	检查项目	允许偏差	检查方法
主控项目	1	主筋间距	±10mm	用钢尺量
	2	长度	±100mm	用钢尺量
一般项目	1	钢筋材质检验	设计要求	抽样送检
	2	箍筋间距	±20mm	用钢尺量
	3	直径	±10mm	用钢尺量
	4	钢筋保护层允许偏差	±20mm	用钢尺量

③钢筋笼焊接要求：钢筋进场时，应按国家现行标准的规定抽取试件做屈服强度、抗拉强度、伸长率、弯曲性能和重量偏差检验，检验结果应符合相应标准的规定。

成型钢筋进场时，应抽取试件做屈服强度、抗拉强度、伸长率和重量偏差检验，检验结果应符合国家现行相关标准的规定。同一厂家、同一类型、同一钢筋来源的成型钢筋，不超过30t为一批，每批中每种钢筋牌号、规格均应至少抽取1个钢筋试件，总数不应少于3个。

关于钢筋焊接接头：主筋的纵向焊接优先采用闪光对焊。在下钢筋笼接长的过程中无法采用闪光对焊时，则采用电弧焊接。主筋搭接长度单面焊不小于$8d$（HPB300）或不小于$10d$（HRB400），双面焊不小于$4d$（HPB300）或不小于$5d$（HRB400），d为钢筋直径。焊缝宽度不少于$0.8d$，厚度不少于$0.3d$。主筋接头不大于50%，且不应位于同一平面上，应上下错开，其上下间距应大于$35d$，且不小于50cm。对钢筋接头的检验，在钢筋工程焊接开工之前，参与该项工程施焊的焊工必须进行现场条件下的焊接工艺试验，应经试验合格后，方准予焊接生产。主筋每200个焊点需做钢筋焊接拉伸试验和焊接冷弯试验各一组（3根为1组）。所有箍筋可用点焊间隔固定。

④检查预埋的超声波检测管和监测地中水平位移的预埋管，超声波检测管和预埋管的长度应与设计长度一致，管接头应让承包商逐个检查，若有其他预埋件的话，也应逐个检查，现场监理人员进行抽查。埋管应顺直、中间无变形，封端良好。

(3) 混凝土施工监控

检查成孔质量合格后应尽快灌注混凝土，有关要求如下：

①混凝土配合比必须根据设计要求和要有资质的单位提供，对于水中浇筑混凝土，试配强度应比桩身强度高一个强度等级，如桩身强度等级为C30，试配按强度等级为C35要求。

②到达现场的商品混凝土，必须核对混凝土供应商出具的收货单，并检测其坍落度，符合要求方能卸料。灌注中应随时抽查，测定坍落度和做混凝土试块，并要保证桩顶混凝土质量。

③从混凝土搅拌车卸出的混凝土不得发生离析现象，否则需重新搅拌合格后才能卸料。若使用泵送混凝土必须控制混凝土由高处自由倾落高度不大于2m，防止混凝土离析。

④浇筑混凝土成桩

隔水栓的隔水性能应良好，并能够顺利排出。

当混凝土浇至设计桩顶高程以上500~700mm时停止浇筑，即完成本桩混凝土的浇筑。吊起剩余导管，清洗干净，准备下一条桩身混凝土的浇筑。高出设计高程部分基本为砂浆，待以后开挖施工承台时凿除。成孔后，必须将孔口加盖保护或浇筑混凝土，附近不准堆放重物和材料。桩身质量的检验应按照施工质量验收规范或设计的要求进行。

⑤水下导管灌注混凝土，灌注导管底端至孔底的距离应为300~500mm，初灌时料斗中的混凝土应足够一次性将导管底端埋入混凝土中0.8m以上。灌注混凝土时，导管埋入混凝土深度宜为2~6m。每次拔导管前必须实测导管实际埋深，防止脱管，这项是防止断桩的基本控制，现场监理旁站时要经常检查。

⑥每浇筑50m^3应有1组试件，小于50m^3的桩，每个台班应有1组试件。单桩的桩应有1组试件，每组试件应有3个试块，同组试件应取自同车混凝土。试件必须在施工现场制作，并进行标准养护。

4. 事后质量控制

(1) 样板工序验收

正式开钻施工之前，宜先试钻一根，在下钢筋笼前进行样板工程验收，验收内容包括：

①报验资料上必须有材料力学性能报告，外观质量记录等。

②钢筋笼制作除了必须满足施工规范的有关要求之外，还要注意箍筋平面须与轴线基本垂直，保证钢筋笼接长轴线平直，主筋接长或钢筋笼接长时须注意连接（焊接）工艺，保证焊接质量。要对钢筋笼直径进行测量，保证不出现椭圆断面，使钢筋笼的断面直径符合图纸要求。若钢筋笼采用内三角支撑的钢筋布置时，内箍筋和钢筋笼内三脚架的加工工艺须考虑既不能妨碍下混凝土管，又能保证钢筋笼的整体刚性。特别

注意预埋件设置。

③注意钢护筒的安装位置，钢护筒的上平面要保证水平。

④注意钻孔孔深，钻孔施工过程中若地质条件与勘察设计情况相符合，以设计标高为准；若与地质资料不相符，岩面降低时，应以嵌岩深度要求为准。

⑤确定沉渣厚度的控制标准。沉渣厚度应在钢筋笼放入后，混凝土浇筑前测定，以消除放钢筋笼、混凝土导管所造成的沉渣厚度增加，所以，控制的沉渣厚度应是二次清孔后的结果。

⑥现场施工钻孔时，入岩、终孔、钢筋笼接长和浇筑混凝土时都须经监理旁站确认后方可进入下一步施工。

⑦样板验收现场应由各方对孔底岩样进行确认，以明确地质情况是否与设计图纸相符。

⑧成孔施工资料填写应注意桩深记录、进尺记录和时间记录等的准确性，注意表格填写的规范性（不能以打"√"代填）。

（2）施工质量验收

①旋挖钻孔灌注桩质量检验一般按表2-45所示相关标准进行，检验批划分原则为：对于围护结构的排桩可以按不同桩径、桩长，不同成桩地质条件来划分，也可以以一定数量的桩或一个施工工序段为1个检验批。

对桩身质量的检查，可用低应变动测法检测，检测数量不低于总桩数的10%。

旋挖钻孔灌注桩质量检验标准　　　　表2-45

项目	序号	检查项目	允许偏差或允许值	检查方法
主控项目	1	桩位	根据不同的用途和桩径，按规范要求	基坑开挖前量护筒，开挖后量桩中心
	2	孔深	+300mm	只深不浅，用重锤测或根据机器的示值，嵌岩桩应确保进入设计要求的嵌岩深度
	3	桩体质量检验	按基桩检测技术规范。如钻芯取样，大直径嵌岩桩应钻至桩尖下50cm	按基桩检测技术规范
	4	混凝土强度	设计要求	试件报告或钻芯取样送检
	5	承载力	按基桩检测技术规范	按基桩检测技术规范
一般项目	1	垂直度	<1%	按机器示值
	2	桩径	±50mm	用探孔器检查
	3	泥浆相对密度（黏土或砂性土中）	1.15~1.20	用密度计测，清孔后在距孔底50mm处取样
	4	泥浆面高（高于地下水位）	0.5~1.0m	目测
	5	沉渣厚度：端承桩 摩擦桩 抗拔、抗水平力桩	≤50mm ≤100mm ≤200mm	重锤测量或沉渣筒测量

续表

项目	序号	检查项目	允许偏差或允许值	检查方法
一般项目	6	混凝土坍落度：水下施工 干施工	160~220mm 70~100mm	坍落度仪
	7	钢筋笼安装深度	±100mm	用钢尺量
	8	混凝土充盈系数	>1	检查每根桩的实际灌注量
	9	桩顶标高	+30mm −50mm	水准仪，需扣除桩顶浮浆层及劣质桩体

②旋挖钻孔灌注桩施工及验收应按验收规范要求及工程当地建设主管部门的规定提供相应的记录表格（表 2-46）。

相关检查记录　　　　　　　　　　　　表 2-46

序号	相关检查记录表格名称	检查/填写频率
1	钻（冲）孔灌注桩成孔施工记录	每根
2	泥浆护壁质量检查记录	每根
3	钻（冲、挖）孔桩钢筋笼安装隐蔽验收记录表	每根
4	灌注桩水下混凝土灌注记录	每根
5	混凝土灌注桩钢筋笼分项工程检验批质量验收记录	按检验批验收
6	混凝土灌注桩（钻孔桩）分项工程检验批质量验收记录	按检验批验收

（3）竣工资料验收

旋挖钻孔桩的竣工资料验收包括下列内容：

①桩位竣工平面图和桩位偏差图；

②原材料（钢筋、水泥、砂石料）出厂质保证书及进场后的复检资料、钢筋连接后拉伸和冷弯试验报告、电焊条合格证等；

③隐蔽工程验收记录和有关施工记录；

④混凝土配合比设计单；

⑤每根桩的混凝土试块强度报告；

⑥设计变更通知单，技术交底审核单，事故处理记录；

⑦桩身无损静载、动测等检测的测试报告或钻探取芯试验的报告。

2.9.2　旋挖钻孔灌注桩施工旁站监理

1. 旁站监理主要控制内容

（1）终孔检查

监理根据报验表格核实钻孔深度，对于嵌岩的旋挖桩，须核实桩底的地质情况是否与设计图纸相符,可以根据取出的渣土岩块进行判断。检查沉渣厚度,在清孔后测量检查,应符合规范和设计的要求。

(2)钢筋笼下孔

钢筋笼下孔前要注意避免桩孔缩孔和扩径。缩孔以及成孔直径不规则有可能是钻头磨损过大或者地层存在软土泥岩造成的,监理人员应在施工前期了解地质资料,要求承包商要针对性地配制护壁泥浆和经常对钻头进行维护。在下钢筋笼前可用探孔器检查桩孔有无缩径,防止钢筋笼放不下钻孔。不良地质所引起的桩孔扩径也通过调整护壁泥浆的参数来避免。

钢筋笼在制作、搬运及起吊时,应确保笼子挺直、牢固、不变形,安装入孔前应保持垂直状态,采用双吊点起吊,对准桩孔中心徐徐下放,避免碰撞孔壁引起塌孔,若遇阻碍应查明原因处理后再继续放入桩孔。特别注意钢筋笼方向不要错,围护结构钢筋笼的主筋不是均匀配筋,密配筋应面向基坑垂直方向,入孔后牢固定位。

钢筋笼分上下笼焊接连接时,承包商须在焊接完成后做隐蔽工程报检,监理检查焊接质量合格后方可继续下笼,并注意保护层的设置。

(3)水下混凝土浇筑

灌注混凝土前先进行桩孔底沉渣厚度检查、进场混凝土和浇筑前准备工作的检查,包括:

①商品混凝土合格证/配合比单;

②每车混凝土的和易性、坍落度;

③有必要时可以不定期地到商品混凝土厂家检查;

④混凝土浇筑导管的连接检查;

⑤栓塞设置;

⑥第一斗混凝土的容量。

(4)浇筑时注意事项

①拔管时要计算好方量,保证管的埋入深度为2~6m;上提导管使混凝土面上升的幅度要适中,保证有序的拔管和连续灌注。升降的幅度不能过大,否则容易造成混凝土土体冲刷孔壁,导致孔壁塌落,形成桩身夹泥;灌注过程每次拆除导管前要测定混凝土面标高;严禁提升导管口出混凝土面,防止桩身混凝土夹泥或断桩。

②桩身水下混凝土灌注必须连续施工,每根桩的灌注时间应按初盘混凝土的初凝时间控制,若估计灌注时间超过上述要求,则应渗入缓凝剂。对灌注过程中的故障应记录备案。

③要注意观察钢筋笼有无上浮情况,一般混凝土进入钢筋笼底部时,应适当放慢浇筑速度。当发生钢筋笼上浮时,应采取加压措施,防止情况发展。出现异常情况,现场监理要如实做好记录,及时向总监报告。

④当混凝土浇至设计桩顶高程以上500~700mm时才停止浇筑。

⑤混凝土浇筑完毕注意计算实际浇筑量和理论浇筑量的对比,计算充盈系数,分析是塌孔或缩径,要求承包商采取相应措施处理或预防。

2. 旁站监理记录样表

相关旁站监理记录样表见表2-47和表2-48。

旁站监理记录表(钢筋笼吊装)   表2-47

工程名称:				编号:		
旁站的关键部位、关键工序			施工单位			
旁站开始时间	年 月 日 时 分		旁站结束时间	年 月 日 时 分		

旁站的关键部位、关键工序施工情况:
1. 吊装方案: 吊装专项方案是否经过审批:□是 □否;是否按照吊装方案实施:□是 □否;
2. 施工吊装设备型号: ,是否通过进场验收:□是 □否;
3. 吊装作业人员: 起重工( ),特种作业证书是否有效:□是 □否;
  指挥、司索工( ),特种作业证书是否有效:□是 □否;
4. 管理人员: 安全员:( ),施工员:( ),是否持证:□是 □否;
5. 钢筋笼:钢筋笼是否通过验收:□是 □否;验收提出问题是否整改完毕:□是 □否;
  骨架是否满足吊装条件:□是 □否;吊点是否满足要求、是否牢固:□是 □否;
6. 吊装设备:吊机支腿是否稳固:□是 □否;行走线路是否安全:□是 □否;
  钢丝绳是否完好:□是 □否;吊机锁具是否合格:□是 □否						

吊装旁站过程: 1. 起吊方法是否符合吊装方案要求:□符合要求 □不符合要求 □经整改后符合要求 2. 吊臂作业半径内是否有人员活动:□是 □否;作业半径范围是否及时警戒:□是 □否; 3. 吊机行走过程是否正常:□是 □否;吊装过程吊机支腿是否稳固:□是 □否; 4. 起吊过程是否正常:□是 □否;钢筋笼入孔(槽)过程是否正常:□是 □否; 5. 钢筋笼有无发生变形、弯曲、散架等问题:□是 □否;有无处理:□是 □否						

发现的问题及处理情况:
 	
                    旁站监理人员(签字)
                      年 月 日						

旁站监理记录表（旋挖钻孔灌注桩混凝土浇筑）

表 2-48

工程名称：　　　　　　　　　　　　　　　　　　　编号：

旁站的关键部位、关键工序		施工单位	
旁站开始时间	年　月　日　时　分	旁站结束时间	年　月　日　时　分

旁站的关键部位、关键工序施工情况：
1. 混凝土设计配合比：　　设计标号：　　　，配合比单号：　　　，设计坍落度：　　　；
   初凝时间：_____h，终凝时间：_____h，是否经过审批：□是　□否；
2. 成孔（槽）的施工参数：孔直径（槽长度）：_____mm，孔（槽）深度：_____mm；
   二次清孔（槽）后沉渣厚度：_____mm，桩（墙）垂直度偏差：_____mm；
   二次清孔（槽）后泥浆指标：_____相对密度：_____，含砂率：_____%，黏度：_____s；
   是否符合设计及规范要求：□是　□否；是否通过验收：□是　□否；
3. 钢筋笼吊装：钢筋笼吊放时间：　　　；混凝土浇筑是否在 4h 内：□是　□否；
4. 管理人员：　试验员：(　　)，施工员：(　　)，是否到位：□是　□否；
5. 接头处理：　槽段接头是否清刷完成：□是　□否；接头清刷是否满足要求：□是　□否；
6. 浇筑设备：　导管是否经过密闭性试验：□是　□否，隔水栓或皮球是否经过试验：□是　□否

混凝土浇筑旁站过程：
1. 混凝土：抽查混凝土配合比是否正确：□是　□否；到场时间是否超过初凝时间：□是　□否；
2. 抽查坍落度：
   坍落度：_____mm，时间：　　　；坍落度：_____mm，时间：　　　；
   坍落度：_____mm，时间：　　　；坍落度：_____mm，时间：　　　；
   坍落度：_____mm，时间：　　　；坍落度：_____mm，时间：　　　；
3. 混凝土试件：
   标□；同□；渗□；试件标号：　　　，取样时间：　　　；试件编号：　　　；
   标□；同□；渗□；试件标号：　　　，取样时间：　　　；试件编号：　　　；
   标□；同□；渗□；试件标号：　　　，取样时间：　　　；试件编号：　　　；
4. 混凝土浇筑过程：浇筑是否连续：□是　□否；是否发生断桩、夹泥的问题：□是　□否；
5. 混凝土浇筑量：_____m³，充盈率：_____%，是否满足要求：□是　□否

发现的问题及处理情况：

　　　　　　　　　　　　　　　　　　　　　　　　　　旁站监理人员（签字）

　　　　　　　　　　　　　　　　　　　　　　　　　　　　　年　月　日

2.9.3 旋挖钻孔灌注桩施工工艺及质量控制流程

旋挖钻孔灌注桩施工工艺及质量控制流程见图 2-18。

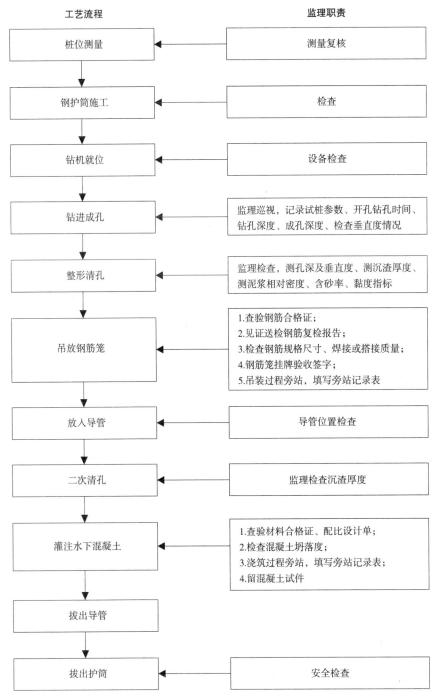

图 2-18 旋挖钻孔灌注桩施工工艺及质量控制流程

2.10 钢板桩施工监理控制要点

2.10.1 钢板桩施工监理过程控制

1. 钢板桩工序控制点

钢板桩工序控制点见表2-49。

钢板桩工序控制要点 表2-49

序号	控制点名称	控制事项及检查方法
1	钢板桩材料检验	逐根检查钢板桩的平直度、锁口的完整性和油脂的涂刷
2	桩位测量放线检查	检查或复核放线测量成果;抽查桩位外放量
3	桩机设备验收	对桩机的匹配性和完好检查,对压锤、锁具和钢丝绳检查
4	钢板桩起吊	检查起吊设备支腿是否牢固,行走线路地面承载力是否满足要求,起吊吊架、上钩吊点、副钩吊点处、吊环及吊索、钢丝绳是否牢固,吊装过程是否安全
5	试桩	检验打入深度、垂直度、沉桩时间等
6	打桩过程监控	抽查钢板桩打入过程是否正常,检查打入深度、轴线、垂直度、锁口连接质量
7	桩施工质量验收	检查打入的钢板桩标高、轴线及垂直度是否满足设计及规范要求
8	变形监测	在开挖和主体结构施工期间,定期对桩体的位移进行监测
9	拔桩设备检查	检查拔桩设备的质量及拔力是否满足要求,检查锁具和钢丝绳是否牢固
10	拔桩过程监控	检查拔桩过程是否顺利,对出现问题是否妥善处理,重点监控拔桩过程的安全
11	空隙回填	对拔桩后形成的空隙回填料进行检查,对回填的密实度进行抽查

2. 事前质量控制

(1)检查桩的截面尺寸

钢板桩均为工厂成品,不论是新购置的还是租赁的,进入施工现场前均需检查整理,新桩可按出厂标准检验,重复使用的钢板桩应符合表2-50所示相关规定。

钢板桩质量验收标准 表2-50

序号	检查项目	允许偏差或允许值	检查方法
1	桩垂直度	<1%	用钢尺量
2	桩身弯曲度	<2%L	用钢尺量,L为桩长
3	齿槽平直度及光滑度	无电焊渣或毛刺	用1m长的桩段做通过试验
4	桩长度	不小于设计长度	用钢尺量

施打前要严格检查桩的截面尺寸是否符合设计要求,误差是否在规范允许范围之内,特别对桩的相互咬合部位,无论凸榫或凹榫均须详细检查以保证桩的顺利施打和正确咬合,凡不符合要求的均需要求施工人员进行处理。

(2)方案审批

审查承包商提出的施工组织设计或施工方案,提出审核意见并核查意见落实情况。

(3)施工准备工作检查

①检查钢板桩测量放线成果,根据地质情况钢板桩轴线适当外放。

②督促承包商做好场地平整工作及施工机械行走的道路铺筑。

③检查打(压)桩机、吊机及其他辅助设备的配备和运行情况。

④审查电焊工、司索工、起重工等特殊工种人员的上岗证。

(4)监理交底

施工前组织召开监理交底会议,就监理纪律、监理方式、验收程序、工艺环节技术要求等,向承包商进行交底。同时,在图纸会审后由项目总监或总监代表对设计文件的主要内容在监理部内部进行交底。

(5)试桩

支护桩沉设前宜先试桩,试桩数量不得少于2根。沉桩以线路中线为准,允许偏差为:纵向 ±10mm;横向 +50mm;垂直度 3‰。经过试桩满足有关要求后才开始正式施工。

3.事中质量控制

1)打(压)桩过程的质量控制

一般对钢板桩沉桩主要采用冲击沉桩和静力压桩两种工法,主要根据现场施工设备的选择而不同,施工过程中的控制要点有:

(1)采用冲击沉桩法

①要求承包商在钢板桩的吊运采用两点吊,成捆起吊采用钢索捆扎,单根吊运采用专用的吊具。吊运时应注意提醒施工人员保护企口免受损伤。

②锁口不合格的应要求施工人员修整,然后涂黄油或其他油脂,经检查合格后方能使用。钢板桩的长度不够时,允许施工方用同型号的板桩等强度接长,但应按先对焊,再焊加强板,最后调直的顺序操作。

③当采用锤击法沉桩时,桩帽是为防止桩顶面损伤及确保锤与桩对中,避免偏心锤击而制作的,因此监理人员应要求施工方使桩帽做得与板桩的接触面尽可能地大一些。

④钢板桩围檩支架的围檩桩必须垂直、围檩水平,位置正确、牢固可靠。围檩支架应高出地面1/3桩长;最下层围檩距地面不宜大于500mm;围檩间净距应比2根钢板桩组合宽度大8~15mm。

⑤钢板桩宜以 10~20 根为一段，逐根插入围檩后，应先沉入两端的定位桩，再以 2~4 根为一组，采取阶梯跳跃式沉入。

⑥钢板桩围堰宜在转角处两桩墙各 10 根桩位轴线范围内调整后合拢，如不能闭合需要搭接时，其背后应进行防水处理。

⑦沉桩过程中，应随时检测校正桩的垂直度。钢桩沉设贯入度每击 20 次不应小于 10mm。

⑧振动锤的振动频率应大于钢桩的自振频率。振桩前，振动锤的桩夹应夹紧钢桩上端，振动作用线与钢桩重心线应在同一直线上。

⑨沉桩中如钢桩下沉速度突然减小，应停止沉桩，并将钢桩向上拔起 0.6~1.0m，然后重新快速下沉，如仍不能下沉时，应采取其他措施。

（2）采用静力压桩法

①压桩机压桩时，桩帽与桩身的中心线应重合，压同一根桩时，应连续沉设。

②压桩过程中应随时检查桩身的垂直度，初压过程中，如发现桩身位移、倾斜和压入过程中桩身突然倾斜以及设备达到额定压力而持续 20min 仍不能下沉时，应停止压桩并采取措施。

2）钢围檩与支撑的架设与钢板桩的监测

（1）随着基坑的开挖，必须按照设计要求的位置和数量及时架设水平钢支撑构件，一般采用钢管或型钢构件。

（2）钢围檩安装时要与钢板桩做可靠连接，要用钢板等硬性材料填充围檩与钢板桩之间的空隙，确保围檩与钢板桩密贴。围檩之间也要做可靠连接，用刚性连接板连接。

（3）钢管或型钢支撑架设时要确保与围檩连接可靠，施加预应力后用钢楔打紧，确保与围檩有足够的接触面。

（4）在整个基坑开挖与主体结构施工过程中，都要按照设计要求对桩顶水平位移，桩身中部位移等进行不间断的监测，发现异常及时采取措施处理。

3）拔桩过程的质量控制

在地下工程主体结构施工完成，土方回填后可对钢板桩进行拔除，拔除过程的控制要点主要有：

（1）拔桩前应拆除或改移高空障碍物，平整夯实作业场地，修筑临时运输道路、架设动力及照明线路，清除桩头附近堆土，检修机械设备、拟定施工方案，就绪后方可施工。

（2）拔桩时，在操作方法正确、拔桩机振幅达到最大负荷、振动 30min 仍不能拔起时，应停止振动并采取措施。

（3）静力拔桩对操作人员的技能要求较高，监理人员在巡视过程中应注意：

①由于总拔力很大，对地面的接地压力较高，要求施工人员在桩架或拔桩设备下

设置钢板或路基箱以扩散荷载，防止桩架或板桩设备的沉降。

②监理员要对拔桩所用的钢索，滑轮，缆风绳等进行抽查。

③在拔桩初期因桩周阻力从静止到破坏需有一段过程，建议施工人员将卷扬机间歇启动，渐渐地将桩拔出，禁止一次性地启动卷扬机，否则会引起钢索崩断，设备损坏甚至人身事故。

（4）拔桩开始时的注意事项：

①由于拔桩设备的重量及拔桩时对地基的反力，会使板桩受到侧向压力，为此监理员应要求施工人员使板桩设备同拔桩保持一定的距离。当荷载较大时，还要搭临时脚手架，减少对板桩的侧压。

②作业时地面荷载较大，必要时要建议施工人员在拔桩设备下放置路基箱或垫木，确保设备不发生倾斜。

③提醒施工人员要注意观察与保护作业范围内的高压电线或重要管道。

（5）拔桩施工中需注意事项：

①提醒施工人员加强对受力钢索等检查，避免突然断裂，监理人员也要注意检查。

②为防止邻近板桩同时拔出，应要求施工人员将邻近板桩临时焊死或在其上加配重。

（6）拔桩结束后监理人员仍需要注意，对孔隙填充的情况要及时随机检查，发现问题尽快采取措施弥补。

4）施工中的常见问题及处理方法

（1）打桩阻力过大不易贯入

这由两种原因造成，一是在坚实的砂层或砂砾层中打桩，桩的阻力过大；二是钢板桩连接锁口锈蚀、变形，致使板桩不能顺利沿锁口而下。对第一种原因，需在打桩前对地质情况作详细分析，充分研究贯入的可能性，在施工时可伴以高压冲水或振动法沉桩，不能用锤硬打。对第二种原因，应要求施工人员在打桩前对板桩逐根检查，有锈蚀或变形的及时调整，还要在锁口内涂以油脂，以减少阻力。

（2）板桩向行进方向倾斜

在软土中打板桩时，由于连接锁口处的阻力大于板桩周围的土体阻力，形成一个不均衡力，使板桩向前进方向倾斜。这种倾斜要尽早调整，可用卷扬机钢索将板桩反向拉住后再锤击，也可以改变锤击方向。当倾斜过大，靠上述方法不能纠正时，可使用特别的楔形板桩，达到纠偏目的。纠偏形式可参考图2-19和图2-20。

（3）将相邻板桩带入

这种现象常发生在软土中打板桩，当遇到了不明障碍物，孤石或板桩倾斜等情况时，板桩阻力增加，便会把相邻板桩带入。可以按下列措施处理：

①要求施工方采用分次将板桩打到标高的方法，先留一部分在地面，待全部板桩入土后，用二次或多次把余下部分打入土中。

图 2-19 板桩倾斜及钢索纠偏

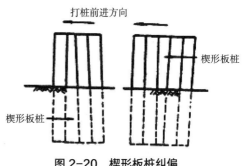
图 2-20 楔形板桩纠偏

②把相邻板桩焊牢在围檩上。
③数根板桩用型钢连在一起。
④在连接锁口上涂以黄油等油脂，减少阻力。
⑤运用特殊塞子，防止土砂进入连接锁口。
⑥板桩被带入土中后，必须要求施工人员在其顶部焊接同类型的板桩以补充不足的长度。

4. 事后质量控制

（1）打桩过程中监理人员需验收：桩顶标高偏差 ±100mm，钢板桩轴线位移偏差不大于 100mm（每连续 10m），钢板桩垂直度偏差不大于 1%。

（2）打桩结束后，基坑开挖时监理人员应注意以下几点要符合设计要求：
①墙后土、坑底和钢板桩墙的沉降和位移。
②相邻建筑物的位移沉降。
③地下水位和降水系统水量。
④来自附近打桩、爆破或交通等的振动所造成的影响。

（3）钢板桩施工相关检查表（包括但不限于）见表 2-51。

钢板桩施工相关检查　　　　　　　　　　　表 2-51

序号	相关检查记录表格名称	检查/填写频率
1	锤击钢桩施工记录表	每施工段
2	锤击钢桩施工工艺试验记录表	每施工段
3	锤击钢桩工程检验批质量验收记录	每施工段

2.10.2　钢板桩施工工艺及质量控制流程

钢板桩施工工艺及质量控制流程见图 2-21。

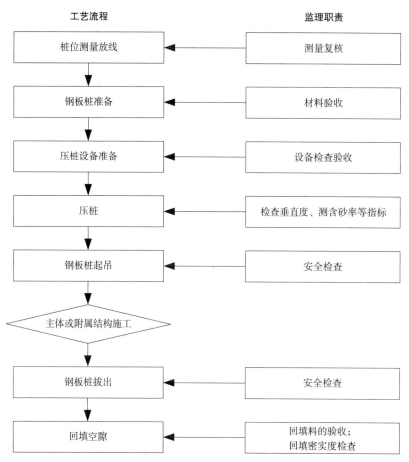

图 2-21 钢板桩施工工艺及质量控制流程

第3章
明挖基坑支护施工监理要点

本章执笔：李新明　陈丹莲　卢　琨

3.1　钢管及钢筋混凝土支撑施工监理控制要点

3.1.1　钢管及钢筋混凝土支撑施工监理过程控制

1. 事前质量控制

1）钢管支撑

（1）人员资质检查

①对承包商现场主要管理人员的资质进行审查，符合要求后签字确认并存档。

②对现场各级人员安全教育、技术交底情况进行检查。重点检查项目负责人和专职安全员的安全教育培训证，现场操作工人的三级安全教育记录，开工前的技术与安全交底记录，以及班前安全讲话记录等。

③对特殊工种人员（如电工、电焊工、起重工、司索工等）的资格进行审查。

（2）施工机械设备检查

对用于本工程的起重机、电焊机等主要施工机械设备进场后，要求承包商填报进场设备报验单向监理部报验。经过现场检查验收后签署意见。施工过程中如果更换或撤场需要经过监理部同意。

（3）对进场原材料检查验收

①对进场的钢支撑、钢围檩及连接螺栓等原材料进行检查验收，符合设计和规范要求后准许使用。

②对千斤顶及油压表进行检查验收，检查油压计标定的证书，合格后方准使用。

（4）审查方案

审查基坑土方开挖专项施工方案，对达到危险性较大的分部分项工程要求的基坑开挖严格按照《危险性较大的分部分项工程安全管理规定》的有关要求执行。

（5）做好技术准备

①核对施工图审查记录，确定已经通过了有关部门的审查。

②项目监理部要对施工图设计文件进行审查提出审核意见，图纸会审后由项目总

监或总监代表对设计文件的主要内容在监理部内部进行交底。

③检查承包商是否进行了技术交底，交底是否全面、具体。

④对现场的测量控制网进行复核检查。

（6）事前控制的主要检查、控制内容

事前质量控制要点见表 3-1。

事前质量控制要点　　　　　　　　　　　　　　　　　　表 3-1

序号	工序名称	主要检查、控制内容
1	图纸会审	检查图纸对深基坑方案审查意见是否落实，图纸审批手续是否齐全，会审意见是否落实
2	质保、安保审核	检查承包商是否建立质保、安保体系，是否符合要求
3	分包商审核	审核分包单位资质、业绩及质安保体系、主要管理人员及特种作业人员资质
4	特殊上岗审核	审核电焊工、起重工、司索工等资质证书是否有效、真实，是否满足要求
5	主要设备审核	审核起吊设备、预加应力设备的质量证明及其他质保资料，现场检查设备组装及运行情况
6	主要材料审核	审核钢支撑及钢围檩等材料的质保资料，现场检查材料外观质量
7	施工方案审核	审核土方开挖方案编制、审批程序是否符合要求，对审查意见是否落实

2）钢筋混凝土支撑

（1）人员资质检查

审查承包商资质及施工人员资质与条件是否符合要求，经监理工程师审查认可后进场施工。

（2）审查方案

审查施工组织设计或施工方案，经监理审查批准后，应严格执行。

（3）对工程所需原材料质量控制

监理工程师应对承包商进场材料（包括钢筋）进行见证取样复试。钢筋进场时，应检查产品合格证、出厂检验报告，并应按规定抽取试件作力学性能检验，其质量必须符合有关标准的规定。

（4）施工机械、设备的质量控制

对用于本工程的混凝土泵车、电焊机、空压机等主要施工机械设备进场后，要求承包商填报进场设备报验单向监理部报验。经过现场检查验收后签署意见。

（5）严格审核分包单位的资质

未经监理审查认可和经查不能保证施工质量的分包单位，不得进场施工；督促、检查各分包单位建立质量保证体系。

2. 事中质量控制

1）钢管支撑

（1）支撑构件的构造要求

现场监理应熟悉施工设计图纸，认真了解支撑构件的构造要求，具有针对性地完成过程质量控制。支撑构件的构造要求一般包括以下几方面：

①支撑构件的长细比应不大于75，联系构件的长细比应不大于120，立柱的长细比应不大于25。

②各类支撑构件的构造应符合规范的有关规定外，且应符合现行国家标准《钢结构设计标准》GB 50017—2017或《混凝土结构设计规范》GB 50010—2010的有关规定。

③钢结构支撑构件长度的拼接宜采用高强螺栓连接或焊接，拼接点的强度不应低于构件的截面强度。对于格构式组合构件，不应采用钢筋作为缀条连接。

④钢腰梁的构造应符合下列规定：

a. 钢腰梁的截面宽度应大于300mm，可以采用H型钢、工字钢或槽钢以及它们的组合截面；

b. 钢腰梁的现场拼装点位置应尽量设置在支撑点附近，并不应超过腰梁计算跨度的三分点。腰梁的分段预制长度不应小于支撑间距的2倍；

c. 钢腰梁与混凝土围护墙之间应留设宽度不小于60mm的水平向通长空隙。其间用强度等级不低于C30的细石混凝土填嵌；

d. 支撑与腰梁斜交时，在腰梁与围护墙之间应设置经过验算的剪力传递构造；

e. 在基坑平面转角处，当纵横向腰梁不在同一平面上相交时，其节点构造应满足两个方向腰梁端部相互支承的要求。

⑤钢支撑的构造应符合下列规定：

a. 钢支撑的截面形式可以采用H型钢、钢管、工字钢或槽钢，以及其组合截面；

b. 水平支撑的现插安装节点应尽量设置在纵横向支撑的交汇点附近。相邻横向（或纵向）水平支撑之间的纵向（或横向）支撑的安装节点数不宜多于两个；

c. 纵向和横向支撑的交汇点宜在同一标高上连接。当纵横向支撑采用重叠连接时，其连接构造及连接件的强度应满足支撑在平面内的稳定要求。

⑥钢支撑与钢腰梁的连接可采用焊接或螺栓连接。节点处支撑与腰梁的翼缘和腹板连接应加焊加劲板，加劲板的厚度不小于10mm，焊缝高度不小于6mm。

⑦立柱的构造应符合下列规定：

a. 基坑开挖面以上的立柱宜采用格构式钢柱，也可采用钢管或H型钢柱子；

b. 基坑开挖面以下的立柱宜采用直径不小于600mm的灌注桩（可以利用工程桩），或与开挖面以上立柱截面相同的钢管或H型钢桩。当为灌注桩时，其上部钢柱在桩内的埋入长度应不小于钢柱边长的4倍，并与桩内钢筋焊接；

c. 立柱下端应支承在较好的土层上，开挖面以下的埋入长度应满足支撑结构对立柱承载力和变形的要求，在软土地区宜大于基坑开挖深度的2倍，并穿过淤泥或淤泥质土层；

d. 立柱与水平支撑的连接可采取铰接构造，但铰接件在竖向和水平方向的连接强度应大于支撑轴向力的1/50。当采用钢牛腿连接时，钢牛腿的强度和稳定性应由计算确定。

（2）支撑构件的施工质量

①承包商采用的支撑结构的安装和拆除顺序应与围护结构的设计工况相一致。

②支撑结构安装过程中，监理工程师应要求施工方按照以下规定组织协调施工：

a. 在基坑竖向平面内严格遵守分层开挖、先支撑后开挖的原则；

b. 支撑安装应与土方开挖密切配合，在土方挖到设计标高的区段内，及时安装并发挥支撑作用；

c. 支撑安装应采用开槽架设，在支撑顶面需运行施工机械时，支撑顶面安装标高应低于坑内土面200～300mm。钢支撑与基坑土之间的空隙应用粗砂土填实，并要求施工人员在挖土机或土方车辆的通道处铺设道板；

d. 钢结构支撑宜采用工具式接头，并配有计量千斤顶装置。千斤顶及计量仪表使用中如有异常现象应要求承包商随时校验或更换；

e. 钢结构支撑安装后应按设计要求施加预压力，施加预压力的控制值应事先确定，通常不应小于支撑设计轴向力的50%，也不宜大于75%。

③承包商已安装好替代支撑系统后，方能允许其拆除支撑。替代支撑的截面和布置应由设计计算确定。如采用爆破法拆除混凝土支撑结构之前，监理人员必须会同承包商有关人员对周围环境和主体结构进行勘察，共同决定如何采取有效的安全防护措施。支撑拆除手段主要有以下几种：

a. 用手工工具拆除，即人工凿除混凝土并用气割切断钢筋；

b. 在混凝土内钻孔，然后装药爆破。爆破方式一般采用无声炸药松动爆破。在监理人员看到有关部门批文后，方可允许承包商实施爆破；

c. 在混凝土内预留孔，然后装药爆破。爆破工艺同上。由于设置预留孔，要提醒承包商在支撑构件的强度验算时计入预留孔对构件断面的削弱作用。

④利用主体结构换撑时，监理人员应要求施工人员按照以下规定进行施工：

a. 利用主体结构换撑时，主体结构的楼板或底板混凝土强度应达到设计要求的强度，一般应达到设计强度值的80%；

b. 在主体结构与围护墙之间设置好可靠的换撑传力构造；

c. 在主体结构楼盖局部缺少部位，要求承包商在主体结构内的适当部位设置临时的支撑系统，支撑截面积应按计算确定；

d. 当主体结构的底板和楼板分块施工或设置后浇带时，应要求承包商在分块或后浇带的适当部位设置传力构件。

⑤监理人员应注意检查在立柱穿过主体结构底板以及支撑穿越主体结构地下室外墙的部位承包商是否采取了可靠的止水措施。

⑥其次还应要求施工人员注意保护支撑构件和工程桩，具体的保护要求是：

a. 支撑系统混凝土未达到设计要求强度值（一般为设计强度值的80%或以上）前，不允许施工人员进行基坑土方开挖；

b. 施工机械不得长时间反复行驶在支撑构件上（专门设计的栈桥除外），且临时通过时应有安全措施；

c. 施工中防止重物撞击支撑构件；

d. 单肢较长的支撑构件（一般指对撑）两侧土方开挖的高差应严格限制；

e. 打桩场地用大型机械开挖应十分谨慎。严禁挖掘机械撞击桩头，以避免造成次生断桩；

f. 根据工程桩的断面、配筋与场地土质等因素，严格限制开挖平台间高差，以防土的侧压力导致工程桩的倾斜。

（3）钢管支撑安装主要检查、控制内容

钢管支撑（钢围檩）施工巡查表见表3-2。

钢管支撑（钢围檩）施工巡查表 表3-2

序号	检查项目	检查频次	检查内容及工作标准	检查结果
1	吊装钢围檩或施作钢筋混凝土围檩	吊装前	①起重司机及司索、指挥、电焊工等特种作业人员持证上岗	
			②高处作业安全带佩戴到位	
			③吊装作业承包商专职安全员到位	
			④吊装时作业范围警戒到位	
			⑤钢围檩防脱装置安装到位并验收合格	
			⑥两段钢围檩之间焊接到位	
			⑦电焊机验收合格，临电符合要求	
2	吊装钢支撑	吊装前	①起重司机及司索、指挥等特种作业人员持证上岗	
			②高处作业安全带佩戴到位	
			③吊装作业承包商专职安全员到位	
			④吊装时作业范围警戒到位	
			⑤钢支撑防脱装置安装到位并验收合格	
			⑥钢围檩与围护结构间填充到位	

续表

序号	检查项目	检查频次	检查内容及工作标准	检查结果
3	施加预应力及监测	施工前	①高处作业安全带佩戴到位	
			②施加预应力时承包商技术员到位	
			③千斤顶及油压表经过第三方检测机构校核，使用前设备完好	
			④钢支撑轴力计安装到位	
			⑤及时对钢支撑轴力计进行初始值收集	
			⑥每日对钢支撑监测数据进行分析比对，对失力钢支撑及时发现并复加轴力	
			⑦钢支撑按设计摆放，施加预应力时做到分级施加	
4	楔块锁定	过程中	①高处作业安全带佩戴到位	
			②根据分级施加情况进行楔块增加，增加的楔块一定要锤击进行紧固	
问题补充说明				

2）钢筋混凝土支撑

（1）模板分项工程

钢筋混凝土支撑模板分项工程质量控制应关注以下内容：

①钢筋混凝土支撑底模的施工应该在土方开挖到支撑底部标高位置处，一般应该为原状土，如果原状土不满足支撑自重承载力，要对底模位置土体进行加固处理，必要时才用回填夯实等手段确保在混凝土支撑终凝前满足自重的承载能力。

②混凝土支撑侧模安装时，应重点检查两侧支架安装的牢固程度，及对拉螺杆的安装数量，是否满足混凝土侧压力及施工荷载的要求。

③模板安装时应满足下列要求：模板的接缝不应漏浆；在浇筑混凝土前，木模板应浇水润湿，但模板内不应有积水；模板与混凝土的接触面应清理干净并涂刷隔离剂，但不得采用影响结构性能或妨碍装饰工程施工的隔离剂；在模板上涂刷隔离剂时，不得沾污钢筋和混凝土接槎处；浇筑混凝土前，模板内的杂物应清理干净。

④在基坑土方开挖时，混凝土支撑底模拆除前要先对混凝土同条件养护试块进行试压，符合规范要求后方准拆除支撑底模并进行支撑底部土方开挖。

⑤侧模拆除时的混凝土强度应能保证混凝土表面及棱角不受损伤。

（2）钢筋分项工程

钢筋混凝土支撑钢筋分项工程质量控制应关注以下内容：

①当钢筋的品种、级别或规格需作变更时，应办理设计变更文件，不允许擅自修改或变动。

②钢筋安装时，受力钢筋的品种、级别、规格和数量应符合设计要求；纵向受力

钢筋的连接方式应符合设计要求；钢筋的接头宜设置在受力较小处；同一纵向受力钢筋不宜设置两个或两个以上接头；应按规定抽取钢筋焊接接头试件做力学性能检验，检验报告应符合有关规程的规定；应按规定对钢筋焊接接头的外观进行检查，其质量应符合有关规程的规定。

③钢筋应平直、无损伤，表面不得有裂纹、油污、颗粒状或片状老锈。

④当受力钢筋采用焊接接头时，设置在同一构件内的接头宜相互错开。同一连接区段内，纵向受力钢筋的接头面积百分率应符合下列规定：在受拉区不宜大于50%，特别是混凝土支撑底部受拉区域的钢筋不宜大于50%。

⑤同一构件中相邻纵向受力钢筋的绑扎搭接接头宜相互错开。同一连接区段内，纵向受力钢筋的接头面积百分率不宜大于50%。纵向受拉钢筋的最小锚固长度和最小搭接长度应满足施工图结构设计说明中的规定。

（3）混凝土分项工程

钢筋混凝土支撑混凝土分项工程施工时，应对以下内容做好控制：

①商品混凝土的坍落度必须严格控制，保证现场浇捣时的坍落度满足设计要求，一般应小于180mm。

②结构混凝土的强度等级必须符合设计要求。用于检查结构构件混凝土强度等级的试件，应在混凝土的浇筑地点随机抽取。取样和试件留置应符合规范的相关规定：同一配合比的混凝土，每拌制100盘且不超过100m³取样不得少于一次；每工作班拌制的同一配合比的混凝土不足100盘时，取样不得少于一次；当一次连续浇筑超过1000m³时，同一配合比的混凝土每200m³取样不得少于一次；同一配合比的混凝土，取样不得少于一次；每次取样应至少留置一组标准养护试件，同条件养护试件的留置组数应根据实际需要确定。

③混凝土运输、浇筑及间歇的全部时间不应超过混凝土的初凝时间。同一施工段的混凝土应连续浇筑，并应在底层混凝土初凝之前将上一层混凝土浇筑完毕。当底层混凝土初凝后浇筑上一层混凝土时，应按施工技术方案中对施工缝的要求进行处理。

④施工缝的位置应在混凝土浇筑前按设计要求和施工技术方案确定。混凝土支撑一般不留置施工缝，如果要留设尽量留在冠梁位置，并要按照施工技术方案留置。

⑤混凝土浇筑完毕后，应按施工技术方案及时采取有效的养护措施，并应符合下列规定：

a. 应在浇筑完毕后的12h以内对混凝土加以覆盖并加湿养护；

b. 混凝土浇水养护的时间不得小于7d；当日平均气温低于5℃时，不得浇水；

c. 浇水次数应能保持混凝土处于湿润状态；

d. 采用塑料布覆盖养护的混凝土，其敞露的全部表面应覆盖严密，并应保持塑料布内有凝结水；

e.混凝土强度达到1.2MPa前，不得在其上踩踏或安装模板及支架。

（4）现浇结构分项工程事中控制

①混凝土支撑结构拆模后，应由监理单位、承包商对外观质量和尺寸偏差进行检查，作出记录，并应及时按施工技术方案对缺陷进行处理。

②混凝土支撑结构的外观质量不宜有一般缺陷。对已经出现的一般缺陷，应由承包商按技术方案进行处理，并重新检查验收。

③混凝土支撑结构的外观质量不应有严重缺陷。对已经出现的严重缺陷，应由承包商提出技术处理方案，并经设计、监理单位认可后进行处理。对经处理的部位，应重新检查验收。

（5）钢筋混凝土支撑施工主要检查、控制内容

钢筋混凝土支撑施工巡查表见表3-3。

钢筋混凝土支撑施工巡查表　　　　表3-3

序号	检查项目	检查频次	检查内容及工作标准	检查结果
1	桩（墙）端头浮渣混凝土处理	过程中	①人员三级教育及安全技术交底到位	
			②空压机进场验收到位	
			③切割作业用气要规范	
			④做好标高测量	
			⑤确保浮渣清除干净，外露混凝土面	
2	施作钢筋混凝土围檩、桩（墙）混凝土质量检测	过程中	①对标高进行复测	
			②对配合比进行验证	
			③对进场混凝土坍落度、和易性等指标进行检查	
			④按方量留置试块	
			⑤检查钢筋预埋件	
3	清底，支混凝土支撑底模	过程中	①对清底标高进行复测	
			②对地基承载力进行检查并施做垫层	
			③铺设油毛毡等材料	
4	绑扎冠梁及支撑钢筋	过程中	①注意钢筋制作过程中的机械伤害	
			②注意高处坠落	
			③注意上下交叉作业风险	
			④人员三级教育及安全技术交底到位	
			⑤电焊工持证上岗	
			⑥电焊机符合要求并验收合格	
			⑦对标高进行复测	
			⑧对进场钢筋进行验收并见证送检	

续表

序号	检查项目	检查频次	检查内容及工作标准	检查结果
4	绑扎冠梁及支撑钢筋	过程中	⑨对电焊工的焊接试件进行工艺性能检测	
			⑩控制好盘条钢筋的伸长量	
			⑪对钢筋半成品规格、尺寸进行抽查	
			⑫钢筋成品及绑扎、焊接工艺符合设计要求	
问题补充说明				

3. 事后质量控制

1）钢管支撑

钢管支撑施工完成，经承包商自检确认符合设计要求和有关规范、规程以及资料齐全后，方可进行施工验收。施工验收包括钢管支撑安装质量验收、支撑系统工程质量验收。

（1）钢管支撑安装质量应满足以下要求：

①钢支撑截面尺寸：±3mm；

②支撑中心标高及同层支撑顶面的标高差：±30mm；

③支撑两端的标高差：不大于20mm及支撑长度的1/600；

④支撑挠曲度：不大于支撑长度的1/1000；

⑤立柱垂直度：不大于基坑开挖深度的1/300；

⑥支撑与立柱的轴线偏差：不大于50mm；

⑦支撑水平轴线偏差：不大于30mm。

（2）钢支撑系统工程质量应满足表3-4所示规定的指标要求。

钢管支撑系统工程质量检验标准　　　　表3-4

项目	序号	检查项目	允许偏差或允许值	检查方法
主控项目	1	支撑位置：标高 平面	30mm 100mm	水准仪 用钢尺量
	2	预加顶力	±50kN	油泵读数或传感器
一般项目	1	围檩标高	30mm	水准仪
	2	立柱桩	参见本书相关章节	参见本书相关章节
	3	立柱位置：标高 平面	30mm 50mm	水准仪 用钢尺量
	4	开挖超深（开挖放支撑不在此范围）	<200mm	水准仪
	5	支撑安装时间	设计要求	用钟表估测

（3）施工质量验收应按验收规范要求及工程当地建设主管部门的规定提供相应的记录表格（表3-5）。

钢管支撑检查验收表单 表 3-5

序号	记录表格名称	检查频率
1	钢围檩安装检查记录	每施工段
2	钢立柱安装检查记录	每施工段
3	钢支撑施加预应力记录	每槽段
4	钢管支撑安装检查记录表	每槽段
5	钢管支撑混凝土灌注记录统计表	每槽段
6	钢管及混凝土内支撑工程检验批质量验收记录	每施工段
7	支护工程钢腰梁、混凝土腰梁检验批质量验收记录	每施工段

2）钢筋混凝土支撑

（1）钢筋混凝土支撑施工完成，经承包商自检确认符合设计要求和有关规范、规程以及资料齐全后，方可进行施工验收，施工验收按规定的质量验收标准和方法进行。

（2）验收时承包商应提交下列文件和记录：

①设计变更文件；

②原材料出厂合格证和进场复验报告；

③钢筋接头的试验报告；

④混凝土配合比通知单；

⑤混凝土工程施工记录；

⑥混凝土试件的性能检验报告；

⑦隐蔽工程验收记录；

⑧钢筋、模板、混凝土工程检验批验收记录；

⑨混凝土结构实体检验记录；

⑩工程的重大质量问题的处理方案和验收记录；

⑪其他必要的文件和记录。

（3）钢筋混凝土支撑施工及验收应按验收规范要求及工程当地建设主管部门的规定提供相应的记录表格（表 3-6）。

钢筋混凝土支撑检查验收表单 表 3-6

序号	记录表格名称	检查频率
1	钢筋隐蔽工程检查记录	每施工段
2	模板安装检查记录	每施工段
3	钢管及混凝土内支撑工程检验批质量验收记录	每施工段
4	支护工程钢腰梁、混凝土腰梁检验批质量验收记录	每施工段

4.支撑施工质量控制流程

（1）钢管支撑施工质量监理控制流程见图3-1。

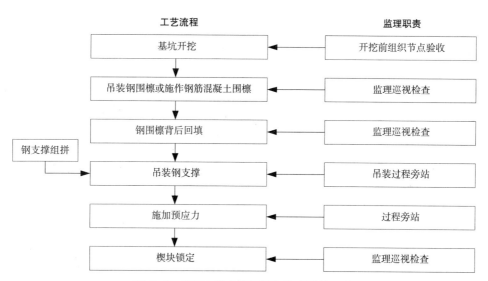

图3-1 钢管支撑（钢围檩）监理监控工序

（2）钢筋混凝土施工质量监理控制流程见图3-2至图3-4。

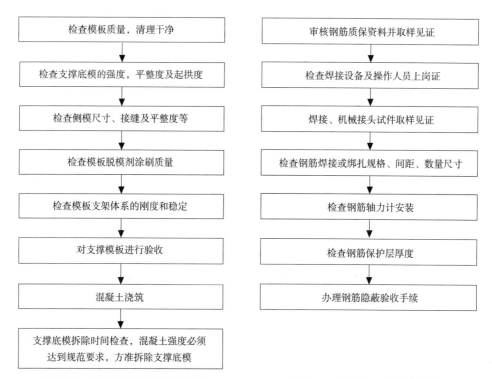

图3-2 模板施工质量控制流程　　　图3-3 钢筋施工质量控制流程

第3章 明挖基坑支护施工监理要点

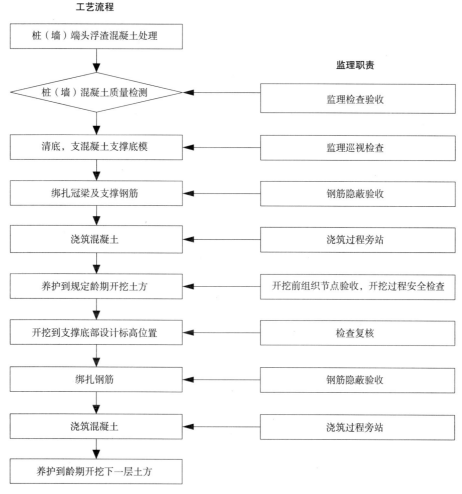

图 3-4 钢筋混凝土支撑监理监控工序

3.1.2 钢管及钢筋混凝土支撑施工旁站监理

1. 旁站监理主要控制内容

表 3-7

序号	旁站点	旁站内容	旁站要点	记录表
1	钢支撑吊装与预加应力过程	对钢支撑从起吊开始到吊装到位,再到预加应力完成的全过程进行旁站	吊装设备是否通过监理验收;吊装及指挥人员是否具备资质;吊机支腿是否安全;项目部安全员是否到位;吊装过程是否正常,预加应力是否按照规范要求进行;预应力是否符合设计要求	钢支撑吊装旁站记录表
2	混凝土浇筑过程	从钢筋隐蔽验收通过、第一盘混凝土浇筑开始到混凝土全部浇筑完成的全过程进行旁站	混凝土坍落度是否满足要求;到达现场混凝土是否超过初凝时间;混凝土浇筑是否严密;混凝土试块留置是否满足规范要求;混凝土浇筑过程有无异常;施工缝留置是否符合要求等	混凝土浇筑旁站记录表

· 107 ·

2. 旁站监理记录样表

旁站监理记录表（钢支撑吊装与预应力加设）　　　　表 3-8

工程名称：　　　　　　　　　　　　　　　　　　　　　　　编号：

旁站的关键部位、关键工序		施工单位	
旁站开始时间	年　月　日　时　分	旁站结束时间	年　月　日　时　分

旁站的关键部位、关键工序施工情况：
1. 开挖方案：开挖专项方案是否经过审批：□是　□否；是否按照开挖方案实施：□是　□否；
2. 施工吊装设备型号：　　　　，是否通过进场验收：□是　□否；
3. 吊装作业人员：起重工（　　　），特种作业证书是否有效：□是　□否；
   指挥、司索工（　　　），特种作业证书是否有效：□是　□否；
4. 管理人员：　安全员：(　　　)，施工员：(　　　)，是否持证：□是　□否；
5. 钢支撑：钢支撑规格型号：_____；本次拼装数量：_____根；直径：_____；壁厚：_____；
   编号：_____、_____、_____、_____、_____、_____、_____；
   钢支撑是否通过进场验收：□是　□否；钢围檩安装是否通过验收：□是　□否；
   钢支撑是否通过预拼装验收：□是　□否；围檩背后回填是否符合要求：□是　□否；
6. 吊装设备：吊机支腿是否稳固：□是　□否；行走线路是否安全：□是　□否；
   钢丝绳是否完好：□是　□否；吊机锁具是否合格：□是　□否

钢支撑吊装旁站过程：
1. 起吊方法是否符合吊装方案要求：□符合要求　□不符合要求　□经整改后符合要求；
2. 吊臂作业半径内是否有人员活动：□是　□否；作业半径范围是否及时警戒：□是　□否；
3. 吊机行走过程是否正常：□是　□否；吊装过程吊机支腿是否稳固：□是　□否；
4. 起吊过程是否正常：□是　□否；有无发生弯曲、变形等问题：□是　□否

钢支撑预加应力过程：
1. 支撑编号：_____；油压表编号：_____；预加应力情况：_____；
2. 支撑编号：_____；油压表编号：_____；预加应力情况：_____；
3. 支撑编号：_____；油压表编号：_____；预加应力情况：_____；
4. 支撑编号：_____；油压表编号：_____；预加应力情况：_____；

发现的问题及处理情况：

　　　　　　　　　　　　　　　　　　　　　　　　旁站监理人员（签字）

　　　　　　　　　　　　　　　　　　　　　　　　　　　年　月　日

旁站监理记录表（混凝土支撑浇筑） 表 3-9

工程名称： 编号：

旁站的关键部位、关键工序						施工单位					
旁站开始时间	年	月	日	时	分	旁站结束时间	年	月	日	时	分

旁站的关键部位、关键工序施工情况：
1. 混凝土设计配合比：设计标号：_____，配合比单号： ，设计坍落度： ；
   初凝时间：_____h，终凝时间：_____h，是否经过审批：□是 □否；
2. 现场人员：试验员：( )，施工员：( )，现场混凝土浇筑工人_____；
3. 施工条件：冠梁端头是否凿除到位：□是 □否；施工缝是否处理到位：□是 □否；
   钢筋工程是否通过验收：□是 □否；模板工程是否通过验收：□是 □否；
4. 混凝土试块：计划留置混凝土抗压试块组，其中标养_____组，同条件试块_____组；
5. 施工设备：钢筋焊接设备：_____台，空压设备：_____台，是否通过验收：□是 □否

监理情况：
1. 混凝土：抽查混凝土配合比是否正确：□是 □否；到场时间是否超过初凝时间：□是 □否；
2. 抽查坍落度：坍落度：_____mm，时间：_____；坍落度：_____mm，时间：_____；
   坍落度：_____mm，时间：_____；坍落度：_____mm，时间：_____；
   坍落度：_____mm，时间：_____；坍落度：_____mm，时间：_____；
3. 混凝土试件：
   标□；同□；渗□；试件标号：_____，取样时间：_____；试件编号：_____；
   标□；同□；渗□；试件标号：_____，取样时间：_____；试件编号：_____；
   标□；同□；渗□；试件标号：_____，取样时间：_____；试件编号：_____；
   标□；同□；渗□；试件标号：_____，取样时间：_____；试件编号：_____；
4. 混凝土浇筑量：_____m³，总车数：_____车
   混凝土浇筑过程：浇筑过程是否连续：□是 □否；混凝土是否存在离析现象：□是 □否；
   浇筑过程中是否胀模：□是 □否；混凝土供应是否及时：□是 □否；间隔时间最长达_____min

发现的问题及处理情况：

旁站监理人员（签字）

年 月 日

3.1.3 钢管及钢筋混凝土支撑施工工艺流程

钢管及钢筋混凝土支撑施工工艺流程见图 3-5 和图 3-6。

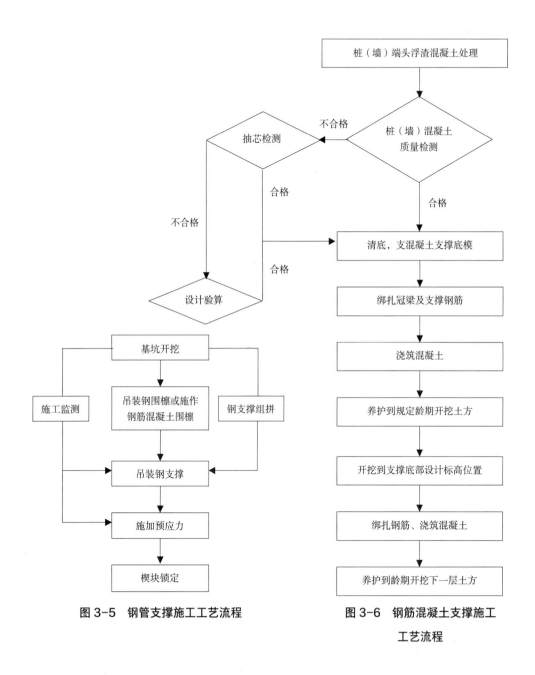

图 3-5 钢管支撑施工工艺流程

图 3-6 钢筋混凝土支撑施工工艺流程

3.2 锚杆施工监理控制要点

3.2.1 锚杆施工工艺流程

锚杆施工工艺流程见表3-10。

锚杆施工工艺流程　　　　　表3-10

序号	工序	要点
1	锚杆体制作	锚杆尺寸长度，锚杆体成品保护
2	定位、钻孔	定位准确，孔序划分标记；水平孔距的垂直方向偏差，成孔偏斜度
3	清孔	孔内无坍塌，无虚渣
4	锚杆安装	锚杆体需完整，放入孔内需顺直，无明显弯曲、扭转
5	孔内灌浆	浆液配合比，一次注浆及二次注浆压力，封孔
6	锚杆张拉、锁定	预应力分级张拉，超张拉，满足要求及时锁定
7	封锚	对已张拉完成的锚杆头进行封闭保护

3.2.2 锚杆施工监理过程控制

1. 锚杆施工监理控制点

锚杆施工质量控制要点见表3-11。

锚杆施工质量控制要点　　　　　表3-11

序号	控制点名称	控制事项及检查方法
1	原材料检验	钢筋或钢绞线、锚具、水泥、砂合格证；抽样试验报告；抽检
2	锚杆体制作质量检验	长度、数量，保护措施；抽查、尺量
3	孔位测量放线检查	检查放线测量成果；抽查
4	钻孔施工控制检查	巡查；检查施工记录
5	成孔质量检查与验收	孔位、孔径、孔深、垂直度、偏斜度、清孔及沉渣厚度；经纬仪、验孔器、尺量
6	锚杆体安装隐蔽检查	定位、沉放、预留长度；旁站
7	水泥浆或水泥砂浆质量检查	检查浆液配合比试验报告、外加剂试验报告
8	灌浆质量控制	旁站；观察是否有异常现象，压力控制；抽查浆液水灰比、灰砂比
9	锚杆预应力张拉试验	检查张拉仪器检测报告，分级张拉，及时锁定；旁站
10	预应力锚杆监测	检查锚杆及内力检测装置有无破坏，内力损失情况

2. 事前质量控制

1）技术准备

开工前组织有关监理人员对设计图纸、合同、标准规范及其他与锚杆工程有关的技术资料进行学习。

2）图纸会审

图纸会审时应明确锚杆的终孔条件，锚杆杆体截面和长度、锚杆构造要求及锚头与锚固体的设计情况。

3）审查施工组织设计或专项施工方案

（1）施工组织设计应包含以下内容：①锚杆工程平面图；②场区地基土及地下水的性状、场区边线的地质剖面图；③周边环境状况；④限制作业条件、环境安全规划和措施；⑤材料、钻机的技术性能、进场计划；⑥锚杆钻孔、终孔、清孔、杆体下料及安装、注浆、验收试验的要求和工法；⑦质量保证措施；⑧施工安全保障措施。

（2）方案审查要点：①编制的依据是否符合要求，编制依据主要有：施工图纸，施工组织设计，施工现场勘查调查得来的资料和信息，施工验收规范，质量检查验收统一标准，安全操作规程，施工及机械性能手册等；②编制的内容是否齐全，重点审查施工流向和施工顺序、施工阶段划分、施工方法和施工机械选择、质量标准及质量控制措施、安全施工设计、环境保护内容及方法等；③方案内容是否符合有关法规、规范要求，包括强制性条文、建设工程安全生产管理条例、地方主管部门规定等的要求。

4）施工机械设备检查

对照施工方案检查验收进场的锚杆施工机械设备，包括造孔机械、张拉机械两大部分，对于造孔机械，按常规设备进场检验；对于张拉机械，检查时应重点关注以下内容：

（1）锚杆验收试验的加载装置（千斤顶、油泵）的额定压力必须大于试验压力，且试验前应进行标定。

（2）加载反力装置的承载力和刚度应满足最大试验荷载的要求。

（3）计量仪表（测力计、位移计等）应满足测试要求的精度。

5）进场原材料检查验收

原材料包括锚杆（索）、锚具夹具和联结器、灌浆材料等，进场验收应按规范要求、工程所在地建设行政主管部门规定要求进行，各原材料性能应符合现行有关产品标准的规定，满足设计要求，方便施工，且材料之间不应产生不良影响。检验一般包括：①材料出厂合格证检查；②材料现场抽检；③锚杆浆体和混凝土的配合比试验，强度等级检验。

对于锚杆（索），灌浆料检验，规范等有较明确的检验要求，验收时应遵照执行，由监理人员现场检查核对证物一致、见证取样送检。

对于预应力筋锚具、夹具和联结器等，应检查项目一般包括：出厂合格证，分批验收。同一验收批应在同种材料和同一生产条件下。锚具、夹具以不超过1000套组为一个验收批；联结器应以不超过500套组为一个验收批。进场验收包括：①外观检查（从每批中抽取10%但不少于10套的锚具，检查其外观和尺寸。当有一套表面有裂纹或超过产品标准及设计图纸规定尺寸的允许偏差时，应另取双倍数量的锚具重做检查，如仍有一套不符合要求，则不得使用或逐套检查）；②硬度检查（从每批中抽取5%但不少于5

件的锚具，对其中有硬度要求的零件做硬度试验，对多孔夹片式锚具的夹片，每套至少抽5片。每个零件测试3点，其硬度应在设计要求范围内。当有一个零件不合格时，应另取双倍数量的零件重做试验；如仍有一个零件不合格，则不得使用或逐个检查）；③静载锚固性能试验（经上述两项试验合格后，从同批中抽取6套锚具组成3个预应力筋锚具组装件，进行静载锚固性能试验。当有一个试件不符合要求时，应另取双倍数量的锚具重做试验；如仍有一套不合格，则该批锚具（夹具或联结器）为不合格品）。

对于围护结构用的锚具（夹具、联结器）进场验收，其静载锚固性能也可由锚具生产厂提供试验报告。

6）样板试验：选取两根锚杆，按设计要求的参数进行钻孔、注浆、张拉和锁定的试验性作业，监理人员应对试验性作业的每一步骤进行跟踪检查，必要时进行旁站监理，以考核施工工艺和施工设备的适应性，取得适宜的施工参数指导大面积的施工。

3. 事中质量控制

锚杆（索）施工事中控制内容包括杆体的制作、钻孔、杆体安装、注浆、张拉、锁定、试验等步骤的质量控制，各步骤控制重点为：

1）锚杆体的制作

（1）杆体的制作、存储宜在工厂或施工现场的专门作业棚内进行。

（2）在锚固段长度范围，杆体上不得有可能影响与注浆体有效粘结和影响锚杆使用寿命的有害物质，并应确保满足设计要求的注浆体保护层厚度。在自由段杆体上应设置有效的隔离层。

（3）钢筋、钢绞线或钢丝应采用切割机切断。

（4）杆体制作时应按设计要求进行防腐处理。

（5）加工完成的杆体在存储、搬运、安放时，应避免机械损伤、介质侵蚀和污染。

（6）钢绞线或高强钢丝应清除油污、锈斑，严格按设计尺寸下料，每根钢绞线的下料长度误差不应大于50mm。

（7）钢绞线或高强钢丝应平直排列，沿杆体轴线方向每隔1.0~1.5m设置一个隔离架，注浆管和排气管应与杆体绑扎牢固，绑扎材料不宜采用镀锌材料。

（8）锚索采用的钢绞线必须进行表面除污、除锈或其他有害物质处理，并严格按设计尺寸下料。自由段钢绞线进行表面除污、除锈后均匀地涂抹防腐剂或防腐漆，然后包裹塑料布，再在塑料布上涂抹防腐剂或防腐漆，最后分别装入塑料套管中，形成双层防腐。塑料管的两端应包裹严密，靠锚固一端的塑料管与钢绞线用铁丝扎紧，再在外面用宽胶带绕过3~5圈，以防滑移和注浆时浆液流入自由段，影响锚索的自由伸缩及张拉。

（9）锚杆在安装前应妥善保护，以免腐蚀和机械损伤。

（10）锚索的锚固段间隔设置架线环和紧箍环，间距1m；自由段间隔2.0m设置一道架线环，以保证锚索顺直。

2）钻孔

（1）锚杆钻孔不得扰动周围地层。

（2）钻孔前，根据设计要求和地层条件，定出空位、作出标记。

（3）锚杆水平、垂直方向的孔距误差不应大于100mm。钻头直径不应小于设计钻孔直径3mm。

（4）钻孔轴线的偏斜率不应大于锚杆长度的2%。

（5）锚杆钻孔深度不应小于设计长度，也不宜大于设计长度500mm。

（6）向钻孔中安放锚杆前，应将孔内岩粉和土屑清洗干净。

3）孔口承压垫座

（1）钻孔孔口必须设有平整、牢固的承压垫座。

（2）承压垫座的几何尺寸、结构强度必须满足设计要求，承压面应与锚孔轴线垂直。

4）锚杆的安装与灌浆

（1）在杆体放入钻孔前，应检查杆体的加工质量，确保满足设计要求。

（2）安放杆体时，应防止扭压和弯曲。注浆管宜随杆体一同放入钻孔。杆体放入孔内应与钻孔角度保持一致。

（3）安放杆体时，不得损坏防腐层，不得影响正常的注浆作业。

（4）向下倾斜的钻孔内注浆时，注浆管的出浆口应插入距孔底300~500mm处，浆液自下而上连续灌注，且确保从孔内顺利排水、排气。

（5）向上倾斜的钻孔内注浆时，应在孔口设置密封装置，将排气管端口设于孔底，注浆管应设在离密封装置不远处。

（6）注浆设备应有足够的浆液生产能力和所需的额定压力，采用的注浆管应能在1h内完成单根锚杆的连续注浆。

（7）注浆后不得随意敲击杆体，也不得在杆体上悬挂重物。

（8）注浆材料应根据设计要求确定，不得对杆体产生不良影响。对锚杆孔的首次注浆，宜选用水灰比为0.5~0.55的纯水泥浆或灰砂比为1:0.5~1:1的水泥砂浆，必要时可加入一定量的外加剂或掺合料，重复注浆材料宜选用水灰比0.45~0.55的纯水泥浆。

（9）注浆浆液应搅拌均匀，随搅随用，并在初凝前用完。严防石块、杂物混入浆液。

（10）当孔口溢出浆液或排气管停止排气时，可停止注浆。

（11）浆体强度检验用的试块每30根锚杆不应少于一组，每组不应少于6个试块。

5）锚杆张拉与锁定

（1）锚头台座的承压面应平整，并与锚杆轴线方向垂直。

（2）锚杆张拉前应对张拉设备进行标定。

（3）锚杆张拉时，注浆体和混凝土台座的抗压强度值应符合表3-12的规定。

（4）锚杆张拉应有序进行，张拉顺序应考虑邻近锚杆的相互影响。

锚杆张拉时注浆体和混凝土台座抗压强度值　　　　表 3-12

锚杆类型		抗压强度值（MPa）	
		注浆体	台座混凝土
土层锚杆	拉力型	15	20
	压力型和压力分散型	25	20
岩石锚杆	拉力型	25	25
	压力型和压力分散型	30	25

（5）锚杆正式张拉前，应取 0.1~0.2 轴向拉力设计值 N 对锚杆预张拉 1~2 次，使杆体完全平直，各部位接触紧密。

（6）锚杆应采用符合标准和设计要求的锚具

（7）锚杆张拉至（1.05~1.1）N 时，对岩层、砂性土层保持 10min，对黏性土层保持 15min，然后卸荷至锁定荷载设计值进行锁定。锚杆张拉荷载分级和位移观测时间应遵守表 3-13 所示相关规定。

锚杆张拉荷载分级和位移观测时间　　　　表 3-13

荷载分级	位移观测时间（min）		加荷速率（kN/min）
	岩层、砂土层	黏性土层	
（0.1~0.2）N	2	2	不大于 100
0.5N	5	5	
0.75N	5	5	
1.00N	5	10	不大于 50
（1.05~1.1）N	10	15	

注：N—锚杆轴向拉力设计值。

（8）荷载分散型锚杆张拉时可按设计要求先张拉单元锚杆，消除在相同荷载作用下因自由段长度不等而引起的弹性伸长差，再同时张拉各单元锚杆并锁定。也可按设计要求对单元锚杆从远端开始顺序进行张拉并锁定。

6）预应力锚杆试验

（1）试验一般规定

①锚杆的最大试验荷载不宜超过锚杆杆体极限承载力的 0.8 倍。

②试验用计量仪表（压力表、测力计、位移计）应满足测试要求的精度。

③试验用加荷装置（千斤顶、油泵）的额定压力必须大于试验压力。

④荷载分散型锚杆的试验宜采用等荷载法；也可根据具体工程情况制定相应的试验规则和验收标准。

（2）基本试验

①对任何一种新型锚杆，或锚杆用于未应用过的地层时，必须进行极限抗拔试验。

②锚杆极限抗拔试验采用的地层条件、杆体材料、锚杆参数和施工工艺必须与工程锚杆相同，且试验数量不应少于3根。为得出锚固体的极限抗拔力，必要时可加大杆体的截面面积。

③锚杆极限抗拔试验应采用分级循环加荷，加荷等级和位移观测时间应符合表3-14所示相关规定。

锚杆极限抗拔试验的加荷等级和观测时间 表3-14

	初始荷载	—	—	—	10	—	—	—
	第一循环	10	—	—	30	—	—	10
	第二循环	10	30	—	40	—	30	10
加荷增量（kN）	第三循环	10	30	40	50	40	30	10
	第四循环	10	30	50	60	50	30	10
	第五循环	10	30	60	70	60	30	10
	第六循环	10	30	60	80	60	30	10
观测时间（min）		5	5	5	10	5	5	5

注：1. 第五循环前加荷速率为100kN/min，第六循环的加荷速率为50kN/min。
2. 在每级加荷等级观测时间内，测读位移不应少于3次。
3. 在每级加荷等级观测时间内，锚头位移增量小于0.1mm时，可施加下一级荷载，否则应延长观测时间，直至锚头位移增量在2h内小于2.0mm时，方可施加下一级荷载。

④锚杆极限抗拔试验出现下列情况之一时，可判定锚杆破坏：

a. 后一级荷载产生的锚头位移增量达到或超过前一级荷载产生的位移增量的2倍；

b. 锚头位移持续增长；

c. 锚杆杆体破坏。

⑤锚杆极限承载力应取破坏荷载的前一级荷载。在最大试验荷载下未达到第④条规定的破坏标准时，锚杆的极限承载力应取最大试验荷载。

⑥当每组试验锚杆极限承载力的最大差值不大于30%时，应取最小值作为锚杆的极限承载力。当最大差值大于30%时，应增加试验锚杆数量，且按95%保证率计算锚杆的极限承载力。

（3）蠕变试验

①对塑性指数大于17的土层锚杆、极度风化的泥质岩层中或节理裂隙发育张开且充填有黏性土的岩层中的锚杆，应进行蠕变试验。用作蠕变试验的锚杆不得少于3根。

②锚杆蠕变试验的加荷等级和观测时间应满足表3-15所示相关规定。在观测时间内荷载必须保持恒定。

③在每级荷载下按时间间隔1、2、3、4、5、10、15、20、30、45、60、75、90、120、150、180、210、240、270、300、330、360min记录蠕变量。

④锚杆在最后一级荷载作用下的蠕变率不应大于2.0mm/对数周期。

锚杆蠕变试验的加荷等级和观测时间　　　　　　表 3-15

加荷等级	观测时间（min）	
	临时性锚杆	永久性锚杆
0.25N	—	10
0.50N	10	30
0.75N	30	60
1.00N	60	120
1.10N	120	240
1.20N	—	360

7）预应力锚杆监测

（1）在施工锚索时，除安全施工外，还应对该建筑物进行连续的周密的监测工作，时刻注意因锚索施工对该建筑物的影响，防止事故发生。

（2）预应力锚索在基坑使用期间应进行长期监测，监测数量不少于总锚索数量的10%，预应力变化值不能大于锚索拉力设计值的5%，否则应进行重复张拉或补偿张拉。

4. 事后质量控制

（1）锚杆（索）施工完成，经承包商自检确认符合设计要求和有关规范、规程以及资料齐全后，可进行施工质量验收。

（2）在施工质量验收时，对于围护结构的锚杆检验批的划分原则可按以一定数量的锚杆或一个施工工序段为 1 个检验批。

（3）施工质量验收应按验收规范要求及工程当地建设主管部门的规定提供相应的记录表格（表 3-16）。

相关检查验收表单　　　　　　表 3-16

序号	相关检查记录表格名称	检查频率
1	土层锚杆钻孔施工记录表	每根
2	土层锚杆注浆施工记录表	每根
3	土层锚杆张拉与锁定记录表	每根
4	土层锚杆工程检查证	每根
5	锚杆及土钉墙支护工程检验批质量验收记录表	按检验批验收

（4）竣工资料验收

锚杆（索）竣工资料应按验收规范要求及工程当地建设主管部门的规定进行编制和组卷，一般包括：

①工程地质勘查报告及周围的建筑物、构筑物、道路、管线图；

②原材料（钢筋或钢绞线、水泥、砂料）出厂质保证书及进场后的复检资料等；

③钻孔施工及验收记录（钻孔尺寸误差、孔壁质量、钻取土样特征）；

④注浆记录及浆体配合比设计单和试块强度报告；

⑤设计变更通知单，技术交底审核单，事故处理记录；

⑥锚杆张拉检测报告；

⑦工程质量评定表；

⑧锚杆施工竣工报告。

3.2.3 锚杆施工旁站监理

锚杆施工旁站监理见表3-17。相关旁站监理记录见表3-18和表3-19。

锚杆施工旁站监理　　　　表3-17

序号	旁站点名称	旁站过程的注意事项
1	锚固段浆液灌注	观察是否有异常现象，压力控制。抽查浆液水灰比、灰砂比
2	锚杆张拉与预应力锁定	检查张拉仪器检测报告，分级张拉，及时锁定

旁站监理记录表（锚杆张拉与预应力锁定）　　　　表3-18

工程名称：			编号：	
旁站的关键部位、关键工序			施工单位	
旁站开始时间	年　月　日　时　分		旁站结束时间	年　月　日　时　分

旁站的关键部位、关键工序施工情况：

1. 锚杆机具：　锚杆及张拉设备是否经过验收：□是　□否；
   　　　　　　压力表是否经过效验：　　　　□是　□否；
   　　　　　　锚杆是否经过机械切割：　　　□是　□否；
   　　　　　　锚杆是否经过防腐处理：　　　□是　□否；
2. 锚头台座的出台是否平整：□是　□否；混凝土台座的强度是否满足规范要求：□是　□否；
3. 锚杆类型：_____；拉力计型号：_____；
   施工员（　　　）；安全员；（　　　），是否持证：□是　□否；
4. 锚杆张拉：

加荷等级	观测时间	变化记录

发现的问题及处理情况：

旁站监理人员（签字）

年　月　日

旁站监理记录表（锚固段浆液灌注）　　　　　表 3-19

工程名称：　　　　　　　　　　　　　　　　　　　　　编号：

旁站的关键部位、关键工序		施工单位	
旁站开始时间	年　月　日　时　分	旁站结束时间	年　月　日　时　分

旁站的关键部位、关键工序施工情况：
1. 灌注浆液设计配合比：设计标号：_____，配合比单号：_____，
   设计坍落度：　　　；
   初凝时间：_____h，终凝时间：_____h，是否经过审批：□是　□否；
2. 现场人员：　　试验员：(　　)，施工员：(　　)，现场浆液灌注工人：　　人；
3. 施工条件：　　锚杆预应力是否锁定：□是　□否；监测变化是否稳定：□是　□否；
   浆液是否通过验收：□是　□否；注浆设备是否通过验收：□是　□否；
4. 浆液试块：　　计划留置试块_____组

监理情况：
1. 浆液灌注：浆液灌注是否饱满：□是　□否；灌注过程是否正常：□是　□否；
2. 其他情况：

发现的问题及处理情况：

旁站监理人员（签字）

年　月　日

第4章
基坑开挖与回填施工监理要点

本章执笔：李新明　陈丹莲　卢　琨

4.1　基坑土方开挖与回填施工监理控制要点

4.1.1　基坑土方开挖与回填施工监理过程控制

1. 基坑土方开挖与回填施工质量控制要点

（1）基坑土方开挖施工质量控制要点见表4-1。

基坑土方开挖施工质量控制要点　　　　　表4-1

控制点名称	质量控制内容
施工准备	施工方案、应急预案审查、检验批划分、排水和降水、施工测量和监测
土方开挖	开挖施工方法、土方堆放、每层土方开挖的深度及范围、基底清理及保护、基底处理
验槽	地基承载力、地基土质、地基几何尺寸及表面质量

（2）基坑土方回填施工质量控制要点见表4-2。

基坑土方回填施工质量控制要点　　　　　表4-2

控制点名称	质量控制内容
施工准备	施工方案、应急预案审查、检验批划分、基底隐蔽验收、土源土样选定、施工参数确定
铺土	回填土料质量检查、铺土厚度
压实	压实设备、压实工艺、压实遍数
检测	土工试验取样部位、试验方法

2. 施工准备阶段质量控制

1）基坑土方开挖

（1）开挖施工方案、应急预案审查：注意审查施工方法、工期策划、资源配置、质量保证、环境保护等内容与设计文件、规范强制性条文的符合性及可操作性，审批流程的完整性。

（2）检验批划分检验试验计划确定：土方开挖为分项工程，其检验批划分一般可根据现场施工的工序、施工分段、基底深度、地基承载力、地基处理方法等因素，结合工程所在地主管部门规定，划分为若干个检验批。

检验试验计划包括土方试验种类、取样的部位及频率、测试项目、拟委托检测机构等，应结合规范、标准及设计要求，由承包商、监理、设计、业主及建设行政主管部门的质量监督机构共同确定，依据的规范、标准包括《岩土工程勘察规范》GB 50021—2001、《建筑地基基础设计规范》GB 50007—2011、《建筑地基处理技术规范》JGJ 79—2012等。

（3）支护结构及地基处理确认：有桩、地下连续墙等支护结构的，支护结构已达到设计要求的强度。有地基处理的，已完成的处理施工并经检测符合设计要求。

（4）基坑及影响范围内的建（构）筑物、管线：已完成现状调查，制定相应的改迁、拆除、保护方案，并已落实了相关的处理措施。

（5）地面排水和降低地下水位：已制定了工程防洪、排洪、降水方案，落实了相应的防洪、排洪、降水措施，且降水、降压设备等各项措施能有效运行，保证场地不积水。

降水与排水是配合基坑开挖的安全措施，施工前应有降水与排水设计，当在基坑外降水时，应有降水范围的估算，对重要建筑物或公共设施在降水过程中应监测。对不同的土质应用不同的降水形式，《建筑地基基础工程施工质量验收标准》GB 50202—2018给出了常用的降水形式，见表4-3。

降水类型及适用条件　　　　　　　　　　　　表4-3

适用条件、降水类型	渗透系数（cm/s）	可能降低的水位深度（m）
轻型井点 多级轻型井点	$10^{-5} \sim 10^{-2}$	3~6 6~12
喷射井点	$10^{-6} \sim 10^{-3}$	8~20
电渗井点	$< 10^{-6}$	宜配合其他形式降水使用
深井井管	$\geqslant 10^{-5}$	>10

降水系统施工完后，应试运转，如发现井管失效，应采取措施使其恢复正常，如无可能恢复则应报废，另行设置新的井管。降水系统运转过程中应随时检查观测孔中的水位。基坑内明排水应设置排水沟及集水井，排水沟纵坡宜控制在1‰~2‰。降水与排水施工的质量检验标准应符合《建筑地基基础工程施工质量验收标准》GB 50202—2018的规定，见表4-4。

降水与排水施工质量检验标准 表4-4

序号	检查项目	允许偏差或允许值	检查方法
1	排水沟坡度	1‰~2‰	目测：坑内不积水，沟内排水畅通
2	井管（点）垂直度	1%	插管时目测
3	井管（点）间距（与设计相比）	≤150%	用钢尺量
4	井管（点）插入深度（与设计相比）	≤200mm	水准仪
5	过滤砂砾料填灌（与计算值相比）	≤5mm	检查回填料用量
6	井点真空度：轻型井点 喷射井点	≥0.065MPa	真空度表
7	电渗井点阴阳极距离：轻型井点 喷射井点	80~100mm 120~150mm	用钢尺量 用钢尺量

（6）施工测量：已完成施工测量方案审批流程，按方案要求完成测量控制网、水准点等控制点设置并完成复测，完成基坑开挖边（坡）线测放。

控制点应设置在不受基坑开挖影响的位置，且应采取有效的措施进行可靠保护。施工中，应按现行国家标准《城市轨道交通工程测量规范》GB/T 50308—2017及工程所在地的测量管理规定对控制点进行定期检测。

（7）基坑监测：基坑开挖监测方案已编制和完成审批流程，已对周边环境及基坑布置监测控制点，测取了初始值。

（8）施工资源到位审查：开挖、排放运输的施工人员、机械等已按方案落实且资质满足相关规定要求，已对管理层、作业层进行安全技术交底；支撑已到位且数量满足进度需要、质量符合设计要求。

（9）合法施工手续办理：余泥排放、污水排放、夜间施工等手续已按主管部门要求办理完成，土方开挖现场管理制度等已制定并落实，弃、存土场地落实并勘察好运输路线。

（10）关键节点条件核查：组织工程相关方共同检查、验收各项准备工作，确认土方开挖条件已满足要求，为土方开挖的安全、顺利、保质保量进行奠定良好的基础。节点验收时，应针对上述1~9条内容逐一检查验收。验收程序一般为：承包商对准备情况进行自评，监理进行评估，之后由与会各方对准备条件实物、资料进行统一验收，符合要求时，形成节点验收纪要，并同意进行土方的正式开挖施工。

2）基坑土方回填

（1）回填施工方案、应急预案审查：注意审查施工策划、回填质量保证、环境保护等内容与设计文件、规范强制性条文的符合性及可操作性，审批流程的完整性。

（2）检验批划分检验试验计划确定：土方回填为分项工程，其检验批应根据现场施工工序、施工时间、施工分段、施工部位等因素，结合工程所在地主管部门规定进行划分。

检验试验计划包括土工试验项目、取样的部位及频率、检验指标、拟委托检测机构等，应结合现行国家标准《土工试验方法标准》GB/T 50123—2019 及设计要求，由承包商、监理、设计、业主及建设行政主管部门的质量监督机构共同确定。土方回填土工试验应在压实填土的过程中，分层分段取样，应检验指标包括土的干密度和含水率等，取样频率一般为基坑每 50~100m^2 不少于 1 个检验点，基槽每 10~20m^2 不少于 1 个检验点。

（3）回填基底隐蔽验收：对拟回填的基底进行隐蔽验收时，应根据设计要求，重点验收回填基底质量与设计文件、相关规范的符合性，并将不应有的杂物清除干净。

（4）回填土料选定：应根据设计要求结合工程所在地实际考察选定，一般来说，除纯黏土、淤泥、粉砂、杂土，有机质含量大于 8% 的腐殖土、过湿土、冻土和大于 150mm 粒径的石块外，其他均可回填。

（5）土工试验：回填土使用前应分别取样测定其最大干重度和最佳含水量，并采用不同铺土厚度、压实遍数、压实方法进行压实试验，确定填料含水量控制范围、铺土厚度和压实遍数等参数。

（6）施工资源到位审查：土方回填施工人员、机械等已按方案落实且资质满足相关规定要求，已对管理层、作业层进行安全技术交底。

3. 施工过程中的质量控制

1）基坑土方开挖

（1）检查土方开挖的顺序、方法，必须与设计工况、经批准的施工方案一致，并遵循"开槽支撑，先撑后挖，分层开挖，严禁超挖"的原则，做到自上而下分层、分段依次开挖，严禁掏底施工。

（2）支护桩或地下连续墙支护的基坑应在土方挖至其设计位置后及时施工横撑或锚杆，尽量缩短基坑无支撑暴露时间。

横撑、锚杆施工的工艺流程，质量监控要点，施工前准备，施工中应控制内容，施工完成后的验收等，详见本书相关章节。

在横撑施工方案中，应考虑并预留机械吊入、吊出的空间，机械坑内停放位置等。

（3）开挖出的土方不应堆在基坑边缘，确实需要的，在施工过程中基坑边堆置土方不应超过设计荷载，挖方时不应碰撞或损伤支护结构、降水设施。

（4）存土点不得选在建筑物、地下管线和架空线附近，基坑两侧 10m 范围内不得存土。在已回填的隧道结构顶部存土时，应核算沉降量后确定堆土高度。

（5）土方工程施工，应经常测量和校核开挖作业面的平面位置、水平标高和边坡坡度。有支护的基坑土方开挖时，开挖面应按设计要求的坡度临时放坡，设计未要求的,可参照现行国家标准《建筑地基基础工程施工质量验收标准》GB 50202—2018的规定执行,见表4-5。

临时性挖方边坡坡率允许值　　　　　　　　　　　　　表4-5

土的类别		边坡坡率（高:宽）
砂土（不包括细砂、粉砂）		1:1.25～1:1.50
一般黏性土	坚硬	1:0.75～1:1.00
	硬塑、可塑	1:1.00～1:1.25
	软塑	1:1.50 或更缓
碎石类土	充填坚硬、硬塑黏性土	1:0.50～1:1.00
	充填砂土	1:1.00～1:1.50

（6）基坑开挖接近基底200mm时,应配合人工清底,不得超挖或扰动基底土。应注意的是,当机械在基坑内开挖并利用通风道或车站出入口等做运输马道时,不得损坏地基原状土。

（7）基坑开挖至设计标高后,应对坑底进行保护,经验槽合格后,及时进行垫层施工。对特大型基坑,宜分区分块挖至设计标高,分区分块及时浇筑垫层。必要时,可加强垫层。

（8）基底验槽应由勘察、设计、施工、监理、建设单位共同进行,重点检查基底土质与岩土勘察报告、设计文件中相应土质的符合性、打钎情况、基底几何尺寸及承载力情况,并按试验计划进行相应试验检测。

基底应平整压实,其允许偏差为:高程+10mm,-20mm;平整度20mm,并在1m范围内不得多于1处。

（9）基底超挖、扰动、受冻、水浸或发现异物、杂土、淤泥、土质松软及软硬不均等现象时,应做好记录,并会同有关单位研究处理。

（10）基坑开挖期间,应按设计要求对支护结构及支撑系统、排降水系统、边坡、管线、运输便桥、建（构）筑物及周围环境进行观察和监测,如出现异常情况应及时处理,待恢复正常后方可继续施工。

基坑开挖期间的观察、监测内容,应按设计要求执行,具体做法及监控要点详见本书相关章节内容。基坑土方工程的施工及验收,必须高度重视监测工作,有效控制支护结构及地面的变形,以确保支护结构安全和周围环境安全。对于变形控制,当设计有指标时,以设计要求为依据,如无设计指标时应按现行国家标准《建筑地基基础工程施工质量验收标准》GB 50202—2018的规定执行,见表4-6。

基坑变形的监控值　　　　　　　　　　　　　　　　　　　　表 4-6

基坑类别	围护结构墙顶位移监控值（cm）	围护结构墙体最大位移监控值（cm）	地面最大沉降监控值（cm）
一级基坑	3	5	3
二级基坑	6	8	6
三级基坑	8	10	10

（11）基坑开挖期间，应安排监理人员进行定期和不定期的巡视检查，巡查重点可参见表 4-7。

土方开挖日常巡视检查记录　　　　　　　　　　　　　　　　　表 4-7

序号	检查项目	检查频次	检查内容及工作标准	检查结果
1	基坑支护	每日	①基坑（含深度较大的沟、槽）是否按设计要求采取支护措施	
			②自然放坡率是否符合专项施工方案和规范要求	
			③支护锚杆/索是否进行拉拔试验，或试验不合格是否进行有效处理	
			④基坑支护是否及时	
			⑤钢支撑支护体系（含围檩）的架设、连接、防滑移、防坠落、预加应力等是否违反设计或方案要求	
2	降排水	每日	①降水效果是否满足安全作业或工程周边环境保护的要求	
			②深基坑降水引发邻近建（构）筑物等工程周边环境过量变形，是否及时采取措施	
			③降水井施做是否符合设计或施工方案要求	
			④降水井损坏后影响降水效果是否及时修复或增补	
			⑤基坑边沿周围地面是否设置排水沟，设置是否符合规范要求	
			⑥放坡开挖是否对坡顶、坡面、坡脚采取降排水措施	
			⑦基坑底积水浸泡是否采取有效措施或出现涌水（砂）	
3	坑边荷载	每日	①弃土、料具堆放距坑边距离或堆放高度是否符合相关规定	
			②基坑周边堆载是否超过设计允许值	
			③机械设备与坑边距离是否符合规范、设计要求	
4	上下通道	每日	①人员上下基坑是否有专用通道	
			②车站主体基坑专用通道是否少于两处（应不少于两处）	
			③设置的通道是否符合要求	
5	土方开挖	每日	①基坑开挖前是否对围护结构进行检测或检测不合格	
			②钢支撑投入使用前是否经过验收合格，或开挖时混凝土支撑强度是否达到设计要求	

续表

序号	检查项目	检查频次	检查内容及工作标准	检查结果
5	土方开挖	每日	③开挖过程中，围护结构是否有漏砂、漏水，是否采取有效措施处理	
			④施工机械进场是否按规定进行验收	
			⑤挖土机作业半径范围内是否采取警示或人员监护等防止其他人员进入的措施	
			⑥挖土机作业停机位置是否牢固、是否安全	
			⑦施工机械是否存在碰撞、损伤支护结构、工程桩，影响结构安全	
			⑧土方开挖是否按开挖方案执行	
			⑨是否按设计和施工方案的要求分层、分段开挖或开挖不均衡	
			⑩采用垂直（挖）出土方式的，是否符合相关安全要求	
			⑪开挖纵坡控制是否符合方案要求	
6	支撑拆除	1次	①拆除支撑结构或换撑是否符合设计或方案要求（包括混凝土撑强度条件、拆撑换撑顺序、预加力卸载程序等）	
			②机械拆除作业时，施工载荷是否大于支撑结构承载能力	
			③人工拆除作业是否按规定设置防护设施	
			④采用非常规拆除方式时是否符有关规范标准	
7	附属结构	1次	当出入口、风亭等附属结构的基坑（竖井）周边存在地下雨（污）水干管（暗渠）时，在基坑对应的主体墙未完成前破除出入口基坑与车站之间的围护结构	
8	基坑监测	按设计频率		基坑监测专项检查表
9	作业环境	作业环境	①基坑内土方机械、施工人员的安全距离是否符合规范要求	
			②上下垂直作业是否采取有效防护措施	
			③是否按规定设置足够照明	
			④基坑周边、坑壁或支撑体系上是否存在坠物隐患	
			⑤是否存在人员在无临边防护的支撑上行走，或支撑上堆放物料	
			⑥明挖基坑上方需原位保护管线是否采用保护措施	
			⑦基坑边是否设置挡水坎	

评价意见：

检查人员：   检查日期：

2）基坑土方回填

（1）检查回填土料来源及质量，应与选定的土源一致，回填土为黏性土或砂质土时，应在最佳含水量下填筑，如含水量偏大应翻松晾干或加干土拌匀；如含水量偏低，应洒水湿润，并增加压实遍数或使用重型压实机械碾压；回填料为碎石类土时，回填或碾压前应洒水湿润。

（2）检查土方回填的顺序、方法，必须与经批准的施工方案相一致，并应做到：基坑回填应分层、水平压实；隧道结构两侧应水平、对称同时压实；基坑回填高程不一致时，应从低处逐层填压；基坑分段回填接茬处，已填土坡应挖台阶，其宽度不得小于1m，高度不得大于0.5m。

（3）基坑回填时，机械或机具不得碰撞隧道结构及防水保护层。隧道结构两侧和顶部500mm范围内以及地下管线周围应采用人工使用小型机具夯填。

（4）基坑回填土采用机械碾压时，搭接宽度不得小于200mm。人工夯填时，夯与夯之间重叠不得小于1/3夯底宽度。

（5）基坑回填碾压过程中，应取样检查回填土密实度。机械碾压时，每层填土按基坑长度50m或基坑面积为1000m^2时取一组；人工夯实时，每层填土按基坑长度25m或基坑面积为500m^2时取一组；每组取样点不得少于6个，其中部和两边各取两个。遇有填料类别和特征明显变化、压实质量可疑处应增加取样点位。基坑回填碾压密实度应满足设计要求，否则应找出不合格原因并落实处理措施，整改合格后才允许回填上层土。

（6）基坑工字钢支护桩地段拆除背板时，应按相关规范规定执行。拆除中如有土体塌落或有孔洞时应认真处理，保证土体密实。

（7）基坑雨期回填施工时，应做好施工方案，并应集中力量，分段施工，取、运、填、平、压各工序连续作业。雨前应及时压完已填土层并将表面压平，做成一定坡势。雨中不得填筑非透水性土质。

（8）冬季不宜进行基坑回填施工。如必须施工时，应做好冬季施工方案，落实可靠的防冻措施。除按常规施工要求外，尚应符合下列规定：

①冻土块填料含量不得大于15%，粒径不得大于150mm，均匀铺填、逐层压实。建筑物、地下管线、道路工程设计高程1m范围内不得回填冻土块；

②每层铺土厚度应比常温施工减少20%～25%，并适当增加压实密实度；

③基坑回填前，应清除回填面上积雪和保温材料；基面压实后立即覆盖保温，必要时可撒盐水；

④集中力量，分段施工，取、运、填、平、压各工序应连续作业；

⑤加强测试，严格控制填料含水量。

4. 土方开挖与回填施工质量检验与分项工程验收

1）基坑土方开挖

（1）检验批施工完成后，承包商填写检验批质量验收记录表报验，附上相关附件资料，监理工程师组织进行现场检查，合格的予以确认并签署验收意见，检验频率按施工准备阶段的划分频次进行。

（2）检验批报验提供的资料应包括：

①《基底换填工程验收记录》《地基基坑（槽）开挖施工检查记录》

②《土方开挖工程检验批质量验收记录表》《报验申请表》

（3）分项工程完成后，承包商填写分项工程验收记录表报验，并附上完整附件资料报监理部审核，符合要求的予以确认并签署验收意见。

（4）分项工程报验提供的资料应包括：

①完整的检查验收记录表及相关附件资料

②《地基N标准贯入试验检测报告》《复合地基载荷试验检测报告》《地基土载荷试验检测报告》

③《土方开挖工程分项工程质量验收记录表》《报验申请表》

2）基坑土方回填

（1）检验批施工完成后，承包商填写检验批质量验收记录表报验，附上相关附件资料，监理工程师组织进行现场检查，合格的予以确认并签署验收意见，检验频率按施工准备阶段的划分频次进行。

（2）检验批报验提供的资料应包括：

①《地基基坑（槽）回填施工检查记录》

②《击实检验报告》《土工试验报告》

③《土方回填工程检验批质量验收记录表》《报验申请表》

（3）分项工程完成后，承包商填写分项工程验收记录表报验，并附上完整附件资料报监理部审核，符合要求的予以确认并签署验收意见。

（4）分项工程报验提供的资料应包括：

①完整的检查验收记录表及相关附件资料

②《土方回填工程分项工程质量验收记录表》《报验申请表》

4.1.2 基坑土方开挖与回填施工旁站监理

1. 土方开挖

土方开挖施工不设置旁站点，但需要对地基承载力试验进行见证检查，检查的内容主要为钎探、标贯、压板、回弹等试验的真实性、准确性。

2. 土方回填

（1）旁站监理检查重点：重点旁站检查铺土厚度、压实遍数、压实设备、边角填土压实程度。

（2）旁站监理记录表可参照表4-8进行设计和填写。

（3）土工试验：见证检查击实、环刀等试验的真实性、准确性。

旁站监理记录表（土方回填） 表4-8

工程名称： 编号：

旁站的关键部位、关键工序					施工单位				
旁站开始时间	年	月	日	时 分	旁站结束时间	年	月	日	时 分

旁站的关键部位、关键工序施工情况：
1. 施工企业现场质检人员到岗：是□ 否□；2. 特殊工种上岗证是否齐全：是□ 否□；
3. 施工机械是否到位：是□ 否□；   4. 土质是否经过检验：是□ 否□

监理情况：

1.基底标高： 2.回填面标高： 3.分层夯实拟定层数： 4.夯实采用的机械形式：	时间	基底是否处理干净	回填前基底标高	回填虚土方量	回填厚度	夯实后基底标高	夯实次数	见证取样组数	平整度	土质不合格车辆次数

主要检查有无影响施工质量行为，包括：
1. 土方回填的顺序、方法是否与经批准的施工方案一致？
2. 土方回填时，机械或机具使用及对既有结构及防水保护层保护是否符合施工方案要求？
3. 采用机械碾压时，搭接宽度是否小于200mm。人工夯填时，夯与夯之间重叠是否小于1/3夯底宽度？
4. 基坑回填碾压过程中，是否按规定频率取样检查回填土密实度？回填碾压密实度是否满足设计要求？未满足设计要求的，是否找出不合格原因并落实处理措施，整改合格后才允许回填上层土？
5. 基坑雨期回填施工时，是否按专项施工方案进行，是否集中力量，分段施工，取、运、填、平、压各工序是否连续作业？是否在雨前及时压完已填土层并将表面压平，做成一定坡势？雨中填筑时，土质是否符合要求？
6. 冬季不宜进行基坑回填施工，如必须施工时，是否严格按冬季施工方案执行，并落实可靠的防冻措施？

旁站监理人员（签字）

年 月 日

4.1.3 基坑土方开挖与回填施工工艺及质量控制流程

基坑土方开挖与回填施工工艺及质量控制流程见图 4-1 和图 4-2。

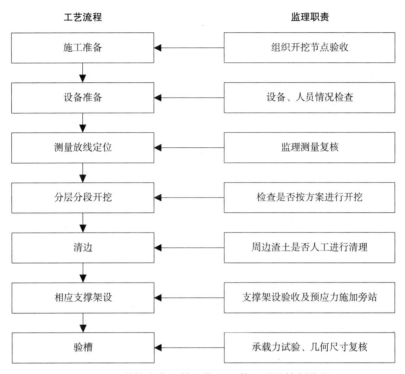

图 4-1 基坑土方开挖工施工工艺及质量控制流程

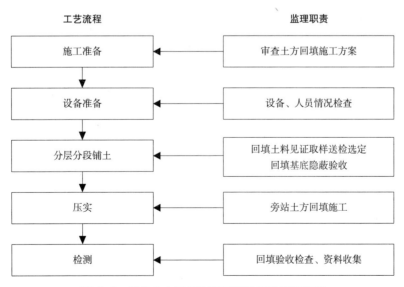

图 4-2 基坑土方回填施工工艺及质量控制流程

4.2 管井降水施工监理控制要点

4.2.1 管井降水施工监理过程控制

1. 管井降水施工质量控制点

管井降水施工质量控制点见表 4-9。

管井降水施工质量控制点 表 4-9

序号	控制点名称	控制事项及检查方法
1	降水井制作	降水井（直径、长度），孔径、孔位；尺量
2	滤水料（碎石、滤网）检查	碎石级配、滤网孔径；目测、尺量
3	井位定位	检查放线测量成果；抽查
4	试抽水	观察水质清澈情况
5	抽水	抽水量与时间关系；时间计量

2. 事前质量控制

1）检查人员资质

（1）要求承包商在进场时提供参加本项目施工人员的名单及相关资质证书，项目监理在检查符合招标文件要求后，进行签字确认并存档。

（2）对现场各级安全教育、技术交底情况进行检查。重点检查项目负责人和专职安全员的安全教育培训证，现场操作工人的安全教育记录，开工前的技术与安全交底记录，以及班前安全讲话记录等。

（3）特种作业人员上岗证报验（如电焊工、电工、起重工等）。

（4）所有施工人员应挂牌上岗。

2）吊装设备报验及临时用电检查

3）对进场原材料检查验收

（1）检查降水井筒材料是否满足现场吊装安装及其他受力要求；滤管材质、尺寸检查是否满足设计要求。

（2）检查滤网是否满足滤水要求。

（3）检查碎石级配是否满足滤水要求；滤料含泥量不大于 3%。

4）审查图纸、施工组织设计或专项施工方案

（1）图纸中降水井施工要点是否清楚，是否满足施工需要。

（2）施工组织设计或专项施工方案中是否有完善的降水内容，是否满足降水施工需要。

5）调查场地环境

（1）排水是否满足工地地质稳定的要求。

（2）场地排水是否顺畅。

3. 事中质量控制

1）施工测量的定位：按照设计图纸和施工方案，确定降水井的位置和数量。

2）降水井筒制作：按照图纸和规范要求，在降水井筒上钻孔或成孔，降水井筒孔隙率不得少于规范要求。滤孔完成后，在降水井筒上包装滤水网。强调的是，在不同地质情况下，使用不同材料的降水井孔隙率各不相同。具体降水井筒孔隙率应该根据基坑涌水量计算，也可以根据类似工程经验取值。但必须经过抽水试验，才能确定最佳孔隙率。一般情况下，降水井筒孔隙率在15%~30%。

3）降水井成孔施工监控：降水井深度 = 基坑深度 + 降水水位距离基坑底要求的深度 + 水力坡度 + 降水期间地下水位变幅 + 过滤器工作长度 + 沉砂管长度。降水井深度一般由设计计算给出。钻井深度比设计深度大0.5~1m，降水井筒与降水井孔之间留有约100~150mm空隙。井深允许误差为-200~+100mm，井径允许误差为±20mm。

4）降水井筒吊装就位：监理工程师应该巡视，保证吊装安全。就位后，井管口高出地面不少于20cm。

5）成井：井管下入后立即在井管及井壁之间填入滤料。回填时，滤料沿井管外四周均匀填入，并保持连续。成孔后及时洗井，直至抽出的井水清洁无污浊。洗井过程中应观测水位及出水量变化情况。孔顶2m范围内用黏土回填夯实。在不同地质情况下，滤料可能不同，其级配应该满足抽水要求。

6）试抽水：在试抽水期间，做好抽水记录，直到水质清澈、水量稳定24h为止。根据试抽水，判断抽水效果是否达到设计要求，否则需要及时与设计沟通，调整降水方案。

7）抽水：基坑内的降水应在基坑开挖前15~30d进行，做到能及时降低基坑中的地下水位。做好抽水记录。及时做好水位观测工作，掌握井内水位的变化情况。降水过程中必须进行环境监测，严格控制地面沉降和周边建筑物的变形。如果周边地面沉降或周边建筑物超过警戒值，可以考虑在周边回灌。

8）降水结束后，及时按照方案实施封井的措施。

9）降水井点系统应设双路电源供电。

10）降水观测孔设置应符合下列规定：

（1）观测孔应沿基坑中心向两侧垂直成排布设，并宜延长至基坑外2~3倍降深长度。

（2）降水基坑为二个以上含水层时，应分层布设。

（3）邻近地表水、地下给排水管道附近的渗漏水层和邻近建筑物时，应增加观测点。

11）降水期间，应对地下水的水位、流量和各类降水设备运转情况进行观测。

12）观测水位时，应在降水前观测初始水位高程，以后定期观测，雨期应增加观测密度。

13）降水抽出的地下水含泥量应符合规定，发现水质混浊时，应分析原因，及时处理。

14）雨期施工时，地面水不得渗漏和流入基坑，遇大雨或暴雨时，必须及时将基坑内积水排除。

4. 事后质量控制

1）滤管加工检查

滤管长度、滤管断面按照设计要求验收。滤孔间距和大小，应该满足规范要求。

2）管井质量检查

管井质量验收标准见表4-10。

管井质量验收标准　　　　表4-10

序号	检查项目	允许值或允许偏差	检查方法
1	排水沟坡度	1~2‰	目测：坑内不积水，沟内排水通畅
2	井管垂直度	≤1%	用铅锤量垂直度
3	井管间距	≤15%	用钢尺量
4	井管插入深度	≤200mm	测绳测量
5	过滤砂砾料填灌	≤5%	检查回填滤料用量
6	粗砂含水层出水含砂量	≤1/50000	试验测定砂水重量比
	中砂含水层出水含砂量	≤1/20000	
	细砂含水层出水含砂量	≤1/10000	

3）滤料下放检查

滤料沿井管外四周均匀填入，并保持连续。实际填料量不小于95%理论计算量。

4）抽水分析

根据抽水记录，分析时间、天气、抽水井位置分别与出水量的关系。

5）环境监测

监测数据标准见表4-11。

6）相关检查表

（1）抽水施工记录表

（2）抽水情况分析表（或图）

监测数据标准　　　　　　　　　　　　　　　表 4-11

序号	监测项目	安全值	警戒值	控制值
1	地面、建（构）筑物沉降测点	10mm	20mm	30mm
2	冠梁、连续墙水平位移及沉降监测点	0.1% 开挖深度	0.2% 开挖深度	0.25% 开挖深度
3	对沉降敏感性高的地下管线沉降观测点 如煤气管	水平向 10mm 竖向 2mm/d	水平向 10mm 竖向 2mm/d	水平向 15mm 竖向 3mm/d
4	对沉降敏感性低的地下管线沉降观测点 如水管	水平向 30mm 竖向 5mm/d	水平向 30mm 竖向 5mm/d	水平向 40mm 竖向 8mm/d
5	水位观测孔	降水不大于 0.5m	降水不大于 0.8m	降水不大于 1m

4.2.2　管井降水施工质量控制流程

管井降水施工质量控制流程见图 4-3。

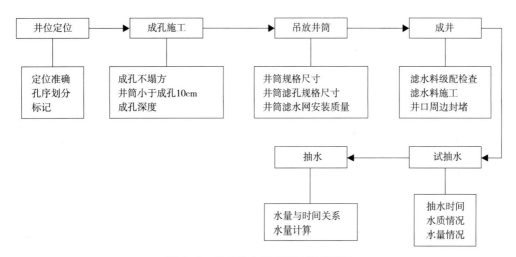

图 4-3　管井降水施工质量控制流程

第 5 章
主体结构施工监理要点

本章执笔：李新明　陈丹莲　卢　琨

5.1 主体结构工程施工监理过程控制

5.1.1 钢筋混凝土主体结构工程施工质量控制点

钢筋混凝土主体结构工程施工质量控制点见表 5-1 至表 5-3。

钢筋工程施工质量控制点　　　　　　　　　　　　　　　　表 5-1

控制点名称	控制内容
施工准备	施工方案审查、检验批划分、钢筋原材料进场检验及验收、施工资质审查
钢筋加工及验收	钢筋外观质量、受力筋的弯钩和弯折、箍筋质量、钢筋调直后的力学性能和重量偏差检验、钢筋加工的形状、尺寸检查
钢筋连接	钢筋连接形式、接头连接工艺检验、焊条、焊剂及钢套筒使用前检查、接头外观检查、接头力学性能检验、接头设置位置及构造要求
钢筋绑扎安装	安装条件、绑扎安装施工过程控制、钢筋安装质量检查、细部节点部位钢筋安装质量

模板工程施工质量控制点　　　　　　　　　　　　　　　　表 5-2

控制点名称	控制内容
施工准备	施工方案审查、检验批划分、钢管及紧固件检验及验收、施工资质审查
支架安装及检查验收	立杆基础；立杆及底座支垫设置质量；横杆、扫地杆、剪刀撑设置质量；扣件紧固度、杆件接长
模板安装及检查验收	主龙骨及次龙骨规格、设置；模板位置、安装质量；预埋件、预留孔安装质量
拆模条件确认及拆模	拆模时间节点确认、避免拆模损坏结构外观质量

混凝土工程施工质量控制点　　　　　　　　　　　　　　　表 5-3

控制点名称	控制内容
施工准备	施工方案审查、检验批划分、原材料检验及验收、配合比审查、施工资质审查、施工条件审查
混凝土施工及验收	混凝土进场验收、下料检查、振捣、浇筑顺序检查、施工缝处理、细部混凝土浇筑、混凝土试件留置、后浇带施工、混凝土养护

5.1.2 事前质量控制

1. 钢筋混凝土主体结构工程施工方案审查：注意审查施工方法、工期策划、资源配置、质量保证、环境保护等内容与设计文件、规范强制性条文的符合性及可操作性，审批流程的完整性。

审查模板方案时，应注意审查模板及其支架设计的针对性，如是否与工程结构形式、荷载大小、地基土类别、施工设备和材料供应等条件相适应，模板及其支架的承载能力、刚度和稳定性是否足够，能否可靠地承受浇筑混凝土的重量、侧压力以及施工荷载，计算参数选取是否合适等。同时应注意审查工艺的合理性，模板系统应构造简单，施工方便，装拆灵活，利于搬运，能满足钢筋安装、绑扎和混凝土灌注等工艺要求，墙、柱（钢管柱除外）模板预留吹扫孔和振捣窗。

根据住房和城乡建设部《危险性较大的分部分项工程安全管理规定》（住建部令37号）规定，危险性较大的混凝土模板支撑工程，承包商应当在工程施工前编制专项方案；对于超过一定规模的危险性较大的混凝土模板支撑工程，承包商应当组织专家对专项方案进行论证。

危险性较大的混凝土模板支撑工程：工程搭设高度5m及以上；搭设跨度10m及以上；施工总荷载10kN/m^{2}及以上；集中线荷载15kN/m^{2}及以上；高度大于支撑水平投影宽度且相对独立无联系构件的混凝土模板支撑工程（广州地区为高支模，指高度大于或等于4.5m的模板及其支架系统）。

超过一定规模的危险性较大的混凝土模板支撑工程：搭设高度8m及以上；搭设跨度18m及以上，施工总荷载15kN/m^{2}及以上；集中线荷载20kN/m^{2}及以上。

监理工程师在审查混凝土模板支撑工程专项方案时，审查重点为：

1）方案内容完整性审查：专项方案应有计算书。计算书应包括施工荷载计算，模板及其支架系统的强度、刚度、稳定性、抗倾覆等方面的验算，支承层承载的验算。

2）材料强度检验：对已重复使用多次的模板、支架材料，应做必要的强度测试，技术方案应以材料强度实测值作为计算依据。

3）支撑体系构造要求审查：对于特殊的工程结构，当模板面非水平面或施工荷载不均衡时，应按整体稳定性和抗倾覆能力计算确定水平拉杆、剪刀撑的设置。

4）支架立杆基础条件审查：必须坚固，按设计计算要求严格控制支架沉降量。立杆的支承面是泥土地面时，应有排水措施，并应在平整、夯实后必须做板压测试，加设满足承载力要求的垫块支承立杆。

5）编审程序审查：程序应符合规定，当工程达到或超过一定规模的危险性较大分部分项工程范围时，必须组织5名及以上的专家组对专项方案进行论证，专家资格须符合规定的要求，并提供论证报告。

2. 分项、检验批划分：钢筋混凝土主体结构工程为分部工程，应根据施工部位、材料种类等，结合规范规定划分分项、检验批，同时取得质量监督机构、相关主管部门认可。

3. 材料检验取样计划制定：应根据施工部位、施工策划等，结合施工验收规范、标准的检验评定方法、工程所在地主管部门要求制定材料检验的取样计划，同时取得质量监督机构、相关主管部门认可，并在工程施工中严格执行取样、检验。一般取样的原则如下：

1）钢筋：原材料热轧钢筋同一规格、同一炉批号不大于60t为一批（热处理钢筋以同一规格、同一热处理方法、同一炉批号不大于60t为一批）；冷拉钢筋同一级别、同一直径不大于20t为一批；冷拔低碳钢丝，甲级逐盘检查，乙级则以同一直径5t为一批，选三盘，每批钢筋取样数量、长度、检验指标按工程所在地主管部门规定执行，但检验指标数量不少于验收规范要求的指标数量。如有一项不合格，则双倍试件复试。

钢筋的力学性能和重量偏差检验结果必须符合有关标准规定，检验的批次和产品的抽样频率符合检验方案要求。对有抗震设防要求的结构，纵向受力钢筋的品种、性能应满足设计要求，钢筋的抗拉强度实测值与屈服强度实测值的比值不应小于1.25，屈服强度实测值与屈服强度标准值的比值不应大于1.30，最大力下总伸长率不应小于9%。

国外进口的钢筋、小厂生产的钢筋须进行化学成分检验，符合有关规定后才能用于工程中；加工过程中发现脆断的钢筋，应取样进行化学成分检验或其他专项检验。

连接接头力学性能检验按同一施工条件、同一批材料、同等级、同型式、同规格接头，焊接接头以300个为一验收批（不足300个也应作为一个验收批），机械连接接头以500个为一个验收批（不足500个也应作为一个验收批）的频率抽取接头试件进行。

2）水泥：按照同一生产厂家、同一等级、同一品种、同一批号且连续进场的水泥，袋装不超过200t为一批；散装不超过500t为一批，每批抽样不少于一次。

3）砂：按同产地同规格分批验收，一般400m^3或600t为一检验批。

4）石：按同产地同规格分批验收，一般400m^3或600t为一检验批。每检验批至少进行颗粒级配、含泥量、泥块含量及针片状颗粒含量检验。

5）模板支撑钢管、扣件，按工程所在地主管部门要求的批量、数量、检验指标等规则取样。

6）混凝土：试件应在灌注地点制作，同一配合比的留置组数一般应符合下列规定：

（1）按浇筑方量取时，抗压试件一般按每100盘，但不超过100m^3的同配合比混凝土，取样次数不应少于一次；或每一工作班拌制的同配合比混凝土，不足100盘和100m^3时其取样次数不应少于一次；或当一次连续浇筑的同配合比混凝土超过1000m^3时，每200m^3取样不应少于一次执行。

（2）按工程部位取时，抗压试件一般按垫层混凝土每灌注一次留置一组；每段结构（不应大于30m长）的底板、中边墙及顶板，车站主体各留置4组，区间及附属建筑物结构各留置 2 组；混凝土柱结构，每灌注 10 根留置一组，一次灌注不足 10 根者，也应留置一组执行。

（3）按浇筑方量取时，抗渗试件一般按连续浇筑混凝土每 500m³ 留置一组抗渗试件（一组为 6 个抗渗试件），且每项工程不得少于两组执行。采用预拌混凝土的抗渗试件，留置组数应视结构的规模和要求而定，一般按每次浇筑不少于一组留置。

（4）按工程部位取时，抗渗试件一般按每段结构（不应大于 30m），车站留置 2 组，区间及附属建筑物各留置一组。

（5）每批混凝土试样应制作的试件总组数，除满足标准规定的混凝土强度评定所必需的组数外，还应留置为检验结构施工阶段混凝土强度（如拆模等）所必需的试件，具体要求参考现行国家标准《混凝土结构工程施工质量验收规范》GB 50204—2015 附录 D。

4. 监理规划、监理细则编审：规划及细则编制时应注意关注编制依据的准确性、监理措施的针对性、规划及细则的可操作性、与公司管理体系及相关规范规定的符合性。

5. 原材料确认及检验：检查钢筋混凝土主体结构采用的原材料、制品和配件等，应符合设计要求，材料生产许可证、出厂合格证等质保资料齐全，按要求见证送检，检验符合要求后方可使用。

6. 拌合物配比审查：审查混凝土配合比，拌合物成分和调制配比应符合设计要求并通过试验确定。

7. 施工资质审查：管理人员应持有建设行政主管部门颁发的执业资格证书，关键岗位人员应符合合同要求。特殊工种作业人员资质满足规定要求，且已对管理层、作业层进行安全技术交底。

5.1.3 事中质量控制

1. 钢筋工程

1）钢筋加工质量检查

（1）进场时、使用前全数检查外观：钢筋应平直、无损伤和局部缩颈，表面不得有裂纹、油污、颗粒状或片状老锈。卡尺量测直径，钢筋直径必须符合要求。否则应按方案或召集设计等相关方会商处理。

（2）受力钢筋的弯钩和弯折检查：钢筋末端应做弯钩的，应采用钢尺等检查弯钩角度、弯弧内径（弯曲机中心桩直径）、平直段长度，检查频率为每工作班同一类型钢筋、同一加工设备抽查不应少于 3 件。

弯钩角度、平直段长度应符合设计要求，其中 HPB235、HPB300 级钢筋 180° 弯弧内直径不应小于钢筋直径的 2.5 倍，弯钩的弯后平直部分长度不应小于钢筋直径的 3 倍；HRB335、HRB400 级钢筋的 135° 弯弧内直径不应小于钢筋直径的 4 倍，弯钩的弯后平直部分长度应符合设计要求；钢筋做不大于 90° 的弯折时，弯折处的弯弧内直径不应小于钢筋直径的5倍。

（3）箍筋质量检查：除焊接封闭环式箍筋外，箍筋的末端应做弯钩，弯钩形式、平直段长度应符合设计要求；检查频率为每工作班同一类型钢筋、同一加工设备抽查不应少于3件。

箍筋弯钩的弯弧内直径除应满足受力钢筋弯弧规定外，尚应不小于受力钢筋直径；箍筋弯钩的弯折角度，一般结构不应小于90°，有抗震等要求的结构，应为135°。箍筋弯后平直部分长度，一般结构不小于箍筋直径的5倍，有抗震等要求的结构不小于箍筋直径的10倍。

（4）钢筋调直后应进行力学性能和重量偏差的检验：采用有延伸功能方法调直钢筋的，应控制延伸率，且须进行力学性能和重量偏差检验，检验频率及数量按同一厂家、同一牌号、同一规格调直钢筋，重量不大于30t为一批，每批见证取样3个试件进行检验。其强度、重量偏差应符合有关标准的规定。

采用无延伸功能的机械设备调直的钢筋，可不进行本条规定的力学性能和重量偏差的检验。

（5）钢筋加工的形状、尺寸检查：钢筋加工过程中及完成后，应按每工作班同一类型钢筋、同一加工设备抽查不应少于3件的频率，用钢尺检查钢筋半成品的质量，其形状、尺寸应符合设计要求。钢筋加工各尺寸的允许偏差值应符合相关规范（表5-4和表5-5）。

《混凝土结构工程施工质量验收规范》GB 50204—2015。

钢筋加工的允许偏差　　　　　表5-4

项目	允许偏差（mm）
受力钢筋顺长度方向全长的净尺寸	±10
弯起钢筋的弯折位置	±20
箍筋内净尺寸	±5

《地下铁道工程施工质量验收标准》GB 50299—2018。

钢筋加工允许偏差值　　　　　表5-5

项目		允许偏差（mm）
调直后局部弯曲		$d/4$
受力钢筋顺长度方向全长尺寸		±10
弯起成型钢筋	弯起点位置	±10
	弯起高度	0～−10
	弯起角度	2°
	钢筋宽度	±10
箍筋宽和高		+5～−10

注：d为钢筋直径。

2）钢筋连接质量检查

（1）钢筋连接形式检查：施工现场全数检查钢筋连接方式，接头形式必须符合设计要求。

（2）接头连接工艺检验：钢筋连接工程开始前，应对不同钢筋生产厂的进场钢筋进行接头工艺检验，施工过程中，更换钢筋生产厂时，应补充进行工艺检验。

工艺检验要求为：每种规格钢筋的接头试件不应少于3根；每根试件的抗拉强度和3根接头试件的残余变形的平均值均应符合相应的钢筋连接技术规程规定；接头试件抗拉强度满足设计要求。第一次工艺检验中1根试件抗拉强度或3根试件的残余变形平均值不合格时，允许再抽3根试件进行复检，复检仍不合格时判为工艺检验不合格。

（3）焊条、焊剂及钢套筒使用前检查：检查焊条、焊剂及钢套筒的产品出厂质量证明书和试验报告，应齐全完整，且材质、规格型号满足设计要求，焊条、焊剂使用时必须烘培干燥。

（4）接头外观检查：

①焊接接头施焊工艺应与工艺检验一致，焊渣必须随焊随敲干净，检查不合格者必须返工重焊后进行二次验收。除电焊外，其余焊接接头处弯折均不大于4°，其余检查标准为：

a. 电阻点焊焊点普遍检查，骨架或板伸入支座范围内的点焊无漏焊、开焊，点焊必须牢固，焊点处溶化金属均匀，无裂纹、多孔性缺陷及烧伤。

b. 闪光对焊接头普遍检查，钢筋轴线位移不大于$0.1d$，且不大于2mm，无横向裂纹和烧伤，焊包均匀，焊后接头毛刺打光。

c. 电弧焊接头普遍检查，帮条沿接头中心线的纵向位移不大于$0.5d$，钢筋轴线位移不大于$0.1d$且不大于3mm，焊缝厚度不小于$0.05d$，宽度不小于$0.1d$，长度不小于$0.5d$，一般双面焊焊缝长度$5d$，单面焊焊缝长度为$10d$，焊缝厚度应不小于$0.3d$，焊缝表面平顺无凹焊瘤，接头处无裂纹、气孔，夹渣及咬边深度不大于0.5mm。

d. 电渣压力焊接头逐个检查，钢筋轴线位移不大于$0.1d$且不大于2mm。焊包均匀、饱满光滑，无裂痕塌陷、咬边、夹渣及咬伤。

e. 预埋件电弧埋弧焊接头普遍检查焊包均匀钢筋无烧伤、咬边，钢板无烧穿、凹陷现象。

②机械连接接头现场加工的，加工钢筋接头的操作工人应经专业技术人员培训合格后才能上岗，人员应相对稳定，而且钢筋接头加工应经工艺检验合格后才能进行。机械连接接头加工、安装检查标准为：

a. 直螺纹接头的钢筋端部应切平或镦平后加工螺纹，镦粗头不得有与钢筋轴线相垂直的横向裂纹，钢筋丝头长度应满足企业标准中产品设计要求，公差应为 $0 \sim 2.0p$（p

为螺距)，钢筋丝头宜满足6f级精度要求，应用专用直螺纹量规检验，通规能顺利旋入并达到要求的拧入长度，止规旋入不得超过3p。抽检数量10%，检验合格率不应小于95%。

b. 锥螺纹接头钢筋端部不得有影响螺纹加工的局部弯曲，钢筋丝头长度应满足设计要求，使拧紧后的钢筋丝头不得相互接触，丝头加工长度公差应为 −1.5p ~ −0.5p。钢筋丝头的锥度和螺距应使用专用锥螺纹量规检验，抽检数量10%，检验合格率不应小于95%。

c. 直螺纹钢筋接头安装接头时可用管钳扳手拧紧，应使钢筋丝头在套筒中央位置相互顶紧，标准型接头安装后的外露螺纹不宜超过2p。安装后应用准确度级别为10级的扭力扳手校核拧紧扭矩，拧紧扭矩值应符合现行行业标准《钢筋机械连接技术规程》JGJ 107—2016 表 6.2.1 "直螺纹接头安装时最小拧紧扭矩值"的规定，拧紧扭矩视钢筋直径不同，拧紧扭矩值为 100 ~ 360N·m。

d. 锥螺纹钢筋接头安装时应严格保证钢筋与连接套的规格相一致，安装时应用扭力扳手拧紧，拧紧扭矩值应符合《钢筋机械连接技术规程》JGJ 107—2016 表 6.2.2 "锥螺纹接头安装时最小拧紧扭矩值"的规定，拧紧扭矩视钢筋直径不同，拧紧扭矩值为 100 ~ 360N·m。安装后应用准确度级别为5级的扭力扳手校核拧紧扭矩，校核用扭力扳手与安装用扭力扳手应区分使用，校核用扭力扳手应每年校核1次。

e. 套筒挤压钢筋接头的钢筋端部不得有局部弯曲，不得有严重锈蚀和附着物，钢筋端部应有检查插入套筒深度的明显标记，钢筋端头离套筒长度中点不宜超过10mm。

挤压应从套筒中央开始，依次向两端挤压，压痕直径的波动范围应控制在供应商认定的允许波动范围内，并提供专用量规进行检验，挤压后的套筒不得有肉眼可见裂纹。

（5）接头力学性能检验：对接头的每一验收批，必须在工程结构中随机抽取3个接头试件做抗拉强度试验，按设计要求的接头等级进行评定。当3个接头试件的抗拉强度均符合相应等级的强度要求时，该验收批应评为合格。如有1个试件的抗拉强度不符合要求，应再取6个试件进行复检。复检中如仍有1个试件的抗拉强度不符合要求，则该验收批应评为不合格。对抽检不合格的接头验收批，应由建设方会同设计等有关方面研究后提出处理方案。

现场截取抽样试件后，原接头位置的钢筋可采用同等规格的钢筋进行搭接连接，或采用焊接及机械连接方法补接。

（6）接头设置检查：侧重检查钢筋接头设置的位置、接头面积百分率等，检查的具体标准如下：

①接头宜设置在受力较小处，同一纵向受力钢筋不宜设置两个或两个以上接头。接头末端至钢筋弯起点的距离不应小于钢筋直径的10倍，用钢尺全数观察检查。

②受力钢筋采用机构连接接头或焊接接头时，设置在同一构件内的接头宜相互错开，同一连接区段内，纵向受力钢筋的接头面积百分率应符合设计要求；当设计无具体要求时，在受拉区不宜大于50%。

接头不宜设置在有抗震设防要求的框架梁端、柱端的箍筋加密区；当无法避开时，对等强度高质量机械连接接头，不应大于50%。

直接承受动力荷载的结构构件中，不宜采用焊接接头；当采用机构连接接头时，不应大于50%。

检查频率及数量为：在同一检验批内，对梁、柱和独立基础，应抽查构件数量的10%，且不少于3件；对墙和板，应按有代表性的自然间抽查10%，且不少于3件；对大空间结构，墙可按相邻轴线间高度5m左右划分检查面，板可按纵横轴线划分检查面，抽查10%，且均不少于3面，用钢尺检查。

③受力钢筋采用绑扎搭接接头时，设置在同一构件中相邻的纵向受力钢筋接头宜相互错开，最小搭接长度应满足设计要求，绑扎搭接接头中钢筋的横向净距不应小于钢筋直径，且不应小于25mm。

同一连接区段内，纵向受拉钢筋搭接接头面积百分率应符合设计要求；当设计无具体要求时，梁类、板类及墙类构件，不宜大于25%；柱类构件，不宜大于50%；当工程中确有必要增大接头面积百分率时，对梁类构件，不应大于50%；对其他构件，可根据实际情况放宽。

检查频率及数量为：在同一检验批中，对梁、柱和独立基础，应抽查构件数量的10%，且不少于3件；对墙和板，应按有代表性的自然间抽查10%，且不少于3件；对大空间结构，墙可按相邻轴线间高度5m左右划分检查面，板可按纵、横轴线划分检查面，抽查10%，且均不少于3面，用钢尺检查。

④在梁、柱类构件的纵向受力钢筋搭接长度范围内，应按设计要求配置箍筋。当设计无具体要求时，箍筋直径不应小于搭接钢筋较大直径的0.25倍；受拉搭接区段的箍筋间距不应大于搭接钢筋较小直径的5倍，且不应大于100mm；受压搭接区段的箍筋间距不应大于搭接钢筋较小直径的10倍，且不应大于200mm；当柱中纵向受力钢筋直径大于25mm时，应在搭接接头两个端面外100mm范围内各设置两个箍筋，其间距宜为50mm。

检查频率及数量为：在同一检验批内，对梁、柱和独立基础，应抽查构件数量的10%，且不少于3件；对墙和板，应按有代表性的自然间抽查10%，且不少于3件；对大空间结构，墙可按相邻轴线间高度5m左右划分检查面，板可按纵、横轴线划分检查面，抽查10%，且均不少于3面，用钢尺检查。

3）钢筋安装质量检查

（1）安装条件检查：钢筋绑扎前应清点数量、类别、型号、直径，应满足设计要求，当钢筋的品种、级别或规格需作变更时,应办理设计变更文件;锈蚀严重的钢筋应除锈,弯曲变形钢筋应校正;清理结构内杂物,调直施工缝处钢筋;检查结构位置、高程和模板支立情况,测放钢筋位置后方可进行绑扎。

(2)注重施工过程控制:钢筋绑扎过程中,监理工程师及承包商质检员、施工员应对照施工图纸,经常在现场检查绑扎质量,发现问题及时指出、整改,避免大面积的返工。

(3)钢筋安装质量检查:钢筋安装质量检查应着重检查钢筋安装的位置、间距及数量、保护层支垫、钢筋交叉点绑扎、箍筋弯钩叠合处设置、特殊部位绑扎要求等内容。

①钢筋安装的位置、排放顺序应该正确,并符合设计要求,尤其注意检查底板或悬挑结构主筋和分布筋的位置,方向不能放反;结构不在同一高程或坡度较大时,必须自下而上进行绑扎,必要时应增设适当固定点或加设支撑。

②钢筋绑扎应用同强度等级砂浆垫块或塑料卡支垫,支垫间距应符合设计要求,一般为1m左右,并按行列式或交错式摆放,垫块或塑料卡与钢筋应固定牢固。

③钢筋绑扎搭接长度应满足设计要求,钢筋搭接接头的中间和两端共绑扎三处,并必须单独绑扎后,再和交叉钢筋绑扎;主筋和分布筋的绑扎,除变形缝处2~3列骨架全部绑扎外,其他可交叉绑扎;主筋之间或双向受力钢筋交叉点应全部绑扎;单肢箍筋和双肢箍筋拐角处与主筋交叉点应全部绑扎,双肢箍筋平直部分与主筋交叉点可交叉绑扎;墙、柱立筋与底板水平主筋交叉点必须绑扎牢固,如悬臂较长时,交叉点必须焊牢,必要时应加支撑;钢筋网片除外围两行钢筋交叉点全部绑扎外,中间部分交叉点可相隔交错绑扎牢固。

④注意检查柱或暗柱主筋或墙板主筋之间的间距、纵横墙板或壁板相交处主筋之间的间距和墙下外挑板转角处的钢筋间距,不得少放钢筋。

⑤箍筋位置应正确并垂直主筋。双肢箍筋弯钩叠合处,应沿受力方向错开设置,单肢箍筋可按行列式或交错式排列。

⑥预埋件、预留孔洞的位置正确,固定可靠;预埋管道和预留孔洞处钢筋割断后,应按设计和规范要求进行加强处理;另外应注意割断的钢筋与预埋管点焊牢固或钢筋弯或直角与埋管焊牢,预埋铁件的锚固符合设计和规范要求;梁有集中力的处理,必须符合设计要求。

⑦钢筋绑扎必须牢固稳定,不得变形松脱和开焊。变形缝处主筋和分布筋均不得触及止水带和填缝板,混凝土保护层、钢筋级别、直径、数量、间距、位置等应符合设计要求。预埋件固定应牢固、位置正确。

(4)钢筋安装位置的允许偏差见表5-6和表5-7。

《混凝土结构工程施工质量验收规范》GB 50204—2015

钢筋安装位置的允许偏差和检验方法　　　　　表5-6

项目			允许偏差（mm）	检验方法
绑扎钢筋网	长、宽		±10	钢尺检查
	网眼尺寸		±20	钢尺量连续三档，取最大值
绑扎钢筋骨架	长		±10	钢尺检查
	宽、高		±5	钢尺检查
受力钢筋	间距		±10	钢尺量两端、中间各一点，取最大值
	排距		±5	
	保护层厚度	基础	±10	钢尺检查
		柱、梁	±5	钢尺检查
		板、墙、壳	±3	钢尺检查
绑扎箍筋、横向钢筋间距			±20	钢尺量连续三档，取最大值
钢筋弯起点位置			20	钢尺检查
预埋件	中心线位置		5	钢尺检查
	水平高差		+3，0	钢尺和塞尺检查

注：1. 检查预埋件中心线位置时，应沿纵、横两个方向量测，并取其中的较大值。
2. 表中梁类、板类构件上部纵向受力钢筋保护层厚度的合格点率应达到90%及以上，且不得有超过表中数值1.5倍的尺寸偏差。

《地下铁道工程施工质量验收标准》GB 50299—2018

钢筋绑扎位置允许偏差值　　　　　表5-7

项目		允许偏差（mm）
箍筋间距		±10
主筋间距	列间距	±10
	层间距	±5
钢筋弯起点位移		±10
受力钢筋保护层		±5
预埋件	中心线位移	±10
	水平及高程	±5

2. 模板工程

1）施工条件及原材料质量核查：对照设计图纸，检查验收测量控制基线、主要的细部尺寸，应满足设计及规范规定；对照模板施工方案现场检查支架、扣件、模板、枋木等，材料的规格、形状、表面质量等应与方案策划相同并满足相关规定要求，对已重复使用多次的模板、支架材料已做必要的强度测试。

2）支架立杆基础条件核查：立杆基础必须满足模板方案要求，立杆的支承面是泥土地面时，已平整、夯实并经板压测试满足要求，加设满足承载力要求的垫块以支承立杆，且已设置有效排水措施。

3）支架搭设、模板安装过程检查：按模板施工方案，现场对照检查施工过程，检查标准为：

（1）过程检查点：立杆间距、垂直度、底座支垫；横杆间距、步距，扫地杆高度；水平及竖向剪刀撑设置范围、角度；扣件紧固程度、杆件接长方式；主龙骨及次龙骨规格、数量、放置位置、放置顺序、支撑点位置；模板位置、尺寸、固定、接缝、相交板间迭合顺序；底板及顶板腋角的模板架设；洞门模板的架设；各检查点质量应符合方案要求。

（2）垫层混凝土模板支立应平顺，位置正确。其允许偏差为：高程 −20~10mm；宽度以中线为准，左右各 ±20mm；变形缝不直顺度在全长范围内不得大于 1‰；里程 ±20mm。

（3）底板结构先贴防水层的保护墙应支撑牢固，结构梗斜和底梁模板支立位置应正确、牢固、平整。

（4）顶板结构应先支立支架后铺设模板，并预留 10~30mm 沉落量，顶板结构模板允许偏差为：设计高程加预留沉落量 −20~10mm；中线 ±10mm；宽度 −10~15mm。

对跨度不小于 4m 的现浇钢筋混凝土梁、板，其模板应按设计要求起拱；当设计无具体要求时，起拱高度宜为跨度的 1/1000~3/1000。

检查数量：在同一检验批内，对梁，抽查构件数量的 10%，且不少于 3 件；对板，按有代表性的自然间抽查 10%，且不少于 3 件；对大空间结构，板按纵、横轴线划分检查面，抽查 10%，且不少于 3 面。

（5）墙体结构应根据放线位置分层支立模板，内模板与顶模板连接好并调整净空合格后固定；外侧模板应在钢筋绑扎完后支立。模板支立允许偏差为：垂直度 2‰；平面位置 ±10mm。

（6）钢筋混凝土柱的模板应自下而上分层支立，支撑应牢固，允许偏差为：垂直度 1‰；平面位置，顺线路方向 ±20mm，垂直线路方向 ±10mm。另外，应注意的是，钢管柱柱顶高程允许偏差为 0~10mm。

（7）结构变形缝处的端头模板应钉填缝板，填缝板与嵌入式止水带中心线应和变形缝中心线重合，并用模板固定牢固，止水带不得穿孔或用铁钉固定。端头模板支立允许偏差为：平面位置 ±10mm，垂直度 2‰。

结构留置垂直施工缝时，端头必须安放模板，如设置止水带，除端头模板不设填缝板外，其他要求同上。

（8）区间结构采用模板台车施工时，应按专门制定的相应技术规定执行。

（9）安装现浇结构的上层模板及其支架时，应注意对照模板设计文件和施工技术方案检查，下层模板应具有承受上层荷载的承载能力，或加设支架；上、下层支架的立柱应对准，并铺设垫板。

（10）模板安装时，应对模板及其支架进行观察和维护，无关人员不得进入支模底下，并应督促承包商安排安全员在现场监护，发生异常情况时，应按施工技术方案及时进行处理。

（11）底板腋角、顶板腋角等特殊部位的模板架设，应重点检查模板角度、模板的固定措施及可靠性，模板角度、腋角的宽度、高度应符合设计要求，固定措施应能保证浇筑混凝土时不变形。

（12）洞门模板的架设，应重点关注洞门的中心位置、洞门净空尺寸满足设计要求，模板支架及模板的强度、刚度满足施工方案要求，模板的安装质量符合检验评定标准的要求，并在模板全封闭前确认各种预埋件等已检验合格。

（13）模板支立前，应将模板表面清理干净并涂刷隔离剂，涂刷模板隔离剂时应注意不得沾污钢筋和混凝土接槎处。模板铺设应牢固、平整、接缝严密不漏浆，相邻两块模板接缝高低差不应大于2mm。支架系统连接应牢固稳定。

（14）模板应采用拉杆螺栓固定，两端应加垫块，拆模后其垫块孔应用膨胀水泥砂浆堵塞严密。

4）预埋件、预留孔安装质量检查：固定在模板上的预埋件、预留孔和预留洞均不得遗漏，且应安装牢固，其偏差应符合表5-8所示相关规定。

预埋件和预留孔洞的允许偏差 表5-8

项目		允许偏差（mm）
预埋钢板中心线位置		3
预埋管、预留孔中心线位置		3
插筋	中心线位置	5
	外露长度	+10, 0
预埋螺栓	中心线位置	2
	外露长度	+10, 0
预留洞	中心线位置	10
	尺寸	+10, 0

注：检查中心线位置时，应沿纵、横两个方向量测，并取其中的较大值。

检查数量：在同一检验批内，对梁、柱和独立基础，应抽查构件数量的10%，且不少于3件；对墙和板，应按有代表性的自然间抽查10%，且不少于3件；对大空间结构，墙可按相邻轴线间高度5m左右划分检查面，板可按纵横轴线划分检查面，抽查 10%，且均不少于 3 面。

5）模板安装质量检查：

（1）模板的接缝不应漏浆；在浇筑混凝土前，木模板应浇水湿润，但模板内不应有积水。

（2）模板与混凝土的接触面应清理干净并涂刷隔离剂，但不得采用影响结构性能或妨碍装饰工程施工的隔离剂。

（3）浇筑混凝土前，模板内的杂物应清理干净。

（4）对清水混凝土工程及装饰混凝土工程，应使用能达到设计效果的模板。

（5）现浇结构模板安装的偏差应符合表 5-9 所示相关规定。

现浇结构模板安装的允许偏差及检验方法 表 5-9

项目		允许偏差（mm）	检验方法
轴线位置		5	钢尺检查
底模上表面标高		±5	水准仪或拉线、钢尺检查
截面内部尺寸	基础	±10	钢尺检查
	柱、墙、梁	±5	钢尺检查
层高垂直度	不大于 5m	6	经纬仪或吊线、钢尺检查
	大于 5m	8	经纬仪或吊线、钢尺检查
相邻两板表面高低差		2	钢尺检查
表面平整度		5	2m 靠尺和塞尺检查

注：检查轴线位置时，应沿纵、横两个方向量测，并取其中的较大值。

检查数量：在同一检验批内，对梁、柱和独立基础，应抽查构件数量的 10%，且不少于 3 件；对墙和板，应按有代表性的自然间抽查 10%，且不少于 3 件；对大空间结构，墙可按相邻轴线间高度 5m 左右划分检查面，板可按纵、横轴线划分检查面，抽查 10%，且均不少于 3 面。

6）模板拆除检查：

（1）拆除顺序检查：模板及其支架拆除的顺序及安全措施应按施工技术方案执行，一般应后支的先拆，先支的后拆，先拆除非承重部分，后拆除承重部分。

（2）拆模时间检查：模板拆除时，结构混凝土的强度应满足设计要求，设计无明确要求时，可按下述规定执行：

《混凝土结构工程施工质量验收规范》GB 50204—2015 第 4.3.1 条底模及其支架拆除时的混凝土强度应符合设计要求；当设计无具体要求时，混凝土强度应符合表 5-10 所示的规定。

底模拆除时的混凝土强度要求　　　　　　　　　表 5-10

构件类型	构件跨度（m）	达到设计的混凝土立方体抗压强度标准值的百分率（%）
板	≤ 2	≥ 50
	> 2，≤ 8	≥ 75
	> 8	≥ 100
梁、拱、壳	≤ 8	≥ 75
	> 8	≥ 100
悬臂构件	—	≥ 100

《混凝土结构工程施工质量验收规范》GB 50204—2015 第 4.3.4 条侧模拆除时的混凝土强度应能保证其表面及棱角不受损伤。

《地下铁道工程施工施工标准》GB/T 51310—2018 第 8.7.12 条不承重侧墙模板，在混凝土强度达到 2.5MPa 时即可拆除；承重结构顶板和梁，跨度在 2m 及其以下的强度达到 50%、跨度在 2~8m 的强度达到 70%、跨度在 8m 以上的强度达到 100% 时方可拆除。

（3）预应力构件模板拆除：对后张法预应力混凝土结构构件，侧模宜在预应力张拉前拆除；底模支架的拆除应按施工技术方案执行，当无具体要求时，不应在结构构件建立预应力前拆除。

（4）施工缝、后浇带底模拆除：施工缝所在跨的混凝土未全部浇筑完之前，梁底模及支撑不得拆除，后浇带模板的拆除和支顶应按施工技术方案执行。

（5）模板拆除时，不应对楼层形成冲击荷载，拆除的模板和支架宜分散堆放并及时清运。已拆除模板及其支架的结构，在混凝土强度符合设计混凝土强度等级后，方可承受全部使用荷载；施工中不得超载使用，严禁集中堆放过重的建筑材料。

（6）模板及支架拆除期间，无关人员不得进入支模底下，并由安全员在现场监护。

（7）防水混凝土墙壁的对拉螺栓，将两端的垫块凿除，并割去露出的螺栓后报监理验收并签字，再用高强度等级防水砂浆或膨胀水泥砂浆堵塞严密补密实，并进行养护，如有渗漏重新修补。

3. 混凝土工程

1）施工条件检查确认：

（1）混凝土灌注前应对模板、钢筋、预埋件、端头止水带、外墙固定模板螺栓的防水措施等进行检查，清除模板内杂物，隐检合格并已完成隐蔽验收手续办理。

（2）检查承包商技术管理人员、施工管理人员、作业人员、机械设备、照明设施、防止暴晒和雨淋措施、应急物资等是否到位并满足施工方案、施工要求。

（3）混凝土浇筑及凝固期，督促承包商必须对支撑系统和浇筑物进行沉降、变形监测，无关人员不得进入支模底下，并由安全员在现场监护。发现异常现象时应立即暂停施工，迅速疏散人员，待排除险情并经施工现场安全责任人检查同意后方可复工。

2）旁站检查防水混凝土施工全过程，质量检查的重点包括：

（1）开盘鉴定

对首次使用的混凝土配合比进行开盘鉴定，其工作性应满足设计配合比的要求。开始生产时应至少留置一组标准养护试件，作为验证配合比的依据。

（2）混凝土进场验收

核验随车单据，注意检查单据标注的工程名称、浇筑部位、混凝土强度等级、配合比单号、搅拌记录、运输方量、运输车号、出车时间、到达时间以及其他应附单据等应齐全、准确。

混凝土运输、浇筑及间歇的全部时间不应超过混凝土的初凝时间，其中混凝土拌合物从搅拌机卸出至施工现场接收的时间间隔不宜大于90min，混凝土拌合物从搅拌机卸出后到浇筑完毕的延续时间不应超过150min（气温≤25℃）或者120min（气温>25℃）。

搅拌罐车卸料前，应采用快挡旋转搅拌罐不少于20s；因运距过远、交通或现场等问题造成坍落度损失较大而卸料困难时，严禁现场加水，可采用在混凝土拌合物中掺入适量减水剂并快挡旋转搅拌罐的措施，减水剂掺量应有经试验确定的预案并由混凝土搅拌站专职试验人员操作。之后检查混凝土外观，应色泽均匀，和易性好，无离析、分层、泌水现象。

测试坍落度，应符合设计或配合比要求，每工作班至少检查两次。

（3）混凝土供应督促

按混凝土施工方案督促承包商做好混凝土供应，做到连续作业，特别是底板、侧墙、顶板等部位，输送泵间歇时间预计超过45min时，应立即按施工方案进行必要的处理。

（4）混凝土下料检查

入模温度应符合要求：当夏季天气炎热时，混凝土拌合物入模温度不应高于35℃（大体积混凝土为30℃），宜选择夜晚浇筑，白天浇筑应采取遮挡措施；当冬期施工时，混凝土拌合物入模温度不应低于5℃，并应有保温措施。

自由倾落高度满足规定：混凝土灌注的自由倾落高度不宜大于2m，当超过2m时，应采用串筒、溜槽或振动溜管等辅助措施。

（5）混凝土振捣

必须采用振捣器振捣，振捣时间宜为10~30s，并以混凝土开始泛浆和不冒气泡为准,避免漏振、欠振和超振。

对于常用的插入式振捣器,振捣时的移距不宜大于作用半径1倍,插入下层混凝土深度不应小于50mm,振捣时不得碰撞钢筋、模板、预埋件和止水带等;常用的表面振捣器,振捣时的移距应与已振捣混凝土搭接100mm以上。

(6)混凝土浇筑顺序检查

①垫层混凝土应沿线路方向灌注,布灰应均匀,其允许偏差为:高程-10~5mm,表面平整度3mm。

②底板混凝土应沿线路方向分层留台阶灌注。混凝土灌注至高程初凝前,应用表面振捣器振一遍后抹面,其允许偏差为:高程±10mm,表面平整度10mm。

③墙体混凝土左右对称、水平、分层连续灌注,至顶板交界处间歇1~1.5h,然后再灌注顶板混凝土。

④顶板混凝土连续水平、分台阶由边墙、中墙分别向结构中间方向进行灌注。混凝土灌至高程初凝前,应用表面振捣器振捣一遍后抹面,其允许偏差为:高程±10mm,表面平整度5mm。

⑤混凝土柱可单独施工,并应水平、分层灌注。如和墙、顶板结构同时施工而混凝土强度等级不同时,必须采取措施,不得混用。

⑥大体积或厚度较大的混凝土应从低往高分层灌注,一般每层灌注厚度:插入式振捣器不应大于300mm,表面振捣器不应大于200mm。

⑦同一施工段的混凝土应连续浇筑,并应在底层混凝土初凝之间将上一层混凝土浇筑完毕。当底层混凝土初凝后浇筑上一层混凝土时,应按施工技术方案中对施工缝的要求进行处理。

(7)施工缝处理

①施工缝的位置应在混凝土浇筑前按设计要求和施工技术方案确定。施工缝的留置位置、形式应符合设计要求,同时应满足规范规定:

柱子:应留置在与顶、底板或梁的交界处;

墙体:水平施工缝在高出底板200~300mm处,如必须留置垂直施工缝时,应加设端头模板,并宜与变形缝相结合;墙体施工缝宜留置平缝,并粘贴遇水膨胀胶条进行防水处理;

顶板、底板:均不得留置水平施工缝,如留置垂直施工缝时,应加设端头模板,并宜与变形缝相结合。

②施工缝处的混凝土继续灌筑

施工缝的处理应按施工技术方案执行。施工缝处继续浇筑混凝土时,应确认已灌注混凝土强度在水平施工缝处不低于1.2MPa,垂直施工缝处不低于2.5MPa,且已灌注混凝土表面已凿毛、清理干净及粘贴遇水膨胀胶条；

灌注混凝土前，施工缝处应先湿润。水平施工缝先铺20～25mm厚的与灌注混凝土灰砂比相同的砂浆。

（8）细部混凝土浇筑

结构预埋件（管）、预留孔洞、钢筋密集处，以及变形缝等特殊部位，施工中必须加强振捣，不得漏振、过振。同时，须随时观测模板、支架、钢筋、特殊部位等的情况，发现问题，及时处理。

结构变形缝设置嵌入式止水带时，混凝土灌注前应校正止水带位置，表面清理干净，止水带损坏处应修补；顶、底板结构止水带的下侧混凝土应振实，将止水带压紧后方可继续灌注混凝土；边墙处止水带必须固定牢固，内外侧混凝土应均匀、水平灌注，保持止水带位置正确、平直、无卷曲现象。

（9）混凝土试件留置

按照经各方认可的取样计划及取样规则，结合施工实际及施工需要留置足够数量的混凝土试件。注意，混凝土试件应在灌注地点制作。

（10）后浇带施工

后浇带的留置位置应按设计要求和施工技术方案确定。后浇带混凝土浇筑应按施工技术方案进行。一般来说，后浇混凝土施工应在其两侧混凝土龄期达到42d后进行，后浇混凝土施工前，两侧混凝土应凿毛，清理干净，保持湿润，并刷水泥浆后粘贴遇水膨胀胶条。

后浇带浇筑用的混凝土应符合设计要求，如设计无要求的应采用补偿收缩混凝土灌注，其配合比经试验确定，并不得低于两侧混凝土强度。

（11）混凝土养护

混凝土养护应按施工方案要求进行，并须在混凝土终凝后立即进行养护，保持湿润，养护期垫层混凝土不得少于7d，结构混凝土不得少于14d，后浇混凝土不应少于28d。冬季施工时应采用蓄热法养护。

采用塑料布覆盖养护的，混凝土敞露的全部表面应覆盖严密，并保护塑料布内有凝结水；混凝土表面不便浇水或使用塑料布的，宜涂刷养护剂；混凝土强度达到1.2MPa前，不得在其上踩踏或安装模板及支架。

对于大体积混凝土，应根据气候条件按施工技术方案采取控温措施，混凝土内部和表面的温差不宜超过25℃，表面与外界温差不宜大于20℃。

5.1.4 钢筋混凝土主体结构工程施工质量验收控制

1.检验批质量验收控制

1）验收程序：检验批质量验收应在承包商自检合格的基础上进行，承包商自检合格后，填写检验批质量验收记录表报验，附上相关附件资料，监理工程师组织进行现场检查，合格的予以确认并签署验收意见，检验频率按施工准备阶段的检验批划分的频次进行。

2）工程所用的原材料必须符合设计要求，材料检验频率满足规范及工程所在地主管部门的规定，质量保证资料、检验报告齐全。拌合料的配合比须满足设计要求，质量检验报告、计量记录、现场抽样试验报告齐全。

3）检验批报验提供的资料应符合工程所在地主管部门相关验收管理规定要求，一般应包括：

《报验申请表》

《钢筋力学性能、工艺性能检验报告》

《钢型材力学及工艺性能检验报告》

《钢材化学成分检验报告》

《钢筋焊接接头检验报告》

《钢材焊接接头检验报告》

《钢筋机械连接接头拉伸检验报告》

《钢管力学及工艺性能检验报告》

《紧固件机械性能验收报告》

《外加剂检验报告》

《砂物理性能检验报告》

《碎石或卵石检验报告》

《混凝土拌和用水检验报告》

《混凝土配合比设计报告》

《混凝土抗压强度检验报告》

《混凝土抗渗等级检验报告》

《预拌混凝土出厂质量证明书》

《工程材料—构配件—设备报审表》

《工程基线复核表》

《混凝土搅拌质量记录表》

《混凝土坍落度检测记录表》

《混凝土养护情况记录表》

《混凝土试块试验结果汇总表》

《混凝土抗压强度计算表》

《钢筋焊接试验报告汇总表》

《水泥质保单、复试单汇总表》

《粗(细)骨料合格证、试验报告汇总表》

《混凝土后浇带施工检查记录》

《土建隐蔽工程质量验收记录表》

《现浇结构模板安装工程检验批质量验收记录表》(Ⅰ)

《模板拆除工程检验批质量验收记录表》(Ⅲ)

《钢筋加工工程检验批质量验收记录表》(Ⅰ)

《钢筋安装工程检验批质量验收记录表》(Ⅱ)

《混凝土原材料及配合比设计验收批质量验收记录表》(Ⅰ)

《混凝土施工工程检验批质量验收记录表》(Ⅱ)

《防水混凝土工程检验批质量验收记录表》

《现浇混凝土结构观感质量及尺寸偏差检验批验收记录表》(Ⅰ)

《混凝土设备基础外观及尺寸偏差检验批验收记录表》(Ⅱ)

《复合式衬砌工程检验批质量验收记录表》

4)钢筋工程隐蔽验收、检验批验收应包括以下内容,均应符合设计要求及规范规定:

(1)纵向受力钢筋的品种、规格、数量、位置等;

(2)钢筋的连接方式、接头位置、接头数量、接头面积百分率等;

(3)箍筋、横向钢筋的品种、规格、数量、间距等;

(4)预埋件的规格、数量、位置等。

5)模板工程检验批验收:

(1)除遵守上述一般验收程序外,对于危险性较大及以上的高支模或高大模板系统,在分段或整体搭设安装完毕后,须经项目技术负责人(部分地区要求企业技术和安全负责人或其书面委托人)主持分段或整体验收合格后方能进行钢筋安装;高支模验收必须以专项施工方案对照检查,专项施工方案编制人必须参加验收并签字;支模验收时必须使用扭力矩扳手检查扣件螺栓的拧紧扭力矩。高支模或高大模板工程支架验收可参照表5-11所示进行。

(2)模板验收均应符合设计、方案要求,以及规范等的规定,内容包括:

①模板支撑、立柱位置和垫块安装要求:模板及其支架应具有足够的承载能力、刚度和稳定性,能可靠地承受浇筑混凝土的重量、侧压力以及施工荷载。安装现浇结构的上层模板及其支架时,下层楼板应具有承受上层荷载的承载能力,或加设支架;上、下层支架的立柱应对准,并铺设垫板。

②隔离剂涂刷要求:模板与混凝土的接触面要清理干净;不得沾污钢筋混凝土接槎处和采用影响结构性能的隔离剂。

高支模/高大模板工程支架验收记录表　　　　表 5-11

编号：

项目名称						
搭设部位						
高度		跨度		最大荷载		
搭设班组				班组长		
操作人员持证人数				证书符合性		
专项方案编审程序符合性				技术交底情况		安全交底情况
钢管扣件	进场前质量验收情况					
	材质、规格与方案的符合性					
	使用前质量检测情况					
	外观质量检查情况					
检查内容	允许偏差	方案要求	实际质量情况			符合性
立杆间距	梁底	+30mm				
	板底	+30mm				
步距	+50mm					
立杆垂直度	≤0.75% 且 ≤60mm					
扣件拧紧	40~65N·m					
立杆基础						
扫地杆设置						
拉结点设置						
立杆搭接方式						
纵、横向水平杆设置						
剪刀撑	垂直纵、横向					
	水平（高度>4m）					
其他						
承包商检查结论	结论：　　　　　　　　　　　　　　　　　　　　　　　　　检查日期：　　年　　月　　日　　　　　　　　　　　　　　　　　　　　　　　　检查人员：　　　　　　项目技术负责人：　　　　　　项目经理：					
监理单位验收结论	结论：　　　　　　　　　　　　　　　　　　　　　　　　　检查日期：　　年　　月　　日　　　　　　　　　　　　　　　　　　　　　　　　专业监理工程师：　　　　　　　　　　总监理工程师：					

注：在上表承包商检验结论一栏中，部分地区（如广东省广州市）要求施工企业技术负责人及施工企业安全负责人参加验收并签字。

③模板安装的一般要求：接缝不应漏浆；在浇筑混凝土前，木模板应浇水湿润，且模板内无积水，模板内的杂物应清理干净。梁柱点、墙柱根部、梯板和斜板底部的模板安装均应留设 100mm×100mm 的垃圾出口孔；梁柱节点模板安装不得采用钢钉固定模板，必须采用夹具夹紧。

④模板起拱高度要求：对跨度不小于4m的现浇钢筋混凝土梁、板，其模板应按设计要求起拱；当设计无具体要求时，起拱高度宜为跨度的 1/1000~3/1000。

⑤预埋件和预留孔洞安装质量：预埋钢板中心线位置、预埋管和预留孔中心线位置、插筋、预埋螺栓、预留洞。

⑥模板安装质量：轴线位置、底模上表面标高、截面尺寸、层高垂直度、相邻两板表面高低差、表面平整度。

⑦模板和支架拆除要求：实施拆除模板支架和模板前，必须有混凝土强度报告和经批准的拆除模板申请报告方可施工。结构拆模、施工期间临时负荷时依据的混凝土强度，应采用同条件养护的标准尺寸试件的混凝土强度确定。

6）混凝土工程检验批验收

（1）混凝土原材料及配合比设计检验批质量验收应检查以下内容，均应符合设计要求及规范的规定：

水泥进场检验、外加剂质量及应用、混凝土中氯化物及碱的总含量、配合比设计、矿物掺合料质量及掺量、粗细骨料的质量、拌制混凝土用水、开盘鉴定、依砂及石含水率调整配合比。

（2）混凝土施工工程检验批质量验收应检查以下内容，均应符合设计要求及规范规定：

混凝土强度等级及试件的取样和留置、混凝土抗渗及试件取样和留置、原材料每盘称量的偏差、初凝时间控制、施工缝的位置和处理、后浇带的位置和浇筑、混凝土养护。

（3）现浇混凝土结构观感质量及尺寸偏差检验批质量验收应检查以下内容，均应符合设计要求及规范规定：

外观质量（不应有严重缺陷、不宜有一般缺陷）、尺寸（不应有影响结构性能和使用功能的偏差）、轴线位置、垂直度、标高、电梯井中心线及垂直度、表面平整度、预埋设施及预留洞中心线位置。

（4）现浇混凝土结构观感质量缺陷及尺寸偏差检查处理：

①现浇混凝土结构观感质量应在拆模后及时按规范规定的频次、数量进行检查，《混凝土结构工程施工质量验收规范》GB 50204—2015 规定为：

现浇混凝土结构观感质量缺陷、设备基础尺寸偏差、电梯井须全数检查，现浇结构尺寸偏差按楼层、结构缝或施工段划分检验批。在同一检验批内，对梁、柱和独立基础，应抽查构件数量的10%，且不少于3件；对墙和板，应按有代表性的自然间抽查10%，且不少于3件；对大空间结构，墙可按相邻轴线间高度5m左右划分检查面，板可按纵、横轴线划分检查面，抽查10%，且均不少于3面进行检查。

②对现浇结构的外观质量缺陷，应由监理（建设）单位、承包商等各方根据其对结构性能和使用功能影响的严重程度，按《混凝土结构工程施工质量验收规范》GB 50204—2015确定，见表5-12。

现浇结构外观质量缺陷　　　　　　　　　　　　表5-12

名称	现象	严重缺陷	一般缺陷
露筋	构件内钢筋未被混凝土包裹而外露	纵向受力钢筋有露筋	其他钢筋有少量露筋
蜂窝	混凝土表面缺少水泥砂浆面形成石子外露	构件主要受力部位有蜂窝	其他部位有少量蜂窝
孔洞	混凝土中孔穴深度和长度均超过保护层厚度	构件主要受力部位有孔洞	其他部位有少量孔洞
夹渣	混凝土中夹有杂物且深度超过保护层厚度	构件主要受力部位有夹渣	其他部位有少量夹渣
疏松	混凝土中局部不密实	构件主要受力部位有疏松	其他部位有少量疏松
裂缝	缝隙从混凝土表面延伸至混凝土内部	构件主要受力部位有影响结构性能或使用功能的裂缝	其他部位有少量不影响结构性能或使用功能的裂缝
连接部位缺陷	构件连接处混凝土缺陷及连接钢筋、连接件松动	连接部位有影响结构传力性能的缺陷	连接部位有基本不影响结构传力性能的缺陷
外形缺陷	缺棱掉角、棱角不直、翘曲不平、飞边凸肋等	清水混凝土构件有影响使用功能或装饰效果的外形缺陷	其他混凝土构件有不影响使用功能的外形缺陷
外表缺陷	构件表面麻面、掉皮、起砂、沾污等	具有重要装饰效果的清水混凝土构件有外表缺陷	其他混凝土构件有不影响使用功能的外表缺陷

③现浇结构的外观质量不应有严重缺陷，对现浇结构已经出现的严重缺陷，应由承包商提出技术处理方案，并经监理（建设）、设计单位认可后进行处理。对经处理的部位，应重新检查验收。

④现浇结构的外观质量不宜有一般缺陷，对现浇结构已经出现的一般缺陷，应由承包商按技术处理方案进行处理，并重新检查验收。

⑤现浇结构不应有影响结构性能和使用功能的尺寸偏差。混凝土设备基础不应有影响结构性能和设备安装的尺寸偏差。对超过尺寸允许偏差且影响结构性能和安装、使用功能的部位，应由承包商提出技术处理方案，并经监理（建设）、设计单位认可后进行处理。对经处理的部位，应重新检查验收。

现浇结构和混凝土设备基础拆模后的尺寸偏差应符合设计要求，设计无明确要求的，应符合现行国家标准《混凝土结构工程施工质量验收规范》GB 50204—2015 的规定，见表 5-13 和表 5-14。

现浇结构尺寸允许偏差和检验方法 表 5-13

项目		允许偏差（mm）	检验方法
轴线位置	基础	15	钢尺检查
	独立基础	10	
	墙、柱、梁	8	
	剪力墙	5	
垂直度	层高 ≤6m	10	经纬仪或吊线、钢尺检查
	层高 >6m	−12	经纬仪或吊线、钢尺检查
	全高（H）≤ 300m	H/30000+20	经纬仪、钢尺检查
	全高（H）> 300m	H/10000 且 ≤ 80	
标高	层高	±10	水准仪或拉线、钢尺检查
	全高	±30	
截面尺寸		+8，−5	钢尺检查
电梯井	井筒长、宽对定位中心线	+25，0	钢尺检查
	井筒全高（H）垂直度	H/1000 且 ≤ 30	经纬仪、钢尺检查
表面平整度		8	2m靠尺和塞尺检查
预埋设施中心线位置	预埋件	10	钢尺检查
	预埋螺栓	5	
	预埋管	5	
预留洞中心线位置		15	钢尺检查

注：检查轴线、中心线位置时，应沿纵、横两个方向量测，并取其中的较大值。

混凝土设备基础尺寸允许偏差和检验方法 表 5-14

项目		允许偏差（mm）	检验方法
坐标位置		20	钢尺检查
不同平面的标高		0，−20	水准仪或拉线、钢尺检查
平面外形尺寸		±20	钢尺检查
凸台上平面外形尺寸		0，−20	钢尺检查
凹穴尺寸		+20，0	钢尺检查
平面水平度	每米	5	水平尺、塞尺检查
	全长	10	水准仪或拉线、钢尺检查
垂直度	每米	5	经纬仪或吊线、钢尺检查
	全高	10	

续表

项目		允许偏差（mm）	检验方法
预埋地脚螺栓	标高（顶部）	+20, 0	水准仪或拉线、钢尺检查
	中心距	±2	钢尺检查
预埋地脚螺栓孔	中心线位置	10	钢尺检查
	深度	+20, 0	钢尺检查
	孔垂直度	$h/100$ 且 ≤ 10	吊线、钢尺检查
预埋活动地脚螺栓锚板	标高	+20, 0	水准仪或拉线、钢尺检查
	中心线位置	5	钢尺检查
	带槽锚板平整度	5	钢尺、塞尺检查
	带螺纹孔锚板平整度	2	钢尺、塞尺检查

注：检查坐标、中心线位置时，应沿纵、横两个方向量测，并取其中的较大值。

（5）当混凝土试件强度不合格，或检验批混凝土试件评定不合格时，应会同监理（建设）、设计单位研究确定处理方案进行处理，同时采用非破损或局部破损的检测方法，按国家现行有关标准的规定对结构构件中的混凝土强度进行推定，以作为处理的依据。对经处理的部位，应重新检查验收。

2.分项工程、分部工程质量验收控制

1）钢筋混凝土主体结构分项工程、分部工程完成后，承包商应按规范规定及工程所在地主管部门的要求，填写分项工程/分部工程验收记录表报验，并附上完整附件资料报监理部审核，监理部审核确认符合要求的，按相关程序要求，组织分项工程、分部工程验收，符合要求的予以确认并签署验收意见。

2）分项工程报验提供的资料一般应包括：

（1）完整的检查验收记录表及相关附件资料

（2）《钢筋混凝土主体结构分项工程质量验收记录表》《报验申请表》

3）分部工程质量报验提供的资料一般应包括：

（1）完整的检查验收记录表、分项工程质量验收记录表及相关附件资料

（2）《钢筋混凝土主体结构分部工程质量验收记录表》《报验申请表》

5.2 主体结构工程施工旁站监理

1.旁站监理检查内容详见本章5.1.3节3.混凝土工程第2）点第（1）~（11）款内容。

2. 旁站监理记录样表见表 5-15。

旁站监理记录表（混凝土浇筑） 表 5-15

工程名称：			编号：	
旁站的关键部位、关键工序		施工单位		
旁站开始时间	年 月 日 时 分	旁站结束时间	年 月 日 时 分	

旁站的关键部位、关键工序施工情况：
1. 混凝土设计等级_____，配合比编号_____，坍落度设计值_____，初凝时间_____h，终凝时间_____h；本次混凝土理论浇筑方量_____m^3；
2. 现场跟班作业的安全员、质检员、试验员、施工员等技术管理人员（是/否）到位，质检员_____，现场混凝土浇筑工人_____人，电工_____人（是/否）满足施工要求；
3. 现场施工通道（是/否）畅通，通道及泵车地基（是/否）坚实平整，夜间施工照明（充足/不充足/非夜间施工），防雨/防晒措施（是/否）已按施工方案落实，临时用电（是/否）符合施工现场临时用电规范要求；
4. 现场的施工机械设备（泵车/罐车/吊车/其他_____）及机具（插入式振动器/平板振动器/其他_____，各/___共台）（是/否）完好和运转正常，数量和（是/否）满足施工要求；
5. 施工方法（泵送/吊车运送）和浇筑顺序（是/否）与批准的施工方案一致；（是/否）安排专门人员观察监测模板及支架、钢筋变形，（是/否）及时发现异常的并按施工方案进行处理

监理情况：
1. 钢筋工程（是/否）通过验收；模板工程（是/否）通过验收；施工缝（是/否）处理到位；
2. 进场混凝土配比（是/否）正确；到场时间（是/否）、浇筑完成时间（是/否）超过初凝时间；
   实际浇筑方量：_____m^3，混凝土车数：_____车，随车单据（是/否）齐全，数据（是/否）与设计相符
   坍落度实测值：_____，对应车号：_____，（是/否）与设计相符
   留置混凝土抗压试块_____组，编号：_____，取样数量（是/否）符合规范规定
   留置混凝土抗渗试块_____组，编号：_____，取样数量（是/否）符合规范规定
3. 混凝土浇筑入模温度_____℃，（是/否）符合设计要求及规范规定；
4. 混凝土振捣方法（插入式振动/平板振动/其他_____）、浇筑顺序（是/否）与批准的施工方案一致；
5. 混凝土浇筑情况（正常/基本正常/不正常）：浇筑过程中混凝土供应（是/否）及时，（是/否）胀模，混凝土（是/否）存在离析现象；板负筋（是/否）被踩弯曲，预留钢筋、梁柱节点钢筋（是/否）移位变形；冲洗及湿润泵管的稀水泥浆（是/否）倒入结构混凝土中；分层浇筑的，上层混凝土浇筑（是/否）在底层混凝土初凝前进行；
6. 混凝土的厚度、完成面标高（是/否）符合设计要求，混凝土表面（是/否）进行二次压光，（是/否）出现裂缝；
7. （是/否）有其他异常情况

发现的问题及处理情况：
上两栏中不符合的项目，均应在本栏中如实填写，其中：
1. 浇筑过程中混凝土供应不及时的，应填写不及时发生的时间、间隔时长，可能对混凝土质量的影响；
2. 胀模的，应填写发生胀模的部位、时间、混凝土流失方量；
3. 混凝土存在离析现象的，应填写离析发生的时间、部位或车号；
4. 板负筋被踩弯曲，应填写被踩弯曲的部位，大致面积，弯曲变形程度；
5. 预留钢筋移位变形应填写变形的部位，数量，变形程度；
6. 冲洗及湿润泵管的稀水泥浆倒入结构混凝土中的，应填写倒入的部位，涉及的大致面积；
7. 有其他异常情况的，应在本栏中详细描述，包括现象、发生部位、影响范围等；
8. 以上发现问题的处理情况应填写处理方法、处理过程及处理结果

旁站监理人员（签字）

年 月 日

5.3 主体结构工程施工工艺及质量控制流程

主体结构工程施工工艺及质量控制流程见图 5-1 至图 5-3。

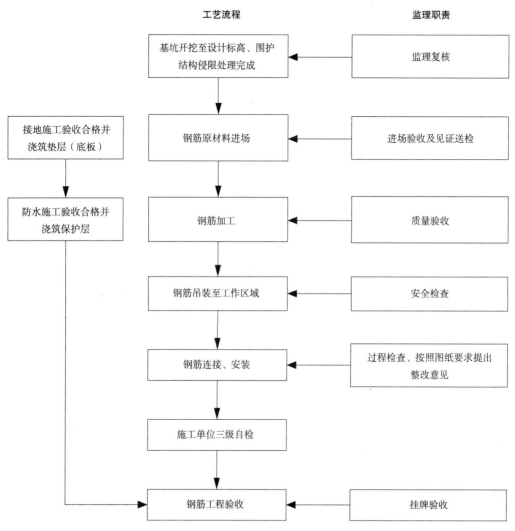

图 5-1 钢筋工程施工工艺及质量控制流程

第5章 主体结构施工监理要点

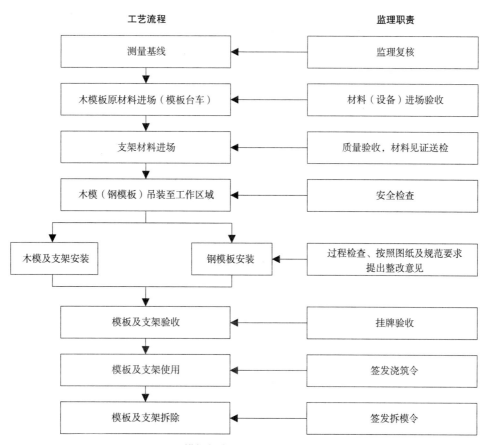

图 5-2 模板与支架工程施工工艺及质量控制流程

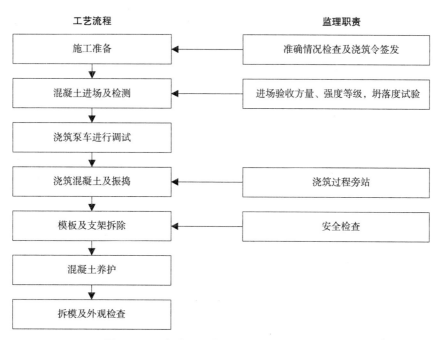

图 5-3 混凝土工程施工工艺及质量控制流程

第 6 章
明挖车站施工测量监理要点

本章执笔：王欢贵　胡　超　徐明辉

6.1 明挖车站施工测量监理过程控制

6.1.1 施工测量质量管理目标和质量指标

1. 施工测量质量管理目标是确保全线建（构）筑物、设备、管线安装按设计准确就位，在线路上不产生因施工测量超差而引起修改线路设计从而降低行车运营标准。

2. 质量指标

1）在任何贯通面上，横向贯通中误差为 ±50mm，高程贯通中误差为 ±25mm。

2）隧道衬砌及车站建筑物不侵入建筑限界，设备、管线、装饰装修等不侵入设备限界。

3）建（构）筑物，装修和设备、管线的竣工形（体）位（置）误差满足《城市轨道交通工程测量规范》GB/T 50308—2017、《地下铁道工程施工质量验收标准》GB/T 50299—2018 规定。

6.1.2 施工阶段的测量工作

1. 测量质量的好坏很大程度上取决于承包商质保体系的完善程度，在施工准备阶段，测量监理的重点是对各承包商的质保体系、测量多级复核制度的落实情况、测量技术人员、设备、施测方案的设计等方面进行重点监控，以确保监理总目标的实现。

2. 为确保车站施工顺利完成，承包商必须根据本项目的工程特点与实际情况，事先编制测量技术设计方案，其主要内容包括：控制网的布设，仪器的选用，观测方法的确定，测量精度的分析预估，保证质量的方法及措施等方面。

3. 明挖车站施工过程中，承包商须提交的专项测量方案及报告主要有：施工测量技术方案，业主交接桩控制网复测报告、地面加密控制点测量成果报告，各子项定位测量的施工放样报审表，地下控制点（第一组、第二组和第三组底板控制点）联系测量报告，竣工测量报告等。

6.1.3 地面控制测量

1.地面控制测量工作主要包括复测业主移交的 GPS 控制点、精密导线点、精密水准点，布设为满足工程需要而加密的施工控制网，以及在此基础上进行的定线测量及专项调查与测绘。

2.工程开工前，业主应向相关承包商和驻地监理工程师提供首级控制网点，各方签署交接桩文件纪要。承包商接桩后，必须对首级控制网进行复测和对桩点进行保护，且于接桩后 15 个工作日内将复测情况及保护措施提交监理工程师审核，并上报给业主（或被业主授权的第三方测量队）审查批准。

3.地面首级控制网检测无误后，承包商应根据检测的控制点再进行施工专用控制网的布设，以保证施工测量顺利进行，施工控制网的布设分以下两个方面：

1）平面控制网的加密

（1）业主移交提供的首级控制点的密度与数量并不一定能满足施工的需要，为了施工的便利，承包商应根据现场实际情况布设施工加密控制网，以满足施工放样工作的需要。

（2）点位要求：承包商布设的控制点应稳固、可靠、利于保护、点位唯一，并做明显标识，易于寻找。平面控制点一般采用钢板（或混凝土）上钻孔镶铜芯的方式。

（3）施工平面控制网的等级及技术要求应根据测量规范确定，按照精密导线测量的技术要求执行，精密导线测量的技术要求见表 6-1。

精密导线网测量技术要求 表 6-1

平均边长（m）	导线平均长度（km）	每边测距中误差（mm）	测距相对中误差	测角中误差（"）	水平角测回数		边长测回数	方位角闭合差（"）	全长相对闭合差	相邻点的相对点位中误差（mm）
					Ⅰ级全站仪	Ⅱ级全站仪	Ⅰ、Ⅱ级全站仪			
350	3	±3	1/80000	±2.5	4	6	往返测距各 2 测回	$±5\sqrt{n}$	1/35000	±8

注：n 为导线的角度个数，一般不宜超过 12 个；附合导线路线较长时，宜布设结点导线网，结点间角度个数不超过 8 个。

2）施工高程控制网的加密

（1）在对业主提供的首级高程控制点进行复核的同时，承包商应根据现场的实际情况，沿线路及车站走向布设高程加密控制网。

（2）车站应设置 2 个以上水准点，水准点应选在离施工场地变形区外稳固的地方，应便于寻找、保存和引测。

（3）高程控制网应采用水准方法施测，其主要技术要求见表 6-2。

水准测量技术要求　　　　　　表6-2

水准测量等级	每千米高差中数中误差（mm）		附合水准路线平均长度（km）	水准仪等级	水准尺	观测次数		往返较差、附合或环线闭合差（mm）
	偶然中误差 M_Δ	全中误差 M_W				与已知点联测	附合或环线	
二等	±2	±4	40	DS1	铟瓦尺或条码尺	往返测各一次	往返测各一次	$±8\sqrt{L}$

6.1.4 联系测量

联系测量的主要内容有地面近井导线测量、近井水准测量，以及通过竖井或导线直接传递的定向和高程传递测量、地下导线测量及地下水准测量等工作。明挖车站联系测量至少施测3次，分别在施工完第一块底板后、施工至整个车站长度的1/2处时、车站底板结构完工时进行。

1. 近井导线及近井水准测量

1）地面近井导线及近井水准应附合在高等级控制点上。近井点应与GPS点或高等级控制点通视，并应使定向具有最有利图形。

2）近井导线应参照如前所述的精密导线测量的技术要求进行施测，并进行严密平差。

3）近井水准应参照城市轨道交通二等水准测量的技术要求进行施测。

4）高程传递测量应包括地面近井水准测量，高程传递测量以及地下近井水准测量。

2. 定向测量

定向测量的常用方法有：一井定向法、两井定向法、导线直接传递等。

3. 高程传递测量

传递高程的测量方法有：悬垂钢尺法、水准测量法、电磁波测距三角高程法以及电磁波测距法等。将地面上的高程传递到地下去时，必须先对地面上的近井水准点进行稳定性检查，确认其高程数据无误时，才能进行下一步工作。

6.1.5 明挖车站施工测量

根据施工特点，明挖车站施工测量应包括：基坑围护结构施工测量、基坑开挖施工测量、结构施工测量。

1. 基坑围护结构施工测量

1）基坑采用地下连续墙围护结构时，其施工测量应符合下列规定：

（1）连续墙的中心线放样误差不应超过 ±10mm。

（2）内外导墙应平行于地下连续墙中线，其放样允许误差不应超过±5mm。

（3）连续墙成槽施工过程中应根据设计和施工规范要求测量其深度、宽度和垂直度。

2）基坑采用护坡桩围护结构时，其施工测量技术应符合下列规定：

（1）护坡桩地面位置放样，应根据线路中线控制点或精密导线点进行，放样允许误差纵向不应大于100mm，横向为0～+50mm。

（2）桩成孔过程中，应根据设计要求测量其孔深，孔径及其铅垂度。

（3）护坡桩竣工后，应测定各桩位置及与轴线的偏差。

2. 基坑开挖施工测量

1）采用自然边坡的基坑，边坡线位置应根据线路中线控制点或精密导线点进行放样，放样允许误差为±50mm。

2）基坑开挖过程中，应使用坡度尺或其他方法检测边坡坡度，坡脚距隧道结构距离应满足设计要求。

3）基坑开挖至底部后，应采用附合路线形式将线路中线引测到基坑底部；基底线路中线纵向允许误差不应超过±10mm，横向允许误差不应超过±5mm。

4）高程传入基坑底部可采用水准测量、电磁波测距三角高程测量等方法。

3. 结构施工测量

当基坑开挖至设计深度，将平面及高程控制点传递到基坑后，以这些控制点作依据，设放线路中线及各轴线和高程点于基坑四面的墙上，再以这些控制点指导各项施工。

施工放样主要有：墙板边线，梁、柱中线及预埋件、洞门预埋环板位置。

1）结构底板、边墙、中墙、梁柱、预埋件及洞门中心放线允许偏差为0～+5mm。

2）顶（中）模板安装过程中，将线路中线点和顶板宽度测设在模板上，并测量模板高程，其高程测量误差为0～+10mm之内，中线测量误差不应超过±10mm，宽度测量误差为－10～+15mm。

3）结构施工完成后，应对设置在底板上的线路中线控制点和高程控制点进行复测。

6.1.6 明挖车站结构竣工测量

分区段施工的隧道和车站结构完成后，应进行结构竣工测量，竣工测量内容应包括贯通测量、地下测量控制点恢复以及结构限界测量。

1. 相邻结构地下控制点应进行联测，组成附合施工导线及附合水准路线，联测成果应采用严密平差，联测成果作为后续测量工作依据。

2. 线路中线测量以联测成果为依据，中线点的间距直线上不小于100m，曲线上除曲线元素点外不应小于60m，中线点组成的导线应采用不低于Ⅱ级全站仪测量，水平角的左、右角各测二测回，左、右角之和与360°较差应小于6″，测距往返各二测回。

3. 结构断面测量以恢复后的地下控制点或中线点为依据，直线段每6m、曲线上包括曲线元素点每5m应测设一个结构横断面，结构断面变化段和施工偏差较大段需加测断面；结构断面可采用断面仪或全站仪，或三维激光扫描以及摄影测量等方法进行施测，测定断面里程误差不应超过±50mm，断面限界控制点与线路中线法距的测量中误差以及高程测量中误差不应超过±10mm。

6.2　明挖车站施工测量监理控制要点

测量监理的目标是在整个工程施工过程中，杜绝重大测量质量事故的发生，承包商确保不因测量工作影响工程质量和进度。

为确保工程的顺利施工并达到业主的预期目的，确保以上监理目标的顺利实现，为此测量监理工作中应采取以下质量控制措施：

1）加强测量生产过程中的质量管理，作业现场管理，在关键工序点，重点工序设置必要的质量控制点，实施现场检查。作业时严格执行操作规程，做好质量记录。

2）由总监理工程师负责项目测量监理的全面工作，是监理标段测量工作质量的第一责任人。组织编写并批准本监理标段的专项测量监理实施细则。

总监代表协助项目总监理工程师工作，按项目总监授权，负责所管标段或专业全面的测量管理工作，是分管标段测量工作质量的直接责任人。组织编写并批准分管标段的专项测量监理实施细则。

测量专业监理工程师在项目总监和总监代表的指导下具体负责分管标段或工点的测量工作，是监理标段测量工作质量的具体责任人。负责编制测量监理实施细则，协助总监编制监理规划，参与业主主持的控制点交接桩，组织复测交接桩控制点。

其他专业监理工程师和监理员配合测量专业监理工程师在测量监理方面的工作。

3）建立完善的施工测量交接制度。业主交付的测量成果（桩、点和资料），承包商使用前必须进行复查，并采取切实有效的保护措施，防止控制点遭到人为破坏。其他各测点的原始记录各施测单位必须妥为保存，以备必要时监理对有问题的点及数据进行抽检。

4）承包商在本工点开工前，须根据工程合同编制本工程的施工测量方案，监理主要审查以下内容：

（1）技术部分要求合理，有针对性、可操作性，土建施工测量方案的重点应放在保证工程的空间位置正确、与相邻工程的正确衔接等方面；

（2）明确人员组织架构及架构内主要人员职称证书的复印件，承包商的测量人员资质和数量应满足规范和施工合同要求；

（3）须明确自身的质保措施，至少二级（项目部、公司）复核制度的建立情况；

（4）拟投入使用的测量仪器的检定证书的复印件，测量仪器精度能够满足施工要求。

5）对承包商控制测量严格把关，跟踪控制网布设、点位埋设、测量仪器及人员资质、外业观测、内业计算整个过程，要求控制测量工作要规范化、标准化，确保测量成果符合规范要求。审核控制测量报告，及时与业主第三方测量单位联系，通知其对承包商控制测量成果进行复测，复测合格后方可使用。

6）施工放样前应依据设计图纸计算线路中线及相关放样点位坐标，审核施工放线报验单，跟踪施工放样测量仪器及人员资质、外业观测是否符合要求，必要时对放样点坐标进行抽查。建议进行复测的细部结构为：基坑底部高程及净空、主体结构的板底高程及净空。

明挖车站围护结构第一根桩设计中心或第一幅连续墙设计中心线两端点，以及整个车站围护结构的角点、盾构洞门环板中心点必须报业主第三方测量单位复测合格后方可进入下一道工序。

7）竣工测量主要是跟踪承包商是否按照规范和设计要求进行施测，检查结构是否侵入设备限界，必要时进行抽查；审核竣工测量报告，报业主第三方测量单位审批和复测，并将成果报送至建设单位。

8）总监代表、测量专业监理工程师负责处理本标段发生的测量问题，对施工测量中出现的重大问题及时报告项目总监，并通知相关单位到场参与分析及处理。

9）组织承包商向业主第三方测量单位移交恢复后的地下测量控制点。

相关测量作业表格样表见表6-3至表6-11。

工程测量交接桩记录表

表 6-3

工程名称		主持单位	
交接桩区段或范围		交接桩时间	
交接桩号及等级			
测设图形方法			
交桩单位使用仪器牌号和精度			
所交接桩是否齐全有无遗失意见			

签字	主持单位	交桩单位	接桩单位	监理单位
	主持人	交桩人	接桩人	（总）监理工程师

注：1. 本表一式八份，以上每单位各持一份，承包商另备 4 份入竣工档案。
2. 本表适于业主向承包商交桩，同时也适用于承包商将洞内或高架部分导（中）线点移交给业主。
3. 接桩单位接桩后，必须对所接桩点进行复测和保护，复测情况及处理措施报告经监理单位审查后，于接桩后 15 个工作日内上报业主备案。
4. 最后一栏签名后须留有签名人联系电话。

施工放样报审表

表6-4

工程名称		合同号	
承包商		监理单位	

致（项目监理单位）：
　　根据合同要求，我们已完成（单位或子单位工程名称）（分部分项工程）及部位的施工放样测量工作，清单如下，请予检查。

附件：测量放样记录及成果表

　　　　承包商：（盖章）　　　　　　　　　　　　　　　　　　　日期：

工程名称及部位	放样内容	备注

查验结果：

测量人员：　　　　　项目负责人：　　　　　日期：

监理工程师意见：

监理工程师：（盖章）　　　　　　　　　　　　　　　　日期：

工程定位测量（复测）记录   表 6-5

年　　月　　日

工程名称				测量部位	
合同编号				测量日期	
承包商				使用仪器	
控制点成果	点名				
	坐标	X			
		Y			
		H			
测量成果	设计坐标	X			
		Y			
		H			
	实测坐标	X			
		Y			
		H			
测量示意图：					
测量人员 _____　复测人员 _____　质量检查员 _____　施工负责人 _____ 监理工程师 _____					

注：在使用平面控制点时，应不少于 3 个，使用高程点时，不少于 2 个；并注意检查其边角、高差等几何关系，确认无误后方可使用；如几何关系不能满足规范要求，则停止使用该控制点成果，并立即上报监理单位和第三方测量单位，及时修测或补测；监理抽测检查也可使用该表格样式。

工程轴线测量（复测）结果记录   表 6-6

年　　月　　日

工程名称	
位置	
测量示意图：	
结论：	

测量人员：_____　复测人员：_____　施工负责人：_____　监理工程师：_____

注：复测轴线时应控制点不少于 3 个点，其边角几何关系须满足规范要求后方可使用。

断面测量记录表 表 6-7

工点（站、区间）：
隧道/车站类型：
测量时间：

断面里程		实测断面				实测高程			备注
		左		右		顶点(m)	底点(m)	高度(m)	
		L(mm)	H(m)	L(mm)	H(m)				
	上								
	中1								
	中2								
	下								
	屏A								
	屏B								
	上								
	中1								
	中2								
	下								
	屏A								
	屏B								
	上								
	中1								
	中2								
	下								
	屏A								
	屏B								
	上								
	中1								
	中2								
	下								
	屏A								
	屏B								

作业员： 检核员： 负责人：

注：1. 本表以施工图（需注明使用的图名、图号）设计线路中心线为测量基准。
2. 本表 L 表示横距，H 表示横距的测点高程；"实测高程"栏高度（m）为顶点至底点高程差。
3. 实际测量中，站台位侧可不测。

测量旁站监理记录表

表 6-8

工程名称：　　　　　　　　　　　　　　　　　　　　　编号：

日期及气候	年　月　日　　天气：　　气温：　　℃	工程地点	

旁站监理部位或工序：

测量旁站时间	

施工测量情况：

1. 测量仪器型号：_____，检定日期：_____；
   型号：_____，检定日期：_____；
   型号：_____，检定日期：_____。
2. 测量人员：中（高）级工程师_____名，测工_____名；是否满足要求：□是　□否。
3. 测设过程：　平面控制点点号_____
   　　　　　　高程控制点点号_____；

外业观测是否符合规范要求，外业计算是否正确：□是　□否

发现的问题及处理情况：

测量监理人员（签字）：

年　月　日

XX 项目测量管理台账

测量人员信息动态表　　　　　　　　　　　　　　　　　表 6-9

序号	姓名	职务	电话	单位	备注

测量仪器设备检定信息汇总表　　　　　　　　　　　　表 6-10

序号	设备名称	精度	检定单位	检定日期	设备进出场日期	备注

测量重大节点资料报审统计表　　　　　　　　　　　　表 6-11

序号	测量部位	测量日期	监理复核	业主第三方复核	备注

6.3 明挖车站施工测量监理工作流程

明挖车站施工测量监理工作流程见图6-1。

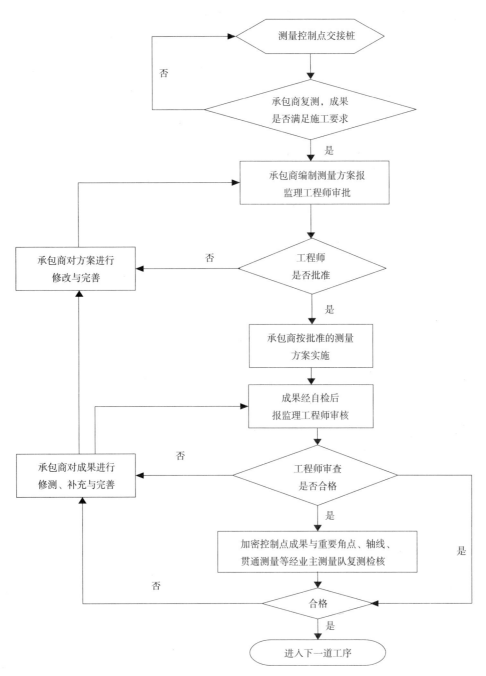

图6-1 明挖车站施工测量监理工作流程

第7章
明挖车站施工监测监理要点

本章执笔：王欢贵　胡　超　徐明辉

7.1 明挖车站施工监测基本要求

7.1.1 工程监测等级划分

根据《城市轨道交通工程监测技术规范》GB 50911—2013 所述，工程监测宜根据基坑自身风险等级、周边环境风险等级和地质条件复杂程度进行划分。

1) 基坑的自身风险等级宜根据支护结构发生变形或破坏，岩土体失稳等的可能性和后果的严重程度，采用工程评估的方法确定，也可以根据基坑设计深度进行划分（表 7-1）。

基坑工程的自身风险等级　　表 7-1

工程自身风险等级		等级划分标准
基坑工程	一级	设计深度大于或等于 20m 的基坑
	二级	设计深度大于或等于 10m 且小于 20m 的基坑
	三级	设计深度小于 10m 的基坑

2) 周边环境风险等级可根据周边环境类型、重要性、与工程的空间位置关系和对工程的危害性按表 7-2 所示划分。

周边环境风险等级　　表 7-2

周边环境风险等级	等级划分标准
一级	主要影响区内存在既有轨道交通设施、重要建（构）筑物、重要桥梁与隧道、河流或湖泊
二级	主要影响区内存在一般建（构）筑物、一般桥梁与隧道、高速公路或重要地下管线 次要影响区域内存在既有轨道交通设施、重要建（构）筑物、重要桥梁与隧道、河流或湖泊 隧道工程上穿既有轨道交通设施
三级	主要影响区域内存在城市重要道路、一般地下管线或一般市政设施 次要影响区域内存在一般建（构）筑物、一般桥梁与隧道、高速公路或重要地下管线
四级	次要影响区域内存在城市重要道路、一般地下管线或一般市政设施

3）地质条件复杂程度可根据场地地形地貌,工程地质条件和水文地质条件如表7-3所示划分。

地质条件复杂程度　　　　　　　　　　　　　　　　　表 7-3

地质条件复杂程度	等级划分标准
复杂	地形地貌复杂;不良地质作用强烈发育;特殊性岩土需要专门处理;地基、围岩和边坡的岩土性质较差;地下水对工程的影响较大需要进行专门研究和治理
中等	地形地貌较复杂;不良地质作用一般发育;特殊性岩土不需要专门处理;地基围岩和边坡的岩土性质一般;地下水对工程的影响较小
简单	地形地貌简单;不良地质作用不发育;地基围岩和边坡的岩土性质较好;地下水对工程无影响

注:符合条件之一即为对应的地质条件复杂程度,从复杂开始,向中等、简单推进,以最先满足的为准。

4）工程监测等级可按表7-4所示进行划分,并根据当地经验结合地质条件复杂程度进行调整。

工程监测等级　　　　　　　　　　　　　　　　　表 7-4

工程自身风险等级 \ 周边环境风险等级 → 工程监测等级	一级	二级	三级	四级
一级	一级	一级	一级	一级
二级	一级	二级	二级	二级
三级	一级	二级	三级	三级

7.1.2 工程监测项目

工程监测对象的选择应在满足工程支护结构安全和周边环境保护要求的条件下,针对不同的施工方法,根据结构设计方案、周围岩土体及周边环境条件整合确定;各监测对象和项目应相互配套满足设计施工方案的要求,并形成有效、完整的监测体系。明挖法基坑支护结构和周围岩土体监测项目应根据表7-5所示选择。

明挖法基坑支护结构和周围岩土体监测项目　　　　　表 7-5

序号	监测项目	工程监测等级		
		一级	二级	三级
1	支护桩(墙)、边坡顶部水平位移	√	√	√
2	支护桩(墙)、边坡顶部竖向位移	√	√	√
3	支护桩(墙)体水平位移	√	√	○
4	支护桩(墙)结构应力	○	○	○

续表

序号	监测项目	工程监测等级		
		一级	二级	三级
5	立柱结构竖向位移	√	√	○
6	立柱结构水平位移	√	○	○
7	立柱结构应力	○	○	○
8	支撑轴力	√	√	√
9	顶板应力	○	○	○
10	锚杆拉力	√	√	√
11	土钉拉力	○	○	○
12	地表沉降	√	√	√
13	竖井井壁支护结构净空收敛	√	√	√
14	土体深层水平位移	○	○	○
15	土体分层竖向位移	○	○	○
16	基坑隆起（回弹）	○	○	○
17	支护桩（墙）侧向土压力	○	○	○
18	地下水位	√	√	√
19	孔隙水压力	○	○	○

注：√—应测项目，○—选测项目。

7.1.3 基坑主体监测点埋设要求

1. 桩顶部的水平位移和竖向位移监测点

基坑边坡顶部的水平位移和竖向位移监测点应沿基坑周边布置，基坑周边中部、阳角处应布置监测点。监测点间距不宜大于20m，每边监测点数目不应少于3个。监测点宜设置在基坑边坡坡顶上。围护墙顶部的水平位移和竖向位移监测点应沿围护墙的周边布置，围护墙周边中部、阳角处应布置监测点。监测点间距不宜大于20m，每边监测点数目不应少于3个。监测点宜设置在冠梁上。

2. 深层水平位移监测孔

深层水平位移监测孔宜布置在基坑边坡、围护墙周边的中心处及代表性的部位，数量和间距视具体情况而定，但每边至少应设1个监测孔。当用测斜仪观测深层水平位移时，设置在围护墙内的测斜管深度小于围护墙的入土深度；设置在土体内的测斜管应保证有足够的入土深度，保证管端嵌入到稳定的土体中。

3. 围护墙内力监测

围护墙内力监测点应布置在受力、变形较大且有代表性的部位，监测点数量和横向间距视具体情况而定，但每边至少应设1处监测点。竖直方向监测点应布置在弯矩较大处，监测点间距宜为 3~5m。

4. 支撑内力监测点

支撑内力监测点的布置应符合下列要求：

1）监测点宜设置在支撑内力较大或在整个支撑系统中起关键作用的杆件上；

2）每道支撑的内力监测点不应少于 3 个，各道支撑的监测点位置宜在竖向保持一致；

3）钢支撑的监测截面根据测试仪器宜布置在支撑长度的 1/3 部位或支撑的端头。钢筋混凝土支撑的监测截面宜布置在支撑长度的 1/3 部位；

4）每个监测点截面内传感器的设置数量及布置应满足不同传感器测试要求。

5. 立柱的竖向位移监测

立柱的竖向位移监测点宜布置在基坑中部、多根支撑交汇处、施工栈桥下、地质条件复杂处的立柱上，监测点不宜少于立柱总根数的 5%，逆作法施工的基坑不宜少于 10%，且不应少于 3 根。

6. 锚杆的拉力监测点

锚杆的拉力监测点应选择在受力较大且有代表性的位置，基坑每边跨中部位和地质条件复杂的区域宜布置监测点。每层锚杆的拉力监测点数量应为该层锚杆总数的 1%~3%，并不应少于 1 根。每层监测点在竖向上的位置宜保持一致。每根杆体上的测试点应设置在锚头附近位置。

7. 土钉的拉力监测点

土钉的拉力监测点应沿基坑周边布置，基坑周边中部、阳角处宜布置监测点。监测点水平间距不宜大于 30m，每层监测点数目不应少于 3 个。各层监测点在竖向上的位置宜保持一致。每根杆体上的测试点应设置在受力、变形有代表性的位置。

8. 基坑底部隆起监测点

基坑底部隆起监测点应符合下列要求：

1）监测点宜按纵向或横向剖面布置，剖面应选择在基坑的中央、距坑底边约 1/4 坑底宽度处以及其他能反映变形特征的位置。数量不应少于 2 个。纵向或横向有多个监测剖面时，其间距宜为 20~50m；

2）同一剖面上监测点横向间距宜为 10~30m，数量不宜少于 3 个。

9. 围护墙侧向土压力监测点

围护墙侧向土压力监测点的布置应符合下列要求：

1）监测点应布置在受力、土质条件变化较大或有代表性的部位；

2）平面布置上基坑每边不宜少于 2 个测点。在竖向布置上，测点间距宜为 2~5m，测点下部宜密；

3）当按土层分布情况布设时，每层应至少布设 1 个测点，且布置在各层土的中部；

4）土压力盒应紧贴围护墙布置，宜预设在围护墙的迎土面一侧。

10. 孔隙水压力监测点

孔隙水压力监测点宜布置在基坑受力、变形较大或有代表性的部位。监测点竖向布置宜在水压力变化影响深度范围内按土层分布情况布设，监测点竖向间距一般为2~5m，并不宜少于3个。

11. 基坑内地下水位监测点

基坑内地下水位监测点的布置应符合下列要求：

1）当采用深井降水时，水位监测点宜布置在基坑中央和两相邻降水井的中间部位；当采用轻型井点、喷射井点降水时，水位监测点宜布置在基坑中央和周边拐角处，监测点数量视具体情况确定；

2）水位监测管的埋置深度（管底标高）应在最低设计水位之下3~5m。对于需要降低承压水水位的基坑工程，水位监测管埋置深度应满足降水设计要求。

12. 基坑外地下水位监测点

基坑外地下水位监测点的布置应符合下列要求：

1）水位监测点应沿基坑周边、被保护对象（如建筑物、地下管线等）周边或在两者之间布置，监测点间距宜为20~50m。相邻建（构）筑物、重要的地下管线或管线密集处应布置水位监测点；如有止水帷幕，宜布置在止水帷幕的外侧约2m处；

2）水位监测管的埋置深度（管底标高）应在控制地下水位之下3~5m。对于需要降低承压水水位的基坑工程，水位监测管埋置深度应满足设计要求；

3）回灌井点观测井应设置在回灌井点与被保护对象之间。

7.1.4 周边环境监测点埋设要求

1. 基坑周边环境监控范围

从基坑边缘以外1~3倍开挖深度范围内需要保护的建（构）筑物、地下管线等均应作为监控对象；必要时应扩大监控范围。位于重要保护对象（如地铁、上游引水、合流污水等）安全保护区范围内的监测点的布置，尚应满足相关部门的技术要求。

2. 建（构）筑物的竖向位移监测点

建（构）筑物的竖向位移监测点布置应符合下列要求：

1）建（构）筑物四角、沿外墙每10~15m处或每隔2~3根柱基上，且每边不少于3个监测点；

2）不同地基或基础的分界处；

3）建（构）筑物不同结构的分界处；

4）变形缝、抗震缝或严重开裂处的两侧；

5）新、旧建筑物或高、低建筑物交接处的两侧；

6）烟囱、水塔和大型储仓罐等高耸构筑物基础轴线的对称部位，每一构筑物不得少于4点。

3. 建（构）筑物的水平位移监测点

建（构）筑物的水平位移监测点应布置在建筑物的墙角、柱基及裂缝的两端，每侧墙体的监测点不应少于3处。

4. 建（构）筑物倾斜监测点

建（构）筑物倾斜监测点应符合下列要求：

1）监测点宜布置在建（构）筑物角点、变形缝或抗震缝两侧的承重柱或墙上；

2）监测点应沿主体顶部、底部对应布设，上、下监测点应布置在同一竖直线上；

3）当采用铅锤观测法、激光铅直仪观测法时，应保证上、下测点之间具有一定的通视条件。

5. 建（构）筑物的裂缝监测点

建（构）筑物的裂缝监测点应选择有代表性的裂缝进行布置，在基坑施工期间当发现新裂缝或原有裂缝有增大趋势时，应及时增设监测点。每一条裂缝的测点至少设2组，裂缝的最宽处及裂缝末端宜设置测点。

6. 地下管线监测点

地下管线监测点的布置应符合下列要求：

1）应根据管线年份、类型、材料、尺寸及现状等情况，确定监测点设置；

2）监测点宜布置在管线的节点、转角点和变形曲率较大的部位，监测点平面间距宜为15~25m，并宜延伸至基坑以外20m；

3）上水、煤气、暖气等压力管线宜设置直接监测点。直接监测点应设置在管线上，也可以利用阀门开关、抽气孔以及检查井等管线设备作为监测点；

4）在无法埋设直接监测点的部位，可利用埋设套管法设置监测点，也可采用模拟式测点将监测点设置在靠近管线埋深部位的土体中。

7. 基坑周边地表竖向沉降监测点

基坑周边地表竖向沉降监测点的布置范围宜为基坑深度的1~3倍，监测剖面宜设在坑边中部或其他有代表性的部位，并与坑边垂直，监测剖面数量视具体情况确定。每个监测剖面上的监测点数量不宜少于5个。

8. 土体分层竖向位移监测孔

土体分层竖向位移监测孔应布置在有代表性的部位，数量视具体情况确定，并形成监测剖面。同一监测孔的测点宜沿竖向布置在各层土内，数量与深度应根据具体情况确定，在厚度较大的土层中应适当加密。

7.1.5 基准点及监测点的观测方法及精度要求

1. 变形测量点布设

变形测量点分为基准点、工作基点和变形监测点。其布设应符合下列要求：

1）每个基坑工程至少应有3个稳固可靠的点作为基准点；

2）工作基点应选在稳定的位置。在通视条件良好或观测项目较少的情况下，可不设工作基点，在基准点上直接测定变形监测点；

3）施工期间，应采用有效措施，确保基准点和工作基点的正常使用；

4）监测期间，应定期检查工作基点的稳定性。

2. 水平位移监测方法

1）测定特定方向上的水平位移时可采用视准线法、小角度法、投点法等；测定监测点任意方向的水平位移时可视监测点的分布情况，采用前方交会法、自由设站法、极坐标法等；当基准点距基坑较远时，可采用GPS测量法或三角、三边、边角测量与基准线法相结合的综合测量方法。

2）水平位移监测基准点应埋设在基坑开挖深度3倍范围以外不受施工影响的稳定区域，或利用已有稳定的施工控制点，不应埋设在低洼积水、湿陷、冻胀、胀缩等影响范围内；基准点的埋设应按有关测量规范、规程执行。宜设置有强制对中的观测墩；采用精密的光学对中装置，对中误差不宜大于0.5mm。

3）基坑围护墙（坡）顶水平位移监测精度应根据围护墙（坡）顶水平位移报警值按表7-6所示确定。

基坑围护墙（坡）顶水平位移监测精度　　　表7-6

工程监测等级		一级	二级	三级
水平位移控制值	累计变化量 D'（mm）	$D' < 30$	$30 \leq D' < 40$	$D' \geq 40$
	变化速率 v_d（mm/d）	$v_d < 3$	$3 \leq v_d < 4$	$v_d \geq 4$
监测点坐标中误差（mm）		≤ 0.6	≤ 0.8	≤ 1.2

注：1. 监测点坐标中误差，是指监测点相对测站点（如工作基点等）的坐标中误差，为点位中误差的 $1/\sqrt{2}$。
2. 当根据累计变化量和变化速率选择的精度要求不一致时，优先按变化速率的要求确定。

3. 竖向位移监测方法及监测精度

竖向位移监测可采用几何水准、电子测距三角高程测量或液体静力水准等方法；监测网的技术要求应符合现行国家标准《城市轨道交通工程测量规范》GB/T 50308—2017的有关要求；监测仪器和监测方法应满足竖向位移监测点测站高差中误差和竖向位移控制值的要求，且竖向位移监测精度应符合表7-7所示相关规定。

竖向位移监测精度 表 7-7

工程监测等级		一级	二级	三级
竖向位移控制值	累计变化量 S'（mm）	$S' < 25$	$25 \leq S' < 40$	$S' \geq 40$
	变化速率 v_s（mm/d）	$v_s < 3$	$3 \leq v_s < 4$	$v_s \geq 4$
监测点坐标中误差（mm）		≤ 0.6	≤ 1.2	≤ 1.5

注：监测点测站高差中误差系指相应精度与视距的几何水准测量单程—测站的高差中误差。

地下管线的竖向位移监测精度宜不低于 0.5mm；其他基坑周边环境（如地下设施、道路等）的竖向位移监测精度应符合相关规范、规程的规定。坑底隆起（回弹）监测精度不宜低于 1mm。

4. 深层水平位移监测方法及监测精度

围护墙体或坑周土体的深层水平位移的监测宜采用在墙体或土体中预埋测斜管、通过测斜仪观测各深度处的水平位移。

测斜管宜采用 PVC 工程塑料管或铝合金管，直径宜为 45~90mm，管内应有两组相互垂直的纵向导槽。

测斜管埋设时应符合下列要求：

1）埋设前应检查测斜管质量，测斜管连接时应保证上、下管段的导槽相互对准顺畅，接头处应密封处理，并注意保证管口的封盖；

2）测斜管长度应与围护墙深度一致或不小于所监测土层的深度；当以下部管端作为位移基准点时，应保证测斜管进入稳定土层 2~3m；测斜管与钻孔之间孔隙应填充密实；

3）埋设时测斜管应保持竖直无扭转，其中一组导槽方向应与所需测量的方向一致。

测斜仪应下入测斜管底 5~10min，待探头接近管内温度后再量测，每个监测方向均应进行正、反两次量测。当以上部管口作为深层水平位移相对基准点时，每次监测均应测定孔口坐标的变化。

5. 倾斜监测方法及监测精度

建筑物倾斜监测应测定监测对象顶部相对于底部的水平位移与高差，分别记录并计算监测对象的倾斜度、倾斜方向和倾斜速率。

应根据不同的现场观测条件和要求，选用投点法、水平角法、前方交会法、正垂线法、差异沉降法等。

建筑物倾斜监测精度还应符合《工程测量规范》GB 50026—2007 及《建筑变形测量规范》JGJ 8—2016 的有关规定。

6. 裂缝监测方法及监测精度

裂缝监测应包括裂缝的位置、走向、长度、宽度及变化程度，需要时还包括深度。裂缝监测数量根据需要确定，主要或变化较大的裂缝应进行监测。

裂缝监测可采用以下方法：

1）对裂缝宽度监测，可在裂缝两侧贴石膏饼、划平行线或贴埋金属标志等，采用千分尺或游标卡尺等直接量测的方法；也可采用裂缝计、粘贴安装千分表法、摄影量测等方法。

2）对裂缝深度量测，当裂缝深度较小时宜采用凿出法和单面接触超声波法监测；深度较大裂缝宜采用超声波法监测。

应在基坑开挖前记录监测对象已有裂缝的分布位置和数量，测定其走向、长度、宽度和深度等情况，标志应具有可供量测的明晰端面或中心。裂缝宽度监测精度不宜低于 0.1mm，长度和深度监测精度不宜低于 1mm。

7. 支护结构内力监测方法及监测精度

基坑开挖过程中支护结构内力变化可通过在结构内部或表面安装应变计或应力计进行量测。

对于钢筋混凝土支撑，宜采用钢筋应力计（钢筋计）或混凝土应变计进行量测；对于钢结构支撑，宜采用轴力计进行量测。

围护墙、桩及围檩等内力宜在围护墙、桩钢筋制作时，在主筋上焊接钢筋应力计的预埋方法进行量测。

支护结构内力监测值应考虑温度变化的影响，对钢筋混凝土支撑尚应考虑混凝土收缩、徐变以及裂缝开展的影响。

应力计或应变计的量程宜为最大设计值的 1.2 倍，分辨率不宜低于 0.2%FS，精度不宜低于 0.5%FS。

围护墙、桩及围檩等的内力监测元件宜在相应工序施工时埋设并在开挖前取得稳定初始值。

8. 土压力监测方法及监测精度

土压力宜采用土压力计量测。

土压力计的量程应满足被测压力的要求，其上限可取最大设计压力的 1.2 倍，精度不宜低于 0.5%FS，分辨率不宜低于 0.2%FS。

土压力计埋设可采用埋入式或边界式（接触式）。埋设时应符合下列要求：

1）受力面与所需监测的压力方向垂直并紧贴被监测对象；

2）埋设过程中应有土压力膜保护措施；

3）采用钻孔法埋设时，回填应均匀密实，且回填材料宜与周围岩土体一致；

4）做好完整的埋设记录。

土压力计埋设后应立即进行检查测试，基坑开挖前至少经过 1 周时间的监测并取得稳定初始值。

9. 孔隙水压力监测压力监测方法及监测精度

孔隙水压力宜通过埋设钢弦式、应变式等孔隙水压力计,采用频率计或应变计量测。孔隙水压力计应满足以下要求:量程应满足被测压力范围的要求,可取静水压力与超孔隙水压力之和的 1.2 倍;精度不宜低于 0.5%FS,分辨率不宜低于 0.2%FS。孔隙水压力计埋设可采用压入法、钻孔法等。孔隙水压力计应在事前 2~3 周埋设,埋设前应符合下列要求:

1)孔隙水压力计应浸泡饱和,排除透水石中的气泡;

2)检查率定资料,记录探头编号,测读初始读数。

采用钻孔法埋设孔隙水压力计时,钻孔直径宜为 110~130mm,不宜使用泥浆护壁成孔,钻孔应圆直、干净;封口材料宜采用直径 10~20mm 的干燥膨润土球孔隙水压力计埋设后应测量初始值,且宜逐日量测 1 周以上并取得稳定初始值。应在孔隙水压力监测的同时测量孔隙水压力计埋设位置附近的地下水位。

10. 地下水位监测方法及监测精度

地下水位监测宜通过孔内设置水位管,采用测绳或水位计等进行人工观测。地下水位监测精度不宜低于 20mm,仪器观测精度不宜低于 0.5%FS。检验降水效果的水位观测井宜布置在降水区内,采用轻型井点管降水时可布置在总管的两侧,采用深井降水时应布置在两孔深井之间,水位孔深度宜在最低设计水位下 2~3m。潜水水位管应在基坑施工前埋设,滤管长度应满足测量要求;承压水位监测时被测含水层与其他含水层之间应采取有效的隔水措施。水位观测管宜至少在工程开始降水前一周埋设,且宜逐日连续观测水位并取得稳定初始值。

11. 锚杆拉力监测方法及监测精度

锚杆拉力量测宜采用专用的锚杆测力计,钢筋锚杆可采用钢筋应力计或应变计,当使用钢筋束时应分别监测每根钢筋的受力。锚杆轴力计、钢筋应力计和应变计的量程宜为设计最大拉力值的 1.2 倍,量测精度不宜低于 0.5%FS,分辨率不宜低于 0.2%FS。应力计或应变计应在锚杆锁定前获得稳定初始值。

12. 坑外土体分层竖向位移监测方法及监测精度

土体分层竖向位移可通过埋设磁环分层沉降标,采用分层沉降仪进行监测;也可以埋设深层沉降标,采用水准测量方法进行监测。

磁环分层沉降标埋设后应连续观测一周,至磁环稳定后测定孔口高程并计算各磁环高程;采用分层沉降仪量测时,应以 3 次测量平均值作为初始值,读数较差不应大于 1.5mm;采用深层沉降标结合水准测量时,水准测量精度应满足表 7-7 所示精度要求。

7.1.6 监测频率

1. 根据《城市轨道交通工程监测技术规范》GB 50911—2013 要求,监测频率应根据施工方法、施工进度、监测对象、监测项目地质条件等情况和特点,并结合当地工程经验进行确定。明挖法基坑工程施工中支护结构周围岩土体和周边环境的监测频率可按表 7-8 所示确定。

明挖法基坑工程监测频率　　　　　　　　　　　　　　表 7-8

施工工况		基坑设计开挖深度（m）				
		≤ 5	5 ~ 10	10 ~ 15	15 ~ 20	> 20
基坑开挖深度（m）	≤ 5	1 次 /1d	1 次 /2d	1 次 /3d	1 次 /3d	1 次 /3d
	5 ~ 10	—	1 次 /1d	1 次 /2d	1 次 /2d	1 次 /2d
	10 ~ 15	—	—	1 次 /1d	1 次 /1d	1 次 /2d
	15 ~ 20	—	—	—	1 次 ~ 2 次 /1d	1 次 ~ 2 次 /1d
	> 20	—	—	—	—	2 次 /1d

注：1. 基坑工程开挖前的监测频率应根据工程实际需要确定。
　　2. 底板浇筑后可根据监测数据变化情况调整监测频率。
　　3. 支撑结构拆除过程中及拆除完成后 3d 内监测频率应适当增加。

2. 对穿越既有轨道交通和重要建（构）筑物等周边环境等级为一级的工程,在穿越过程中应提高监测频率,并对关键监测项目进行实时监测。

3. 工程施工期间,现场巡查每天不宜少于一次,并应做好巡查记录,在关键工况特殊天气等情况下增加巡视次数。

7.1.7 监测项目控制值和预警

1. 明挖法基坑支护结构和周围岩土体的监测项目控制值应根据工程地质条件、基坑设计参数、工程监测等级及当地工程经验等确定,当无地方类似工程经验时,可参照表 7-9。

基坑及支护结构监测报警值　　　　　　　　　　　　　　表 7-9

监测项目	支护结构类型、岩土类型	工程监测等级								
		一级			二级			三级		
		累计值（mm）		变化速率（mm/d）	累计值（mm）		变化速率（mm/d）	累计值（mm）		变化速率（mm/d）
		绝对值	相对基坑深度（H）		绝对值	相对基坑深度（H）		绝对值	相对基坑深度（H）	
支护桩（墙）顶竖向位移	土钉墙、型钢水泥土墙	—	—	—	—	—	—	30 ~ 40	0.5% ~ 0.6%	4 ~ 5
	灌注桩地、下连续墙	10 ~ 25	0.1% ~ 0.15%	2 ~ 3	20 ~ 30	0.15% ~ 0.3%	3 ~ 4	20 ~ 30	0.15% ~ 0.3%	3 ~ 4
支护桩（墙）顶水平位移	土钉墙、型钢水泥土墙	—	—	—	—	—	—	30 ~ 60	0.6% ~ 0.8%	5 ~ 6
	灌注桩地、下连续墙	15 ~ 25	0.1% ~ 0.15%	2 ~ 3	20 ~ 30	0.15% ~ 0.5%	3 ~ 4	20 ~ 40	0.2% ~ 0.4%	3 ~ 4

续表

监测项目	支护结构类型、岩土类型		工程监测等级							
			一级			二级			三级	
			累计值（mm）		变化速率（mm/d）	累计值（mm）		变化速率（mm/d）	累计值（mm）	
			绝对值	相对基坑深度（H）		绝对值	相对基坑深度（H）		绝对值	相对基坑深度（H）	变化速率（mm/d）

监测项目	支护结构类型、岩土类型		绝对值	相对基坑深度（H）	变化速率（mm/d）	绝对值	相对基坑深度（H）	变化速率（mm/d）	绝对值	相对基坑深度（H）	变化速率（mm/d）
支护桩（墙）体水平位移	型钢水泥土墙	坚硬—中硬土	—	—	—	—	—	—	40~50	0.4%	6
		中软—软弱土	—	—		—	—		50~70	0.7%	
支护桩（墙）体水平位移	灌注桩、地下连续墙	坚硬—中硬土	20~30	0.15%~0.2%	2~3	30~40	0.2%~0.4%	3~4	30~40	0.2%~0.4%	4~5
		中软—软弱土	30~50	0.2%~0.3%	2~4	40~60	0.3%~0.5%	3~5	50~70	0.5%~0.7%	4~6
地表沉降	坚硬—中硬土		10~25	0.15%~0.2%	2~4	25~35	0.2%~0.3%	3~5	30~40	0.3%~0.4%	2~4
	中软—软弱土		10~26	0.2%~0.3%	2~4	30~50	0.3%~0.5%	3~5	40~60	0.4%~0.6%	4~6
立柱结构竖向位移			10~27	—	2~5	10~20	—	2~3	10~20	—	2~3
支护墙结构应力			（60%~70%）f			（70%~80%）f			（70%~80%）f		
立柱结构应力			（60%~70%）f			（70%~80%）f			（70%~80%）f		
支撑轴力			最大值：（60%~70%）f			最大值：（70%~80%）f			最大值：（70%~80%）f		
锚杆拉力			最大值：（80%~100%）f_y			最大值：（80%~100%）f_y			最大值：（80%~100%）f_y		

注：1. H—基坑设计深度，f—构件的承载能力设计极限值，f_y—支撑、锚杆的预应力设计值。
2. 累计值取绝对值和相对基坑深度（H）值两者中的小值。
3. 支护桩（墙）顶隆起控制值宜为20mm。
4. 嵌岩的灌注桩或地下连续墙控制值可按表中数值的50%取用。

2. 周边环境监测项目控制值应根据环境对象的类型与特点、结构形式、变形特点、已有变形、正常使用条件及国家现行有关标准的规定，并结合环境对象的重要性、易损性及相关单位的要求等进行确定：

1）建（构）筑物监测项目控制值应在调查分析建筑物使用功能、建筑规模、修建年代、结构形式、基础类型、地质条件等的基础上，结合其与工程的空间关系、已有沉降、差异沉降和倾斜以及当地工程经验进行确定，并应符合现行国家标准《建筑地基基础设计规范》GB 50007—2011 的有关规定；

2）桥梁监测项目控制值应在调查桥梁规模、结构形式、基础类型、建筑材料、养护情况等的基础上，结合与工程的空间关系、已有沉降、差异沉降和倾斜以及当地工程经验进行确定，并应符合现行行业标准《城市桥梁养护技术标准》CJJ 99—2017 的有关规定；

3）地下管线监测项目控制值应在调查分析管线功能、材质、工作压力、管径、接口形式、埋置深度、铺设方法、铺设年代等的基础上，结合其与工程的空间位置关系和当地工程经验进行确定；

4）高速公路与城市道路监测项目控制值应在调查分析道路等级、路基路面材料、道路现状情况和养护周期等的基础上，结合其与工程的空间位置关系和当地工程经验等进行确定，并应符合现行行业标准《公路沥青路面养护技术规范》JTG 5142—2019 和《公路水泥混凝土路面养护技术规范》JTJ 073.1—2001 的有关规定；

5）城市轨道交通既有线监测应在调查分析地质条件、线路结构形式、轨道结构形式、线路现状情况等的基础上，结合其与工程的空间位置关系、当地工程经验，进行必要的结构检测后确定；并应满足现行国家标准《地铁设计规范》GB 50157—2013 的有关规定和线路检修的要求；

6）既有铁路结构及轨道几何形位的监测项目应符合现行行业标准《铁路轨道工程施工质量验收标准》TB 10413—2018 的有关规定，并应满足线路维修要求；

7）如采取爆破施工的，爆破振动监测项目控制值包括峰值振动速度值和主振频率值，应符合现行国家标准《爆破安全规程》GB 6722—2014 的有关规定。

3. 城市轨道交通工程监测应根据工程特点、监测项目控制值、当地施工经验等制定监测预警等级和预警标准。在施工工程中，当监测数据达到预警标准时，必须进行警情报送。

基坑工程监测报警应以监测项目的累计变化量和变化速率进行双控。在巡查过程中发现下列警情之一时，应根据警情紧急程度、发展趋势和造成后果的严重程度按预警管理制度进行警情报送：

1）支护结构出现明显变形、较大裂缝、断裂、较严重漏水、支撑出现明显变位或脱落、锚杆出现松弛或拔出等；

2）周围岩土体出现涌砂、涌土、管涌，较严重渗漏水、突水，滑移、坍塌，基底较大隆起时；

3）周边地表出现明显沉降或较严重的突发裂缝、坍塌；

4）建（构）筑物桥梁等周边环境出现危害正常使用功能或结构安全的过大沉降、倾斜、裂缝等；

5）周边地下管线变形突然明显增大或出现裂缝、泄露等；

6）根据当地工程经验判断应进行警情报送的其他情况。

7.2 明挖车站施工监测监理过程控制

7.2.1 明挖车站监测管控要点

明挖车站监测管控要点见表 7-10。

明挖车站监测管控要点 表7-10

序号	控制点名称	控制方法
1	监测项目	检查基坑监测项目是否符合设计和规范要求
2	监测控制网及监测点布置	监测控制网精度是否满足规范、监测点布置是否满足设计要求
3	监测方法及精度要求	检查监测外业观测方法及数据处理是否符合规范要求
4	监测频率	监测频率满足设计和规范要求
5	监控报警值	监测数据指标是否达到报警，预警等级是否正确
6	数据处理与信息反馈	当监测报警时，召开预警分析会，并制定处理措施

7.2.2 事前质量控制

1. 做好技术准备，审查施工监测方案

1）主要审查监测方案是否包括以下工程概况、监测依据、监测目的、监测项目、测点布置、监测方法及精度、监测人员及主要仪器设备、监测频率、监测报警值、异常情况下的监测措施、监测数据的获取与处理方法、预警机制、工序管理及信息反馈制度、监测人员安全保证措施等；

2）监测方案是否结合基坑周边环境调查情况及水文地质资料进行编制；

3）监测项目、频率、测点位置、报警值是否与设计图纸及规范要求一致；

4）是否进行专家论证，是否根据专家意见进行修改及完善。

2. 审查委外监测单位资质和人员资格及仪器设备检定情况

1）审查委外单位企业资质是否合法、有效；

2）审查委外监测人员资格是否满足监测要求，数量是否满足现场要求；

3）审查仪器设备精度是否满足监测要求，是否在有效期内。

3. 监测控制网布置及复测、加密情况

1）监测基准点布置是否在基坑影响范围外，是否牢固与稳定；

2）加密控制网是否符合后期监测要求；

3）监测控制网精度是否满足监测工作要求，复测频率是否满足规范要求。

4. 监测点埋设过程中，检查监测点布设位置、深度及点位保护措施

1）检查埋设位置是否符合设计要求；

2）检查现场监测点位布置情况是否统一进行标识；

3）检查监测点布置是否能满足监测要求；

4）检查现场监测点位保护情况。

5. 监测点初始值测取

1）检查是否对已布置完成的监测点进行验收；

2）审查初始值测取的时间是否合理，能否满足监测和现场施工需求；

3）检查初始值测取值应符合规范精度要求，是否独立进行三次有效取值并取得平均值；监测点位是否统一进行了标识与保护。

7.2.3 事中质量控制

1. 控制检查施工监测周期与频率

依据设计和规范要求，结合现场施工工序和进度情况，可适当调整监测频率。具体实施时针对现场的施工步骤，根据开挖段区分重点监测区和非重点监测区，重点监测区按上述原则确定监测频率，视围岩的变形情况可加密监测频率，关键部位随施工进行跟踪监测，非重点监测区在上述原则的基础上适当减少监测频率。监测频率可根据实际施工和变形情况作相应调整。

2. 报警值的确定原则及报警值

1）报警值的确定原则

（1）按照设计要求，满足设计计算原则，取设计值的 70%~80% 作为预警值；

（2）满足监测对象的安全要求，达到预警和保护的目的；

（3）满足各监测对象的权属或管理部门提出的要求；

（4）满足现行规范、规程的要求；

（5）在保证安全的前提下，综合考虑工程质量和经济等因素，减少不必要的资金投入。

2）报警值

根据上述报警值确定原则要求，以及行业相关监测工作实践经验，当监测值达到预警控制值数据时，提出书面报警，以备有关方面采取工程措施时参考。

3. 监测点埋设监理控制要点

1）桩顶水平、垂直位移

主要检查桩顶水平、垂直观测点是否布置在基坑影响范围外；是否按设计图纸进行布设；监测点位是否牢固、可靠；监测点标示是否明显、清晰。

2）桩体水平位移

主要检查在埋设桩体测斜管时是否满足设计图纸要求；测斜管深度是否与结构深度一致；测斜管是否与钢筋笼绑扎固定；测斜管一对槽口的位置是否与所在的围护墙垂直；测斜管管底及管顶是否用布料堵塞，盖好管盖；同时在布置施工测斜管时应进行旁站检查。

3）立柱竖向位移

主要检查监测点是否按设计图纸进行布设；点位是否牢固、可靠；监测点标示是否明显。

4）地下水位

主要检查成孔深度是否满足设计要求；水位管是否裹有滤网；管壁与孔壁之间是否用净砂回填至离地表 0.5m 处，再用黏土封填，是否进行了锁口。

5）地下管线变形

主要检查地下管线是否与调查情况一致；监测点位是否能反映地下管线变形情况。

6）周边地表沉降

主要检查周边地表沉降监测点是否按设计图纸进行布设；监测点位是否牢固、可靠；监测点标示是否明显、清晰；地表沉降监测点是否打穿硬性路面，进入原状土。

7）建筑物沉降

主要检查监测点位是否涵盖建筑物四角；点位是否埋入建筑物主体结构，监测点位是否牢固、可靠，标示是否清晰、醒目等。

8）支撑轴力

主要检查钢支撑轴力计中心线与钢支撑中心线是否在同一直线上；检查轴力计安装是否合理、有效地反映其真实受力情况；轴力计的测线是否进行保护及标示清晰；钢筋混凝土支撑测点应力计算值是否与钢筋应力计匹配；安装前是否对钢筋计进行拉、压两种受力状态的进行标定；钢筋应力计与钢筋焊接是否符合要求；钢筋轴力计的导线是否进行保护及标示清晰。

4. 日常监测管理控制要点

及时督促施工监测及第三方监测上报监测日报，在收到施工监测报表后，由主管土建专监进行明确分析，并在施工监测报表封面签署相关意见。对第三方监测单位的监测成果，要与施工方监测的对比分析记录。对承包商的监测周报或月报等阶段性的资料必须要由现场土建监理工程师填写监测审核分析表，并由专监、总代（总监）审核签字。当监测项目发生报警时，由土建监理工程师填写监测报警分析表并上报总代和总监并及时告知业主相关管理部门。

每日对承包商上报的施工日报及第三方监测进行对比分析，有监测预警情况时，上报相关领导，同时组织相关单位举行监测分析会，对数据进行分析及形成处理意见。

每日组织承包商、第三方监测单位对基坑进行巡查，主要目的为：观察基坑是否出现渗水、漏水和塌方等特殊情况，监测点及监测标志是否损坏情况。遇超过报警值时，应根据具体情况及时调整监测时间间隔，加密监测频率，甚至跟踪监测，以保证及时反馈信息。对监测报警情况形成的会议纪要及原始预警数据，进行备份存档。日常巡查内容：

1）工程自身

明（盖）挖法：①围护结构体系有无裂缝、倾斜、渗水、坍塌；②支护体系施作的及时性；③基坑周边堆载情况；④地层情况；⑤地下水控制情况；⑥地表积水情况等。

2）周边环境

（1）建（构）筑物：①建（构）筑物裂缝、剥落；②地下室渗水等。

（2）桥梁：①墩台周围地面沉陷；②挡墙开裂；③混凝土外观、伸缩缝变化情况等。

（3）道路、地面：①地面裂缝；②地面沉陷、隆起；③地面冒浆等。

（4）河流、湖泊：①地面漩涡、气泡；②堤坡开裂等。

（5）地下管线：①管线沿线地面开裂、渗水及塌陷等情况；②检查井等附属设施的开裂及积水变化情况等。

5. 监测报警分析要点

当出现下列情况之一时，应要求加强监测，并及时向相关单位报送现场工况及监测结果：

1）监测数据达到报警值；

2）监测数据变化量异常或者速率突变增大；

3）存在勘察中未发现的不良地质条件；

4）超深、超长开挖或未及时加撑等未按设计施工；

5）基坑及周边大量积水、长时间连续降雨、市政管道出现泄漏；

6）基坑附近地面荷载突然增大或超过设计限值；

7）支护结构出现开裂；

8）周边地面出现突然较大沉降或严重开裂；

9）邻近的建（构）筑物出现突然较大沉降、不均匀沉降或严重开裂；

10）基坑底部、坡体或支护结构出现管涌、渗漏或流砂等现象；

11）基坑工程发生事故后重新组织施工；

12）其他影响基坑及周边环境安全的异常情况。当有危险事故征兆时，还应实时跟踪监测。

7.2.4　事后质量控制

监测分析人员应具有岩土工程与结构工程的综合知识，具有设计、施工、测量等工程实践经验，具有较高的综合分析能力，做到正确判断、准确表达，及时提供高质量的综合分析报告。现场测试人员应对监测数据的真实性负责，监测分析人员应对监测报告的可靠性负责，监测单位应对整个项目监测质量负责。监测记录、监测当日报表、阶段性报告和监测总结报告提供的数据、图表应客观、真实、准确、及时。外业观测值和记事项目，必须在现场直接记录于观测记录表中。任何原始记录不得涂改、伪造和转抄，并有测试、记录人员签字。现场的监测资料应符合下列要求：

1）使用正式的监测记录表格；

2）监测记录应有相应的工况描述；

3）监测数据应及时整理；

4）对监测数据的变化及发展情况应及时分析和评述。

观测数据出现异常，应及时分析原因，必要时进行重测。进行监测项目数据分析时，应结合其他相关项目的监测数据和自然环境、施工工况等情况以及以往数据，考量其发展趋势，并做出预报。监测成果应包括当日报表、阶段性报告、总结报告。报表应按时报送。报表中监测成果宜用表格和变化曲线或图形反映。主体结构工程结束，基坑土体部分回填后，即可终止安全监测。对所测资料进行全面地综合计算分析，30d内由第三方监测单位提交基坑监测最终分析成果报告。

基坑监测样表见表 7-12 至表 7-14。

监测报警分析表 表 7-11

承包商：_____ 监理单位：_____
编　号：

工程名称		日期	
工况记录			
监测对比			
现场存在问题			
分析结论			
处理措施			

监理工程师意见：

总监代表意见：

总监意见：

明挖车站的施工监测点验收表

表 7-12

监测单位：　　　　　　报验人：　　　　　　验收人：　　　　　　日期：

监测部位	监测项目	设计测点布置要求（根据设计要求）	设计数量	实际数量	验收情况
基坑主体	桩顶水平位移				
	桩顶竖向位移				
	桩体深层水平位移				
	土体深层水平位移				
	支撑轴力				
	立柱竖向位移				
基坑周边	地下水位				
	周围地下管线				
	周围建、构筑物				

日常监测对比分析表

表 7-13

项目名称：　　　　　　　　施工单位：
监理单位：　　　　　　　　编　号：

工程名称				日期			
施工/支护情况							
数据统计	监测项目	最大变化点	最大变化量	变化速率	累计最大变化点	累计最大变化量	报警值
分析结论							

监理工程师意见：

总监代表意见：

总监意见：

7.3 明挖车站施工监测控制流程

监测工作除满足相关规范与制度以外,还应满足各个地方相关建设部门制定的有关监测方面的要求,可参照图 7-1 和表 7-14 所示流程执行。

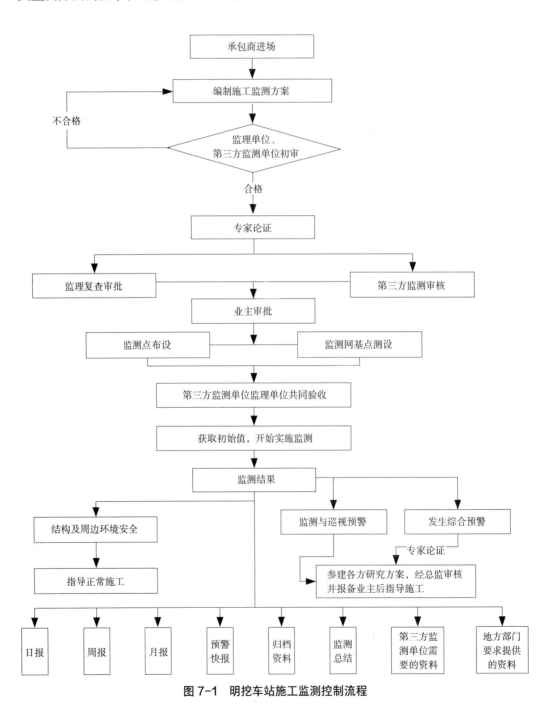

图 7-1 明挖车站施工监测控制流程

施工监测管理流程 表7-14

序号	工 序	要点
1	编制施工监测方案	监测方法的合理、可行性，监测频率、布点及报警值是否符合规范及相关要求，同时审查监测人员及仪器情况，重点需要进行专家评审，建筑物前期调查情况
2	确定监测控制网	以首级GPS控制点为依据，布置满足施工监测的控制点（包括平面及高程控制点）
3	布设施工监测点	按照规范及设计图纸要求，布置施工监测点，布设点位过程中需控制，保证监测点埋设符合规范要求
4	测取监测初始值	按照规范及管理办法要求，独立测取3次合格数据取平均值
5	监测信息管理	对日常监测数据及时分析，对监测过程中监测频率、日常巡查基坑及测点保护情况，监测过程预警及处理
6	监测资料的保存	对日常监测中出现的异常数据及分析进行留存，监测方案和监测总结报告存档

第8章
明挖车站防水施工监理要点

本章执笔：王欢贵　胡　超　徐明辉

8.1 明挖车站防水施工工艺流程

明挖车站防水施工工艺流程见图 8-1 和图 8-2。

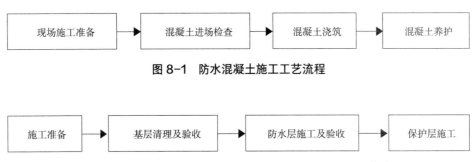

图 8-1 防水混凝土施工工艺流程

图 8-2 卷材防水层、涂料防水层、塑料板防水层施工工艺流程

8.2 明挖车站防水施工监理过程控制

8.2.1 明挖车站防水施工质量控制点

明挖车站防水施工质量控制点见表 8-1 和表 8-2。

防水混凝土施工质量控制点　　表 8-1

控制点名称	控制内容
施工准备	施工方案审查、检验批划分、原材料检验及验收、配合比审查、施工资质审查、施工条件审查
混凝土施工及验收	混凝土进场检验、施工布料及下料、振捣、施工缝留置及处理、混凝土试件留置、混凝土养护

卷材防水层、涂料防水层、塑料板防水层施工质量控制点　　　　表 8-2

控制点名称	控制内容
施工准备	施工方案审查、检验批划分、原材料验收、施工资质及施工条件审查
基层清理及验收	基层表面质量检查、隐蔽验收
防水层施工及验收	细部处理、防水层施工工艺、防水层施工质量
保护层施工	防水层成品保护、保护层施工工艺

8.2.2 事前质量控制

（1）防水施工方案审查：注意审查施工方法、工期策划、资源配置、质量保证、环境保护等内容与设计文件、规范强制性条文的符合性及可操作性，审批流程的完整性。

（2）分项、检验批划分及材料检验取样计划制定：防水为子分部工程（广州市将其单列为分部工程），应根据施工部位、防水材料种类等，结合规范规定进行划分分项、检验批；按相关标准规定的检验评定方法要求制定材料检验的取样计划。同时取得相关部门认可。

（3）原材料确认及检验：检查防水采用的原材料、制品和配件等，应符合设计要求，材料生产许可证、出厂合格证等质保资料齐全，按要求见证送检，检验符合要求后方可使用。

（4）拌合物配比审查：审查防水采用的拌合物调制配比，各种拌合物成分和调制配比应符合设计要求并通过试验确定。

对首次使用的防水混凝土配合比进行开盘鉴定，其工作性应满足设计配合比的要求。开始生产时应至少留置一组标准养护试件，作为验证配合比的依据。

（5）防水基层隐蔽验收：检查验收防水基层（含主体结构）质量情况，只有基层面及主体结构检验合格并填写隐检记录后，方可施工附加防水层及防水层。

（6）施工资质审查：防水工程必须由相应资质的专业防水队伍进行施工，主要施工人员应持有建设行政主管部门或指定单位颁发的执业资格证书。审查防水施工人员资质满足相关规定要求，且已对管理层、作业层进行安全技术交底。

（7）施工条件审查：卷材和涂膜防水层施工环境和温度应符合产品技术要求，不得在雨、雪及五级以上大风天气中施工。

防水混凝土结构的施工缝、变形缝、后浇带、穿墙管、埋设件等设置和构造必须符合设计要求。

8.2.3 事中质量控制

本节只对地铁工程常用的防水混凝土、卷材防水、涂料防水、塑料板防水、细部构造防水等施工工艺进行描述,其余未提及的可结合材料说明、设计相关要求进行控制。

1. 防水混凝土

1)防水混凝土原材料及配合比检查

施工前,应按设计要求,结合规范规定再次检查核对防水混凝土的种类、原材料、配合比等指标,检查核对的重点为:

(1)车站防水结构可采用掺外加剂的防水混凝土,钢管柱宜采用微膨胀混凝土。地下水含有侵蚀性介质的,还应采用耐侵蚀性混凝土,其性能要求应满足国家现行标准《工业建筑防腐蚀设计标准》GB/T 50046—2018和《混凝土结构耐久性设计标准》GB/T 50476—2019的有关规定。

(2)使用的原材料应检验合格,检验要求参照《地下防水工程质量验收规范》GB 50208—2011中防水混凝土原材料检验要求,另外应注意检查原材料是否符合规范中关于原材料的规定:

水泥:宜采用普通硅酸盐水泥或硅酸盐水泥,采用其他品种时应经试验确定;不得将不同品种的水泥混合使用;

砂、石:宜采用中粗砂,含泥量不应大于3.0%;粗骨料粒径宜为5~40mm,含泥量不应大于1.0%;不得使用碱活性骨料;

外加剂:品种和用量应经试验确定,所用外加剂应符合《混凝土外加剂应用技术规范》GB 50119—2013的质量规定;掺加引气剂和引气型减水剂的混凝土,其含气量宜控制在3%~5%;严禁使用对人体产生危害、对环境产生污染的外加剂;

矿物掺和料:粉煤灰级别不低于Ⅱ级,烧失量不应大于5%;硅粉的比表面积不应小于15000m^2/kg,SiO_2含量不应小于85%;粒化高炉矿渣粉的品质应符合《用于水泥、砂浆和混凝土中的粒化高炉矿渣粉》GB/T 18046—2017的有关规定;

水:使用无侵蚀性洁净水,应符合行业标准《混凝土用水标准》JGJ 63—2006的有关规定。

(3)配合比:试验试配的抗渗等级应比设计要求提高0.2MPa;胶凝材料总量不宜低于320kg/m^3,其中水泥用量不应低于260kg/m^3,粉煤灰掺量宜为胶凝材料总量的20%~30%,硅粉掺量宜为2%~5%;水胶比不得大于0.50,有侵蚀性介质时不宜大于0.45;砂率应为35%~40%,泵送时可增加至45%;灰砂比应为1:1.5~1:2.5;入泵坍落度宜控制在120~160 mm。

防水混凝土中各类材料的总碱量(Na_2O当量)不得大于3kg/m^3;氯离子含量不应超过胶凝材料总量的0.1%。上述指标,可通过见证取样送检的报告结果核查。

(4)防水混凝土搅拌配料允许偏差应符合表8-3所示相关规定。

混凝土组成材料计量结果的允许偏差　　　　表 8-3

混凝土组成材料	每盘计量（%）	累计计量（%）
水泥、掺和料	±2	±1
粗、细骨料	±3	±2
水、外加剂	±2	±1

注：累计计量仅适用于微机控制计量的拌合站。

2）旁站检查防水混凝土施工全过程

（1）施工资源及隐蔽验收检查确认

检查承包商技术管理人员、施工管理人员、作业人员、机械设备、照明设施、应急物资等是否到位并满足施工方案、施工要求。

防水混凝土结构内的钢筋或绑扎铁丝，不得触及模板，固定模板的螺栓穿过外墙混凝土结构时，必须采取防水措施。

（2）混凝土进场验收

核验随车单据，单据标注的工程名称及部位、混凝土强度等级、配合比单号、搅拌记录、运输方量、运输车号、出车时间、到达时间以及其他应附单据等应齐全、准确。

搅拌罐车卸料前，应采用快挡旋转搅拌罐不少于 20s；因运距过远、交通或现场等问题造成坍落度损失较大而卸料困难时，严禁现场加水，可采用在混凝土拌合物中掺入适量同品种减水剂并快挡旋转搅拌罐的措施，减水剂掺量应有经试验确定的预案并由混凝土搅拌站专职试验人员操作。之后检查混凝土外观，应色泽均匀，和易性好，无离析、分层、泌水现象。

检查混凝土拌合物从搅拌机卸出至施工现场接收的时间间隔不宜大于 90min，混凝土拌合物从搅拌机卸出后到浇筑完毕的延续时间不应超过 150min（气温 ≤ 25℃）或者 120min（气温 > 25℃）。

（3）混凝土供应

必须保证供应，连续作业，特别是底板、侧墙、顶板等部位，输送泵间歇时间预计超过 45min 或混凝土出现离析现象时，应立即按设计要求进行处理；应有特殊情况下的备用拌合站。

（4）下料检查

入模温度应符合要求：炎热季节施工时，混凝土拌合物入模温度不应高于 30℃，宜选择夜晚浇筑，白天浇筑应采取遮挡措施；在冬期施工时，混凝土拌合物入模温度不应低于 5℃，并应有保温措施。

自由倾落高度满足规定：混凝土灌注的自由倾落高度不应大于 2m，当超过 3m 时，应采用串筒、滑槽或振动溜管等辅助措施。

（5）混凝土振捣

必须采用振捣器振捣，振捣时间宜为 10～30s，并以混凝土开始泛浆和不冒气泡为准，避免漏振、欠振和过振。

对于常用的插入式振捣器，振捣时的移距不宜大于作用半径 1 倍，插入下层混凝土深度不应小于 50mm，振捣时不得碰撞钢筋、模板、预埋件和止水带等；常用的表面振捣器，振捣时的移距应与已振捣混凝土搭接 100mm 以上。

（6）混凝土布料

防水混凝土应从低往高分层灌注，一般每层灌注厚度：插入式振捣器不应大于 300mm，表面振捣器不应大于 200mm；

防水混凝土还应连续灌注，如必须间歇时，应在前层混凝土凝结前，将次层混凝土灌注完毕，否则，应留施工缝。

（7）施工缝留置

施工缝的留置位置、形式应符合设计要求，同时应满足规范规定：

柱子：应留置在与顶、底板或梁的交界处；

墙体：水平施工缝应设留在高出底板不小于 300mm 处，如必须留置垂直施工缝时，应加设端头模板，并宜与变形缝相结合；墙体施工缝宜留置平缝，并粘贴遇水膨胀胶条进行防水处理；

顶板、底板：均不得留置水平施工缝，如留置垂直施工缝时，应加设端头模板，并宜与变形缝相结合。

（8）施工缝处的混凝土继续灌筑

施工缝处继续浇筑混凝土时，应确认已灌注混凝土强度在水平施工缝处不应小于 1.2MPa，垂直施工缝处不低于 2.5MPa，且已灌注混凝土表面已凿毛、清理干净及粘贴遇水膨胀胶条。

灌注混凝土前，施工缝处应先湿润。水平施工缝先铺 30～50mm 厚的与灌注混凝土灰砂比相同的砂浆。

（9）细部混凝土处置

结构预埋件（管）、预留孔洞、钢筋密集以及其他特殊部位，必须按事先制定的措施进行处理，施工中加强振捣，不得漏振、过振。

（10）混凝土试件留置

防水混凝土试件的取样频次及留置组数应满足规范要求、工程所在地建设行政主管部门规定及施工需要。

抗压试件一般按每 100 盘，但不超过 100m³ 的同配合比混凝土，取样次数不应少于一次；或每一工作班拌制的同配合比混凝土，不足 100 盘和 100m³ 时其取样次数不应少于一次；或当一次连续浇筑的同配合比混凝土超过 1000m³ 时，每 200m³ 取样不应少于一次执行。

连续浇筑混凝土每 500m³ 留置一组抗渗试件（一组为 6 个抗渗试件），且每项工程不得少于两组。采用预拌混凝土的抗渗试件，留置组数应视结构的规模和要求而定。

每批混凝土试样应制作的试件总组数，除满足标准规定的混凝土强度评定所必需的组数外，还应留置为检验结构施工阶段混凝土强度（如拆模等）所必需的试件。

（11）后浇带施工

后浇混凝土施工应在其两侧混凝土龄期达到 42d 后进行，后浇混凝土施工前，两侧混凝土应凿毛，清理干净，保持湿润，并刷水泥浆后粘贴遇水膨胀胶条。

后浇缝浇筑用的混凝土应符合设计要求，应采用补偿收缩混凝土灌注，其配合比经试验确定，抗渗和抗压强度低于两侧混凝土等级。

（12）混凝土养护

混凝土养护应按施工方案要求进行，并须在防水混凝土终凝后立即进行养护，保持湿润，养护期不应少于 14d，后浇混凝土养护期不应少于 28d。混凝土养护应采用综合蓄热法、蓄热法、暖棚法、掺化学外加剂等方法养护；养护过程应进行温度控制，混凝土内部和表面温差不应大于 25℃，表面与外界温差不应大于 20℃。

2. 卷材防水层

1）防水卷材检查

根据设计要求、防水卷材进场报验材料、产品说明书等，现场检查核对用于防水施工的原材料，重点检查防水卷材、粘贴涂料、基层处理剂等，实物与资料应相互对应。

2）防水基层面检查确认

根据防水基层面隐蔽验收资料，现场检查核对基层面质量，基层面质量应符合设计要求，一般基层面应洁净；坚实、平整，其平整度允许偏差为 5mm，且每米范围内不多于一处；阴、阳角处宜做成 100mm 圆弧或 50mm×50mm 坡角；保护墙找平层，永久与临时保护墙分别采用水泥和白灰砂浆抹面，厚度为 15~20mm。

3）基层处理剂涂刷

卷材铺贴基层面应涂刷与卷材相适应的处理剂，涂刷方法应与产品说明相一致，处理剂干燥后先铺贴附加层，并在基层面上测放出基准线后，方可进行卷材铺贴。

4）旁站检查细部卷材铺贴

检查重点：铺贴的方法、卷材宽度、在细部处布置的位置、搭接长度或宽度、密封方式等，应与防水卷材的使用说明一致并符合设计要求，如设计无明确要求，细部铺贴卷材加强层的宽度不小于 500mm。

5）防水卷材铺贴检查

细部检查符合要求后，才能进行卷材铺贴。铺贴过程中检查侧重点有：

（1）铺贴天气：卷材严禁在雨天、雪天、五级及以上大风中施工；冷粘法、自粘法施工的环境气温不宜低于5℃，热熔法、焊接法施工的环境气温不宜低于-10℃。施工过程中下雨或下雪时，应做好已铺卷材的防护工作。

（2）铺贴的方法：应与设计要求相一致，如底板底部卷材与基层面应按设计确定采用点粘法、条粘法或满粘法粘贴；但应注意的是，立面和顶板的卷材与基层面、附加层与基层面、附加层与卷材及卷材之间必须全粘贴。卷材粘贴涂料必须涂满铺匀。

（3）铺贴方向：卷材铺贴长边应与结构纵向垂直，其两幅搭接长度应符合设计要求及规范规定,铺贴双层卷材时,上下两层和相邻两幅卷材的接缝应错开1/3~1/2幅宽，且两层卷材不得相互垂直铺贴；卷材应自平面向立面由下向上铺贴，其接缝应留置于平面上，距立面不应小于600mm，交接处应交叉搭接。

（4）粘结与密封：卷材应随粘结料边涂边贴，并展平压实，卷材之间以及与基层面之间必须粘贴紧密，粘贴缝粘贴封严。铺贴收头、搭接、端部等必须按要求进行密封处理。

（5）卷材防水层搭接：搭接宽度应满足设计要求，如无明确要求的参见表8-4执行。

防水卷材的搭接宽度　　　　　表8-4

卷材品种	搭接宽度（mm）
弹性体改性沥青防水卷材	100
改性沥青聚乙烯胎防水卷材	100
自粘聚合物改性沥青防水卷材	80
三元乙丙橡胶防水卷材	100/60（胶粘剂/胶粘带）
聚氯乙烯防水卷材	60/80（单焊缝/双焊缝）
	100（胶粘剂）
聚乙烯丙纶复合防水卷材	100（粘结料）
高分子自粘胶膜防水卷材	70/80（自粘胶/胶粘带）

（6）铺贴质量：卷材与基面、卷材与卷材间的粘结应紧密、牢固；铺贴完成的卷材应平整顺直，搭接尺寸应准确，不得产生扭曲和皱折。

（7）结构边墙、顶板卷材铺贴：边顶后贴卷材防水层施工的，应检查的侧重点为：铺贴前应先将接茬部位各层卷材揭开，并将其表面清理干净，如有局部损伤应修补；卷材应采用错茬相接，上层卷材盖过下层卷材长度应符合要求；卷材铺贴宜先边墙、后顶板，先转角、后大面。

边墙与底板防水层同时铺贴时,边墙顶部应留置临时保护墙,或采取防止损坏卷材留茬的措施。

6) 保护层施工

卷材防水层铺贴完毕,须及时进行隐蔽验收,验收合格后及时施作保护层。保护层施工时,应检查保护层的材料、施工方法、避免损坏防水层的措施落实、保护层的厚度、平整度等,保护层施工前,应在卷材最外层表面均匀涂刷一层涂料。

3. 涂料防水层

1) 防水涂料检查

根据设计要求、防水涂料进场报验资料、产品说明书等,现场检查核对防水涂料各组分材料、基层处理剂等,实物与资料应相互对应。同时进行涂布试验,合格后方可正式施工。

2) 防水基层面检查确认

根据防水基层面隐蔽验收资料,现场检查核对基层面质量,基层面质量应符合设计要求,一般无机防水涂料基层表面应干净、平整、无浮浆和明显积水;有机防水涂料基层表面应基本干燥,不应有气孔、凹凸不平、蜂窝麻面等缺陷。涂料施工前,基层阴阳角应做成圆弧形。

3) 基层处理剂涂刷

涂布施工前,在基层面涂刷与涂膜材料相适应的基层处理剂,涂刷方法应与产品说明相一致,处理剂干燥后先铺贴附加层,或涂布附加层。

4) 旁站检查细部处理

检查重点:转角处、穿墙管道、变形缝等细部的处理方法(涂刷加强层或铺贴附加层)、处理范围、处理层布置的位置、搭接长度或宽度、密封方式等,应与相应的处理材料的使用说明一致并符合设计要求。

5) 涂料防水层施工

涂料防水层施工时,监理现场检查的侧重点包括:

(1) 施工天气:涂料防水层严禁在雨天、雾天、五级及以上大风时施工,不得在施工环境温度低于5℃及高于35℃或烈日暴晒时施工。涂膜固化前如有降雨可能时,应及时做好已完涂层的保护工作;

(2) 涂料配制:涂料应按设计或产品技术规定配制,每次配料应在其规定的时间内用完;

(3) 涂料涂布:防水涂料应分层刷涂或喷涂,上层涂刷应待下层涂层干燥成膜后进行,涂层应均匀,不得漏刷漏涂;每遍涂刷时应交替改变涂层的涂刷方向(顺向均匀涂布,且前、后层方向垂直),同层涂膜的先后搭茬宽度宜为30~50mm;边墙应由上向下顺序涂布,并采取防流淌措施;

（4）施工缝（甩槎）：涂层施工缝应注意保护，搭接缝宽度不应小于100mm，接涂前应将其甩槎表面处理干净；

（5）增强胎体：如果需增加铺贴胎体增强材料，胎体增强材料同层相邻的搭接宽度应大于100mm，上下层接缝应错开1/3幅宽；胎体层充分浸透防水涂料，不得有露槎及褶皱。

（6）涂层质量：应注意观察检查，涂料防水层应与基层粘结牢固，表面平整、涂刷均匀，不得有流淌、皱折、鼓泡、露胎体和翘边等缺陷。涂料防水层的平均厚度应符合设计要求，可采用针测法测量，最小厚度不得小于设计厚度的90%。

6）保护层

（1）涂料防水层验收合格后，特别是有机防水涂料，应及时做保护层；

（2）保护层检查点主要有：保护层所用的材料，必须符合设计要求，施工方法应按材料的施工工艺规定执行，并按相应的控制标准检查控制保护层的材料质量和施工质量；

（3）底板、顶板的防水层与保护层之间宜设置隔离层。

4. 塑料防水板防水层

1）防水材料检查

根据设计要求、防水材料进场报验资料、产品说明书等，现场检查核对防水板、土工织物、暗钉圈等，实物与资料应相互对应。实物主要性能指标应符合设计、规范要求。材料检查时应注意，暗钉圈应采用与塑料防水板相容的材料制作，直径不应小于80mm。

2）防水基层面检查确认

根据防水基层面隐蔽验收资料，现场检查核对基层面质量，基层面质量应符合设计要求，基面应平整、无尖锐突出物，平整度 D/L 不应大于 1/6，且初期支护结构趋于基本稳定。

3）缓冲层铺设

检查缓冲层固定的方式、固定钉距，应相符设计要求，且固定点的间距应与基面平整情况相适应，拱部宜为 0.5~0.8m，边墙宜为 1.0~1.5m、底部宜为 1.5~2.0m。局部凹凸较大时，应在凹处加密固定点。缓冲层铺设不应拉太紧，表面应平顺，无褶皱。

4）塑料防水板铺贴

（1）检查塑料防水板防水层的固定方式、固定间距，应与设计相符，且应牢固地固定在基面上，即防水板与应固定缓冲层的暗钉圈可靠相连接；

（2）检查塑料防水板铺设顺序，拱形隧道或车站宜由拱顶向两侧展铺，环向铺设时，应先拱后墙，下部防水板应压住上部防水板；铺设塑料防水板时，不应绷得太紧，宜根据基面的平整度留有充分的余地；

（3）检查塑料防水板接缝焊接，防水板应边铺边用压焊机将塑料板与暗钉圈焊接牢靠，不得有漏焊、假焊和焊穿现象；

两幅塑料防水板的搭接宽度不应小于100mm。搭接缝应为热熔双焊缝，每条焊缝的有效宽度不应小于10mm；接缝焊接时，塑料板的搭接层数不得超过三层；

塑料防水板铺设时应少留或不留接头，当留设接头时，应对接头进行保护。再次焊接时应将接头处的塑料防水板擦拭干净；

（4）塑料防水板铺设时宜设置分区预埋注浆系统，分区分段的塑料防水板防水层两端，应采取封闭措施。施工时，注意检查注浆系统布置的正确性、封闭措施的有效性；

（5）防水板的铺设应超前混凝土施工，超前距离宜为5~20m，并应设临时挡板防止机械损伤和电火花灼伤防水板。

5）防水板保护

（1）塑料防水板防水层铺设完毕后，应进行质量检查，并应在验收合格后进行下道工序的施工；

（2）二次衬砌混凝土结构施工时，绑扎、焊接钢筋时应采取防刺穿、灼伤防水板的措施；混凝土出料口和振捣棒不得直接接触塑料防水板。

5. 细部构造部位防水

防水混凝土结构的变形缝、施工缝、后浇带等特殊部位（细部构造），应严格落实设计要求的防水措施，一般应采用止水带、遇水膨胀橡胶腻子止水条等高分子防水材料和接缝密封材料进行处理，各主要部位施工时，监理应检查的内容包括：

1）变形缝

（1）按相关规定要求检查止水带材质物理性能、原材料及施工成品外观，均应符合设计要求，且无裂缝和气泡；接头应采用热接，不得叠接，接缝平整、牢固，无裂口和脱胶；

（2）中埋式止水带中心线应和变形缝中心线重合，止水带不得穿孔或用铁钉固定，混凝土浇筑前应校正止水带位置，表面清理干净，止水带损坏处应修补；顶、底板止水带的下侧混凝土应振捣密实，边墙止水带内外侧混凝土应均匀，保持止水带位置正确、平直，无卷曲；

（3）变形缝处增设的卷材或涂料防水层，应按设计要求施工。

2）施工缝

（1）水平施工缝表面浮浆和杂物是否已清除，浇筑混凝土前是否已铺水泥砂浆或涂刷混凝土界面处理剂，均应符合要求才能浇筑混凝土；

（2）垂直施工缝表面清理干净，浇筑混凝土前是否按设计要求涂刷混凝土界面处理剂；

（3）施工缝采用遇水膨胀橡胶止水条的，应将止水条牢固地安装在缝表面预留槽内；采用中埋止水带的，应确保止水带位置准确、固定牢靠。

3）后浇带

（1）后浇带混凝土浇筑前，应确认在其两侧混凝土龄期达到42d；

（2）后浇带两侧混凝土表面及后浇带内的浮浆和杂物是否已清除，浇筑混凝土前是否已涂刷混凝土界面处理剂；

（3）检查确认后浇带的混凝土性能，应符合设计要求，并应采用补偿收缩混凝土，其强度等级不得低于两侧混凝土；

（4）后浇带混凝土养护时间不得少于28d。

4）密封材料

（1）检查粘结基层的干燥程度以及接缝的尺寸，接缝内部的杂物应清除干净；

（2）热灌法施工的，检查灌注方向，应自下向上进行并尽量减少接头，接头应采用斜槎；检查密封材料熬制及浇灌温度，应符合有关材料要求；

（3）冷嵌法施工的，应分次将密封材料嵌填在缝内，压嵌密实并与缝壁粘结牢固，防止裹入空气。接头应采用斜槎；

（4）接缝处的密封材料底部应嵌填背衬材料，外露密封材料上应设置保护层，其宽度不得小于100mm。

8.2.4 防水工程质量验收控制

1）所有防水工程检验批质量验收均应在承包商自检合格的基础上进行，承包商自检合格后，填写检验批质量验收记录表报验，附上相关附件资料，监理工程师组织进行现场检查，合格的予以确认并签署验收意见，检验频率按施工准备阶段的划分频次进行。

规范规定的检验频率及抽样规则为：防水混凝土/卷材防水层/涂料防水层/塑料板防水层的施工质量检验数量，按混凝土外露面积/卷材铺贴面积/涂层面积/塑料防水板铺设面积每100m^2抽查1处，每处10m^2，且不得少于3处；防水混凝土结构细部构造的施工质量检验应按全数检查。塑料防水板焊缝检验按焊缝数量抽查5%，每条焊缝为1处，但不少于3处。

2）防水工程所用的原材料及配套材料必须符合设计要求，材料检验频率满足规范及工程所在地主管部门的规定，质量保证资料、检验报告齐全。拌合料、混合料的配合比须满足设计要求，质量检验报告、计量记录、现场抽样试验报告齐全。

3）检验批报验提供的资料应符合工程所在地主管部门相关验收管理规定要求，一般应包括：

《报验申请表》
《防水材料检验报告》
《混凝土抗渗等级检验报告》
《工程材料—构配件—设备报审表》
《密封胶、密封材料和衬垫材料检查验收记录表》
《混凝土后浇带施工检查记录》
《土建隐蔽工程质量验收记录表》
《防水混凝土工程检验批质量验收记录表》
《卷材防水层工程检验批质量验收记录表》
《涂料防水层工程检验批质量验收记录表》
《塑料板防水层工程检验批质量验收记录表》
《细部构造检验批质量验收记录表》
《复合式衬砌工程检验批质量验收记录表》

4）除上述指标外，防水工程检验批合格标准的其他指标及检查方法为：

（1）防水混凝土检验标准和检查方法见表8-5。

防水混凝土检验标准和检查方法 表8-5

合格标准	检查方法
原材料、配合比及坍落度必须满足设计要求	检查产品合格证、性能检测报告、计量措施和材料进场检验报告
防水混凝土的抗压强度和抗渗压力必须符合设计要求	检查混凝土抗压、抗渗试验报告
防水混凝土的变形缝、施工缝、后浇带、穿墙管道、埋设件等设置和构造，均须符合设计要求	观察检查和检查隐蔽工程验收记录
防水混凝土结构表面应坚实、平整，不得有露筋、蜂窝等缺陷；埋设件位置应正确	观察和尺量检查
防水混凝土结构表面的裂缝宽度不应大于0.2mm，并不得贯通	用刻度放大镜检查
防水混凝土结构厚度不应小于250mm，其允许偏差为+8mm、-5mm；迎水面钢筋保护层厚度不应小于50mm，其允许偏差为±5mm	尺量检查和检查隐蔽工程验收记录

注：黑体部分为主控项目，必须满足设计要求。

（2）卷材防水层检验标准和检查方法见表8-6。

（3）涂料防水层检验标准和检查方法见表8-7。

（4）塑料板防水层检验标准和检查方法见表8-8。

卷材防水层检验标准和检查方法　　　　　　　　　　　　　　　　　　　表 8-6

合格标准	检查方法
卷材及配套材料必须符合设计要求	检查产品合格证、性能检测报告、材料进场检验报告
卷材防水层及其转角处、变形缝、穿墙管道等细部做法均须符合设计要求	观察检查和检查隐蔽工程验收记录
卷材防水层的基层应牢固，基面应洁净、平整，不得有空鼓、松动、起砂和脱皮现象；基层阴阳角处应做成圆弧形	观察检查和检查隐蔽工程验收记录
卷材防水层的搭接缝应粘（焊）结牢固，密封严密，不得有皱折、翘边和鼓泡等缺陷	观察检查
侧墙卷材防水层的保护层与防水层应粘结牢固，结合紧密、厚度均匀一致	观察检查
卷材搭接宽度的允许偏差为 −10mm	观察和尺量检查

注：黑体部分为主控项目，必须满足设计要求。

涂料防水层检验标准和检查方法　　　　　　　　　　　　　　　　　　　表 8-7

合格标准	检查方法
材料及配合比必须符合设计要求	检查产品合格证、性能检测报告、计量措施和材料进场检验报告
涂料防水层及其转角处、变形缝、穿墙管道等细部做法均须符合设计要求	观察检查和检查隐蔽工程验收记录
涂料防水层的基层应牢固，基面应洁净、平整，不得有空鼓、松动、起砂和脱皮现象；基层阴阳角处应做成圆弧形	观察检查和检查隐蔽工程验收记录
涂料防水层应与基层粘结牢固，表面平整、涂刷均匀，不得有流淌、皱折、鼓泡、露胎体和翘边等缺陷	观察检查
涂料防水层的平均厚度应符合设计要求，最小厚度不得小于设计厚度的90%	针测法
侧墙涂料防水层的保护层与防水层粘结牢固，结合紧密，厚度均匀一致	观察检查

注：黑体部分为主控项目，必须满足设计要求。

塑料板防水层检验标准和检查方法　　　　　　　　　　　　　　　　　　表 8-8

合格标准	检查方法
材料及配合比必须符合设计要求	检查产品合格证、性能检测报告、计量措施和材料进场检验报告
搭接缝必须双缝热熔焊接，焊缝有效宽度不应小于10mm	空腔充气和尺量检查
塑料板防水层的基面应坚实、平整、圆顺，无漏水现象；阴阳角处应做成圆弧形	观察和尺量检查
塑料板的铺设应平顺并与基层固定牢固，不得有下垂、绷紧和破损现象	观察检查
防水板搭接宽度允许偏差 −10mm	尺量检查

注：黑体部分为主控项目，必须满足设计要求。

5）细部构造检验标准和检查方法见表8-9。

细部构造检验标准和检查方法　　　　　　表8-9

合格标准	检查方法
细部构造所用止水带、遇水膨胀橡胶腻子止水条和接缝密封材料必须符合设计要求	检查出厂合格证、质量检验报告和进场抽样试验报告
变形缝、施工缝、后浇带、穿墙管道、埋设件等细部构造做法，均须符合设计要求	观察检查和检查隐蔽工程验收记录
中埋式止水带中间空心圆环应与变形缝中心线重合	观察检查和检查隐蔽工程验收记录
穿墙管止水环与主管或翼环与套管应连续满焊，并做防腐处理	观察检查和检查隐蔽工程验收记录
接缝处混凝土表面应密实、洁净、干燥；密封材料应嵌填严密、粘结牢固，不得有开裂、鼓泡和下塌现象	观察检查

注：黑体部分为主控项目，必须满足设计要求。

6）分项工程完成后，承包商填写分项工程验收记录表报验，并附上完整附件资料报监理部审核，符合要求的予以确认并签署验收意见。

7）分项工程报验提供的资料应包括：

（1）完整的检查验收记录表及相关附件资料

（2）《防水分项工程质量验收记录表》《报验申请表》

8）防水子分部（分部）工程完成后，承包商填写子分部（分部）工程验收记录表报验，并附上完整附件资料报监理部审核，监理部审核确认符合要求的，按工程所在地主管部门相关的验收程序要求组织子分部（分部）工程验收。验收合格的，签署相关质量验收记录。

9）分部（子分部）质量报提供的资料应包括：

（1）完整的检查验收记录表、分项工程质量验收记录表及相关附件资料

（2）分部（子分部）质量验收记录

（3）地下室防水效果检查记录表（安全和功能检验资料）

8.3 明挖车站防水施工旁站监理

明挖车站防水工程绝大多数为隐蔽工程施工，各道工序均直接影响车站整体防水效果，各工序必须验收合格后才能进入下道工序施工。

在施工时还应考虑天气状况对工程的影响。

旁站点主要为防水混凝土施工，监理记录可参照表8-10进行填写。

旁站监理记录表（混凝土浇筑） 表8-10

工程名称：				编号：	
混凝土浇筑时间	年 月 日		天气情况		
工程部位及名称					
监理旁站开始时间			监理旁站结束时间		

施工情况：
1. 混凝土设计等级_____，配合比编号_____，坍落度设计值_____，初凝时间_____h，终凝时间_____h；本次混凝土理论浇筑方量_____m³；
2. 现场跟班作业的安全员、质检员、试验员、施工员等技术管理人员（是/否）到位，质检员_____，现场混凝土浇筑工人_____人，电工_____人（是/否）满足施工要求；
3. 现场施工通道（是/否）畅通，通道及泵车地基（是/否）坚实平整，夜间施工照明（充足/不充足/非夜间施工），防雨/防晒措施（是/否）已按施工方案落实，临时用电（是/否）符合施工现场临时用电规范要求；
4. 现场的施工机械设备（泵车/罐车/吊车/其他_____）及机具（插入式振动器/平板振动器/其他_____，各/共_____台）（是/否）完好和运转正常，数量和（是/否）满足施工要求；
5. 施工方法（泵送/吊车运送）和浇筑顺序（是/否）与批准的施工方案一致；（是/否）安排专门人员观察监测模板及支架、钢筋变形，（是/否）及时发现异常并按施工方案进行处理

监理情况：
1. 钢筋工程（是/否）通过验收；模板工程（是/否）通过验收；施工缝（是/否）处理到位；
2. 进场混凝土配比（是/否）正确；到场时间（是/否）、浇筑完成时间（是/否）超过初凝时间；
实际浇筑方量：_____m³，混凝土车数：_____车，随车单据（是/否）齐全，数据（是/否）与设计相符；
坍落度实测值：_____，对应车号：_____，（是/否）与设计相符；
留置混凝土抗压试块_____组，编号：_____，取样数量（是/否）符合规范规定；
留置混凝土抗渗试块_____组，编号：_____，取样数量（是/否）符合规范规定；
3. 混凝土浇筑入模温度_____℃，（是/否）符合设计要求及规范规定；
4. 混凝土振捣方法（插入式振动/平板振动/其他_____）、浇筑顺序（是/否）与批准的施工方案一致；
5. 混凝土浇筑情况（正常/基本正常/不正常）：浇筑过程中混凝土供应（是/否）及时，（是/否）涨模，混凝土（是/否）存在离析现象；板负筋（是/否）被踩弯曲，预留钢筋、梁柱节点钢筋（是/否）移位变形；冲洗及湿润泵管的稀水泥浆（是/否）倒入结构混凝土中；分层浇筑的，上层混凝土浇筑（是/否）在底层混凝土初凝前进行；
6. 混凝土的厚度、完成面标高（是/否）符合设计要求，混凝土表面（是/否）进行二次压光，（是/否）出现裂缝；
7. （是/否）有其他异常情况

发现问题：
上两栏中不符合的项目，均应在本栏中如实填写，其中：
1. 浇筑过程中混凝土供应不及时的，应填写不及时发生的时间、间隔时长、可能对混凝土质量的影响；
2. 胀模的，应填写发生胀模的部位、时间、混凝土流失方量；
3. 混凝土存在离析现象的，应填写离析发生的时间、部位或车号；
4. 板负筋被踩弯曲的，应填写被踩弯曲的部位、大致面积、弯曲变形程度；
5. 预留钢筋移位变形应填写变形的部位、数量、变形程度；
6. 冲洗及湿润泵管的稀水泥浆倒入结构混凝土中的，应填写倒入的部位，涉及的大致面积；
7. 有其他异常情况的，应在本栏中详细描述，包括现象、发生部位、影响范围等

处理意见：（填写"发现问题"栏的处理方法、处理过程及处理结果）

旁站监理人员（签字）

年 月 日

第 9 章
明挖现场安全生产与文明施工监理要点

本章执笔：陈跃进　陈龙文　郑凯玲

9.1 安全生产管理的监理工作内容

根据安全管理相关的法律法规、规范规程及业主管理办法，项目监理部安全生产管理的监理工作主要内容，包括对工程施工中的人、机、物、环境及施工全过程的安全生产进行监督管理，保证施工行为符合国家安全生产、劳动保护法律、法规和有关政策，将工程施工安全风险有效地控制在允许的范围内，以确保施工安全。

9.1.1 施工准备阶段安全生产管理

1. 根据《建设工程安全生产管理条例》的规定，按照工程建设强制性标准、《建设工程监理规范》和相关行业监理规范的要求，编制包括安全监理内容的项目监理规划，监理内部形成规划细则交底，明确安全监理的范围、内容、工作程序和制度措施，以及人员配备计划和职责等。

2. 对中型及以上项目，根据《建设工程安全生产管理条例》第二十六条规定的危险性较大的分部分项工程，编制监理实施细则。实施细则应当明确安全监理的方法、措施和控制要点，以及对承包商安全技术措施的检查，内部形成交底。

3. 总体施工组织设计审查流程见图 9-1。

4. 审查承包商编制的施工组织设计中的安全技术措施和危险性较大的分部分项工程安全专项施工方案是否符合工程建设强制性标准要求。审查的主要内容应当包括：

1）承包商编制的危险性较大的分部分项工程施工方案审批程序是否完成，专家组提出的意见是否根据《危险性较大的分部分项工程安全管理规定》进行确认修改闭合；

2）承包商编制的地下管线保护措施方案是否符合强制性标准要求；

3）基坑支护与降水、土方开挖与边坡防护、模板、起重吊装、高大支模方案、拆除、爆破等分部分项工程的专项施工方案是否符合强制性标准要求；

4）施工现场临时用电施工组织设计或者安全用电技术措施和电气防火措施是否符合强制性标准要求；

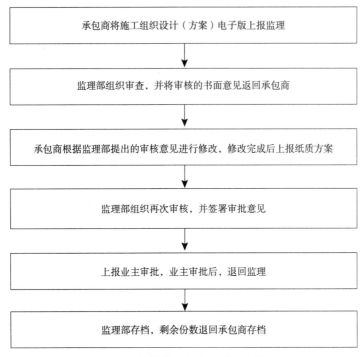

图 9-1 总体施工组织设计审查流程

5）冬期、雨期等季节性施工方案的制定是否符合强制性标准要求；

6）施工总平面布置图是否符合安全生产的要求，办公、宿舍、食堂、道路等临时设施设置以及排水、防火措施是否符合强制性标准要求。

5. 检查承包商在工程项目上的安全生产规章制度和安全监管机构的建立、健全及专职安全生产管理人员配备情况，督促承包商检查各分包单位的安全生产规章制度的建立情况。

6. 审查承包商资质和安全生产许可证是否合法有效。

7. 审查项目经理和专职安全生产管理人员是否具备合法资格，是否与投标文件相一致。

8. 审核特种作业人员的特种作业操作资格证书是否合法有效。

9. 审核承包商应急救援预案和安全防护措施费用使用计划。

9.1.2 施工阶段安全生产管理

1）监督承包商按照施工组织设计中的安全技术措施和专项施工方案组织施工，及时制止违规施工作业。

2）定期巡视检查施工过程中的危险性较大工程作业情况并形成巡查记录。

3）核查施工现场施工起重机械、整体提升脚手架、模板等自升式架设设施和安全设施的验收手续。

4）检查施工现场各种安全标志和安全防护措施是否符合强制性标准要求，并检查安全生产费用的使用情况。

5）督促承包商进行安全自查工作，并对承包商自查情况进行抽查，参加建设单位组织的安全生产专项检查。

9.2 安全生产管理的监理工作方法及措施

9.2.1 安全生产管理的监理工作方法

安全监理工作方法主要包括：安全审查、日常巡视、安全检查、旁站监理；对安全监理过程中发现的问题，可采用的监理手段主要包括：口头通知、书面通知、安全监理工地例会、约谈承包商负责人、安全专题会议、工程暂停令、监理报告。

1. 安全审查

在施工准备阶段（工程开工前或工序开始前）对承包商提交的有关技术文件及资料进行审查核验，并由项目总监在有关技术文件报审表上签署意见；审查未通过的，安全技术措施及专项施工方案不得实施，从源头上把好安全生产关。

2. 日常巡视

监理部人员须定期巡视现场，检查现场施工条件、生产设备、安全卫生设施是否按安全专项方案或安全技术措施落实到位，是否符合相关法律法规、施工规范、业主安全管理规定的要求，危险性较大工程需要做好日常巡查记录并用专用文件盒归档。

3. 安全检查

监理部实施开工前安全检查、日常安全巡检、定期或不定期组织安全检查及季节性、节假日前/后、临时用电等专项安全检查，及时发现和消除施工过程中存在的安全隐患。

安全检查的内容，主要是查思想、查管理、查制度、查现场、查隐患、查事故处理。

4. 旁站监理

对工程施工过程中的钢筋笼等重要且危险性较大的吊装作业、混凝土浇筑等重点工序施工，监理部安排专门的监理人员在一旁守候、监督施工操作，通过旁站监理抓住工程施工安全的重点和主要矛盾，针对具体的内容采取具体的措施来进行有效的控制管理。

5. 口头通知

在日常的现场巡视、检查工作中，若发现存在违反强制性条文规定现象或安全事故隐患，现场专业安全监理工程师要及时口头通知承包商，要求立即采取措施整改（事后可视情况及时书面通知予以确认）。

6. 书面通知

当"口头通知"发出后，未按期整改且无整改措施时，驻地监理工程师要及时向承包商采取签发书面通知督促整改，在签发书面通知时要注意文件的时效性。书面通知形式可视情况采用《现场隐患整改记录单》《监理工作联系单》或《监理工程师通知单》。

7. 安全监理工地例会

在安全监理过程中，针对安全生产情况，由总监理工程师（或委托授权的代表）会同建设单位，定期组织承包商等单位按期召开工程施工安全监理工地例会，针对薄弱环节，提出整改意见，并督促落实。

8. 约谈负责人

当安全监理过程发现承包商未履行或未全面正确履行安全生产管理职责，或未及时排除、治理重大事故隐患，监理部各层级人员可视现场安全隐患情况，单独或会同业主约谈承包商相应层级的负责人，进行安全管理专门谈话，并保留相关记录。

9. 安全监理专题会议

当签发书面通知后，仍未采取措施整改时，总监可以视情况组织建设单位、承包商及其他有关单位召开专题会议，对书面通知中的内容，结合强制性条文规定加以强调。要求责任方说明原因，落实整改措施，明确计划整改完成的时间，同时要求责任方明确在后序工作中对类似问题的预控措施，并形成会议纪要。

10. 工程暂停令

在签发书面通知或召开专题例会后，仍未及时整改或拒不整改，情况严重的，要求承包商暂时停止施工，由总监签发《工程暂停令》，同时报告建设单位。暂停的范围视工程的情况，可以是整个工程暂停，也可以是局部工程暂停。

11. 监理报告

发出工程暂停令后，若承包商拒不整改或者不停止施工的，总监理工程师应及时向有关建设主管部门报告，可采用电话、传真、邮件或书面形式。采用电话形式报告的，应当有通话记录，或记载在监理日志中，并视情况及时补充书面报告。

9.2.2 安全生产管理的监理措施

安全管理的监理工作可采取的措施主要包括：组织措施、技术措施、合同措施、经济措施。

1. 组织措施

1）项目监理部对建立的安全监理架构进行明确的分工，细化安全监理工作内容到人，确保安全监理工作范围全覆盖，层层落实安全监理责任。

2）督促、审查、检查承包商建立健全施工安全管理体系、安全生产管理制度，建立合规有效的安全施工生产管理架构，配备专职、有资质的安全施工管理人员并确保安全管理体系正常有效地运转，专职安全员积极有效地开展安全工作。

3）落实检查验收制度，施工过程按规定组织定期、不定期的施工安全检查或专项检查，多个工点（标段）的，可交叉检查，对检查结果形成检查纪要。对发现的安全问题和隐患，督促承包商制定整改措施并落实，复查整改结果。

4）落实督促整改和事项上报制度，对检查发现的安全问题或隐患，采取适当方式督促承包商进行整改，承包商拒不整改或不停工整改的，监理部应及时向主管部门报告。

5）落实工地例会制度，定期召开安全监理工地例会或将施工安全作为监理例会的一项重要内容，总结安全生产情况，对存在的安全隐患分析原因，制定整改措施，督促落实。

2. 技术措施

1）落实教育培训制度，对相关监理人员进行岗前、定期或经常性的学习培训，同时督促承包商相关人员按规定接受安全教育培训，提高安全生产监理、管理的水平。

2）落实审查核验制度，对安全技术措施、安全专项施工方案的编审及落实情况、承包商资质和安全生产许可证、管理人员资格、特种作业人员资格、应急救援预案、安全防护措施费用使用等按规定进行审查核验。

3）督促承包商及监理部对阶段施工环节中可能存在的危险源、环境因素进行定期分析、辨识，找出重要的危险源、环境因素，制定措施加以控制，进行动态管理。

4）落实资料建档归档制度，对安全监理过程中收集的信息、形成的资料按规定及时整理、归档，作为施工安全监理的过程记录及施工管理分析的依据。

3. 合同措施

1）组织监理人员认真学习及掌握委托监理合同、施工承包合同涉及安全监理、安全管理的条款，以合同条款为依据处理施工过程中的安全生产相关问题。

2）按承包合同及相关规定，审查总承包单位与分包单位、进入工地施工的其他承包商签订的安全生产协议，检查总包单位落实总承包合同、安全生产协议安全职责情况。

3）安全监理过程中，承包合同规定的安全事项出现重大偏差时，按监理合同、承包合同及相关规定要求组织偏差分析，研究讨论纠偏措施并督促落实，检查纠偏效果。

4. 经济措施

1）对照承包合同约定，协调业主及时足额拨付包括安全生产文明施工措施费在内的工程款，确保安全防护设施、文明施工投入的资金来源。

2）审查承包商的安全生产文明施工措施费使用计划及实际使用。监督承包商专款专用和及时足额投入，发现不符合规定的，及时督促整改，承包商拒不整改的，按规定及时报告业主、主管部门处理。

3）对反复出现的安全问题、管理问题等，督促承包商采取经济手段予以解决，或按规定将安全监理情况报告业主、主管部门，由业主、主管部门采取经济手段处理。

9.3 安全生产管理的监理工作控制要点及目标值

1. 安全生产条件审查

1）安全生产条件审查的主要内容

（1）是否已办理工程监督登记，建设单位应在开工前向监督机构申请办理工程施工安全监督登记。对于登记要求提交的资料，各地不完全一致，应向相关办理机构咨询。

（2）是否已进行开工安全生产条件检查并填报安全生产条件检查记录表，申办了《施工许可证》。停工半年后复工的项目，复工前必须进行复工安全生产条件检查。

（3）接受监督机构在现场组织的有建设、施工、监理等安全负责人及安全员参加的安全监督交底会议，并将《监督计划》留存现场监理单位和承包商。

（4）是否按照承包合同约定的内容，落实了安全生产技术措施费用。

2）审查的要点及目标值

（1）督促建设单位及时完成监督登记手续，督促承包商及时填报《建设工程项目开工安全生产条件检查表》，认真检查各方面安全生产条件到位情况。达不到要求的责成承包商落实，否则，拒绝在检查表上签字盖章。

（2）当发现承包商未按规定办理有关手续而强行开工的，以书面方式提醒有关各方暂停开工，否则应向相关主管部门报告。

（3）依据施工承包合同中关于安全技术措施费用条款，结合政府主管部门关于安全技术措施费用使用的规定，督促承包商落实专项资金，建立、完善现场安全设施设备并维持有效。

2. 安全管理资料审批或审查要点及目标值

1）安全管理资料审批或审查的主要内容

（1）审查安全生产体系文件

开工前审查承包商企业及现场安全生产保证体系，安全生产责任制。承包商应建立健全工程项目部各层次的安全生产责任制，有安全管理目标及安全责任目标分解后的考核办法和奖惩办法。

（2）审批专项安全技术方案、安全技术措施

①施工组织设计必须有安全生产专篇。

②专业性较强的项目必须单独编制专项安全技术方案。

需编制专项安全技术方案的项目有：基坑土方开挖工程，施工用电，基坑支护，人工挖孔桩，高支撑模板工程，起重吊装作业，塔吊、龙门吊等垂直运输设备的安装和拆卸，新技术、新工艺、新产品、新材料使用等。

③专项施工方案的编制要结合施工现场实际，要有设计依据、有计算书、详图及文字说明。应经施工企业技术负责人审定批准和单位盖章方为有效。在施工过程中需要更改的措施，必须经原批准部门同意方为有效。

（3）审查安全技术交底落实情况

①分项工程及各施工工序开工前，必须由项目技术负责人进行书面和口头安全技术交底，交底人和被交底人必须签名确认。

②交底内容包括各项安全技术措施，以及与施工场所、环境、高压线、地下管线、用电防火和季节性特点等相关的安全生产事项。

（4）审查特种作业人员资质（上岗证）

承包商要对特种作业人员登记造册，并应附有操作证书复印件，特种作业人员必须持省级以上主管部门颁发的作业证书。

（5）审查承包商落实定期生产安全检查情况

①承包商应建立定期的安全检查制度，包括企业自检、工程项目部自检和大中型机械设备的经常性检查。

②对每次检查应有文字记录，对存在的问题应有整改措施和整改结果验证。

（6）审查安全教育落实情况

①新进场的施工作业人员，必须进行"三级"安全教育，并记录入卡，同时，必须进行体检。

②变换工种时，要进行从事新工种前的安全技术教育，并记录入卡。

③在节假日前后应进行安全教育并作好记录。

④应组织施工作业人员学习各种安全技术操作规程并作好记录。

⑤定期和季节性的安全技术教育。

⑥施工作业人员上岗作业前必须完成岗前安全技术交底并形成签字记录。

（7）检查班前安全活动落实情况

①班前须进行安全生产交底。

②班前应对安全生产用品及设施进行检查。

③班组每周应进行安全教育活动。

④班前活动记录应以日记方式备查。

⑤班前活动应对该工序的施工危险源进行交底。

（8）审查有关许可证、准用证

①工程施工前须取得《施工许可证》及《淤泥渣土排放证》《排污证》等。

②塔吊、龙门吊等须取得安全检测专门机构签发的《使用登记牌》方可使用，在顶升及加高后应由企业机电管理部门检查验收。

③脚手架搭设须按方案实施，应由承包商相关部门检查验收。

④施工现场的安全立网必须具备相应的合格证书并经复检合格方可使用。

⑤临时用电设施须经承包商机电管理部门检查验收方可使用。

⑥模板工程办理安全验收手续后方能浇筑混凝土，对于高支模，还应按高大模板工程的相关规定执行。

（9）审批文明施工专项方案

①承包商开工前向监理工程师提交文明施工专项方案，监理工程师应根据有关规定提出审批意见。

②涉及增加费用的项目，监理工程师应及时、详尽地向建设单位作出解释，并组织建设单位和承包商协商讨论以取得一致。

③承包商开工前向监理部提交扬尘控制施工专项方案及水环境保护专项施工方案，监理部根据方案完善监理实施细则。

（10）严格现场消防管理

①检查"三级"动火审批制度落实情况。

②承包商应绘制施工现场消防器材分布平面图。

③定期组织消防专项检查，检查现场办公、住宿及施工现场消防设施的配置情况。

④每年11月为消防月，监理部严格按照公司消防月方案要求落实现场检查工作。

2）审查的要点及目标值

（1）工程开工前，施工机械或机具完成安装后正式启用前或特种作业人员上岗前，应要求承包商或安装单位报送有关证书复印件存档备查。应报送资料包括：资质证书、施工企业安全生产制度、安全生产保证体系的管理人员名单。有关许可证、准用证、上岗证等。

（2）要求承包商报送专项安全技术方案、安全技术措施，并经监理工程师审批同意后方能实施。

（3）需由施工企业有关部门检查验收的重点项目或重点部位，事前应对承包商明确监理要求。

（4）采用定时或不定时抽检的方式，对承包商安全技术交底记录、安全教育记录、班前活动记录等进行检查。检查结果应形成书面记录。对存在的问题要求承包商作好整改。必要时，可将检查结果及整改要求通报建设单位甚至监督站。

（5）对重要施工机械（机具）如塔吊、发电机、大型空压机等的运行维护工作要定期或不定期检查。要求承包商定期报送运行及维护记录供审查。对施工机械（机具）的完好状况必须有项目经理签字确认。若机械（机具）的完好状况无法保证施工安全时，应责令承包商维修或更换。

（6）监理工程师应该将有关要求及规定向承包商进行明确交底，并知会建设单位。审查审批的情况、检查发现的问题等以会议纪要、工作报告等形式予以体现。

3）安全管理体系的控制要点及目标值

（1）安全生产责任制

①项目、班组应当建立安全生产责任制，施工现场主要检查项目部制定的安全生产责任制。

②项目对各级、各部门安全生产责任制应规定检查和考核办法，并按规定期限进行考核，对考核结果及兑现情况应有记录。

③项目独立承包的工程在签订承包合同中必须有安全生产工作的具体指标和要求。

④项目的主要工种应有相应的安全技术操作规程，应将安全技术操作规程列为日常安全活动和安全教育的主要内容，并应悬挂在操作岗位前。

⑤施工现场应按工程项目规模配备专（兼）职安全人员，配备人员数量须满足相关规定，同时应满足承包合同要求。

（2）目标管理

①施工现场对安全工作应制定工作目标。

②对制定的安全管理目标，根据安全责任目标的要求，按专业管理将目标分解到人。

（3）施工组织设计

①施工项目在编制施工组织设计时，应根据工程特点制定相应的安全技术措施。安全技术措施要针对工程特点、施工工艺、作业条件以及队伍素质等，按施工部位列出施工的危险点。对照各危险点制定具体的防护措施和安全作业注意事项，并对各种防护设施的用料计划一并纳入施工组织设计，安全技术措施必须经上级主管领导审批，并经专业部门会签。

②对专业性强、危险性大的工程项目，应当编制专项安全施工组织设计，并采取相应的安全技术措施，保证施工安全。

③安全技术措施的制定必须结合工程特点和现场实际，当施工方案有变化时，安全技术措施也应重新修订并经审批。方案和措施不能与工程实际脱节，不能流于形式。

（4）分部（分项）工程安全技术交底

①安全技术交底工作在正式作业前进行，不但口头讲解，同时应有书面文字材料，并履行签字手续。

②安全技术交底工作，是施工负责人向施工作业人员进行职责落实的法律要求，要严肃认真地进行。

（5）安全检查

①施工现场应建立定期的安全检查制度，并有文字材料具体规定。

②安全检查时，应由施工负责人组织有关专业人员和部门负责人共同进行。

③安全检查应按照有关规范、标准进行，并对照安全技术措施提出的具体要求检查。

④对有关上级来工地检查中下达的重大事故隐患通知书所列项目，是否如期整改和整改情况应一并进行登记。

（6）安全教育

①对安全教育工作应建立定期的安全教育制度并认真执行，有专人负责监督。

②承包商必须组织对所有管理范围内的员工，包括管理人员、操作工人、农民工（含各类型的分包单位、租赁设备单位、检验、检测、监测单位等进入施工现场的管理人员、操作工人）进行上岗前、换岗前的三级安全教育，并按要求做好记录，接受教育者应在有关记录上亲笔签字（或按手印）。

③工人变换工种，应先进行操作技能及安全操作知识的培训，考核合格后，方可上岗操作。

④检查时可对现场施工管理人员及安全专（兼）职人员进行了解，并抽查工人安全操作规程的掌握情况。

（7）班前安全活动

①班前安全活动是行之有效的措施应形成制度，按照规定坚持执行。

②班前安全活动应有人负责抽查、指导、管理，应有活动内容，针对各班组专业特点和作业条件进行。

（8）特种作业持证上岗

①按照规定特种作业工种包括：架子、起重、司索、信号指挥、电工、焊工、机械、机动车驾驶、起重机司机等工种（部分地区将桩机操作工也列为特种作业工作），应按照规定参加上级有关部门进行的培训并经考核合格持证上岗，证书应为省级以上主管部门颁发。

②特种作业人员应进行登记造册，并记录合格证号码、年限，有专人管理加强监督。

（9）工伤事故处理

①施工现场一旦发生轻伤、重伤、死亡等多人险性事故均应进行登记，并按国家有关规定逐级上报。

②发生的各类事故均应组织调查和配合上级调查组进行工作。

③按规定建立符合要求的工伤事故档案。

（10）安全标志

①施工现场应针对作业条件悬挂符合《安全标志及其使用导则》GB 2894—2008的安全色标，并应绘制施工现场安全标志布置图。

②安全色标应有专人管理，作业条件变化或损坏时，应及时更换。

（11）危险源

①开工前，承包商应根据本工程特点组织进行危险源的辨识、评价，建立工程项目的危险源清单和重大危险源清单，针对重大危险源，应制定专项管理方案（措施）并组织实施。

②重大危险源及其专项管理方案（措施）应在施工现场的明显位置张贴，并在施工作业前告知作业人员。

③危险源应实施动态管理，采取措施予以控制，对重大危险源，应对其实施严格的控制和管理，做到防患于未然。

④项目开工前监理部应按照公司全周期风险源管理办法编制完善项目全周期风险源汇报材料，公司组织专家对全周期风险源进行审查并形成审查会议纪要。

4）安全检查要点及目标值

安全巡视检查是安全监理工作的重要组成部分，也是实施安全监理的重要手段，包括开工前安全检查、日常安全检查、质量验收的同时进行安全检查、例会前的安全检查、定期安全检查、公司安全巡检、专项检查等。

（1）开工前安全检查

①每个项目开始实施前，驻地监理部必须组织开工前安全检查。

②承包商项目部在正式开工前，必须向驻地监理部提交如下资料：a.承包商《安全生产许可证》；b.经审批的项目安全开工报告；c.政府安全监督书；d.经审批的项目安全施工组织设计或安全方案；e.项目经理和专职安全主任安全教育或培训合格证；f.其他安全管理人员的证件；g.施工设备的安全检测报告；h.安全事故应急预案。

③驻地监理部由总监或总监代表组织审核资料，必要时到现场核实，符合要求予以签认。

（2）日常安全巡检

①现场监理人员在日常巡检中要把安全作为一项必要内容进行检查，对照公司《安全质量工序标准化手册》《明挖安全质量工序标准化手册》相关表格及《安全监理实施细则》的相关安全风险控点进行重点巡视。

②发现异常情况，及时向项目部反应，必要时发出监理通知要求整改，对整改落实情况要跟踪检查，严重时要及时向上级报告，有关巡检情况要在监理日志上记录。

③日常巡检要点：a.危险点（如基坑、爆破、塔吊、高支模等）的防护措施；b.现场人员的安全防护；c.现场的安全标志；d."三宝四口"和临边的防护；e.施工机械的

安全状况；f.施工现场的道路、围蔽、临时用电和文明施工；g.对周边建（构）筑物、地下管线、行人、车辆等是否构成威胁；h.周边环境是否对本工地及人员构成威胁；i.现场材料堆放，危险品隔离等；j.现场消防器材及防火措施；k.已发通知要求整改项目的落实情况。

（3）质量检查验收时同时检查安全

①在进行质量检查和验收时同时进行安全检查，隐蔽验收时，监理工程师要检查现场安全设施和安全技术措施的落实情况，安全措施不到位，或存在安全隐患时，不许进行隐蔽工程施工。

②在旁站过程中，除了进行质量方面的检查外，必须对现场的安全状况密切关注，发现有不安全状况或存在安全隐患，立即要求改正，情况严重时立即要求暂停施工，并向上级报告，待消除安全隐患后再进行施工。

（4）监理例会前安全专项检查

①在每次监理例会开始前，由负责安全的专业监理工程师组织一次专项安全检查，对现场的风险点进行检查，重点是已发通知整改项目的落实情况。

②把安全管理的情况作为监理例会的一项专门议题汇报和检查，要求项目部进行专题汇报，专业监理工程师进行评价，提出安全管理的改进意见和要求。

（5）现场定期组织安全大检查

①根据各项目工地的具体情况和业主的要求，驻地监理部定期组织现场安全文明施工大检查，对现场安全文明施工管理进行一次全面的检查，一般每双周或每月组织一次。

②安全大检查由驻地监理部总监或总监代表组织，专业监理工程师、项目部相关人员参加，采用内业资料审核和现场检查两部分组成。

③检查内容，对照《建筑施工安全检查标准》JGJ 59—2011或结合其他安全检查表进行，检查人员分别打分，汇总得分，对工地安全状况作出评价。

④对于检查出的主要问题，归纳整理后以书面形式提交项目部进行整改，并跟踪整改落实情况。

（6）公司季度安全大检查

①每个季度由公司组织一次安全大检查，由公司领导带队，各职能部门代表及项目总监、总监代表及监理工程师参加，对本地项目每个监理部进行一次全面、系统的安全检查，外地项目按照每年度两次的巡检频率。

②检查的重点是各驻地监理部对安全管理制度的落实情况和现场安全管控状况，对存在问题形成会议纪要，督促整改，对表现优异的给予奖励，并与年终绩效考核挂钩。

（7）其他专项安全检查

①公司专项检查：国家法定节假日、重大活动期间或重大事项及上级部门部署的安全检查工作。由公司安委会领导层担任组长，质量安全部门组织，生产部门负责人参与，对各项目部进行综合性或专项安全生产检查，并建立台账。对存在重大安全隐患或对存在安全问题整改落实不到位的以工作检查督办单的形式告知受检查项目，牵头部门做好跟踪、反馈工作，完成督办单中整改内容，形成安全闭环管理；同时做好安全检查总结。

②公司季度巡检：由公司主管生产的副总经理担任组长，质量安全部门组织，公司副总工程师和生产部门安全专职人员参与，对各项目部安全生产工作进行检查。由巡查小组下发季度现场巡查问题整改落实表，生产部门负责整改监督、结果复查工作。

③部门及分公司日常督查：部门负责人每月至少进行一次定期检查，并建立台账。部门负责人结合工程进度，组织各安全管理人员在部门内部开展安全检查，对检查出的一般问题签发现场检查问题意见单，提出整改意见或工作建议，要求项目部限期整改。对存在重大安全隐患或对存在安全问题整改落实不到位，签发工作检查督办单，要求限期整改完毕，检查部门负责整改监督、结果复查工作。

④项目部月度检查：由项目总监工程师组织月度检查，对本项目安全生产、文明施工全面检查，可参考《城市轨道交通工程质量安全检查指南》中的检查表，并召开月度安全例会，对重大风险管控的情况进行点评和总结，签发安全隐患整改通知单，要求责任单位在规定的时间内整改完毕，项目部负责整改监督、结果复查工作。

⑤项目部周检查：由总监工程师代表每周组织本项目各相关人员参加，对施工现场进行一次安全生产检查。由安全专职人员负责签发周检查记录表，监督责任单位按照问题整改的"定人、定时间、定措施"要求落实，并负责结果复查工作。

5）文明施工控制要点及目标值

地铁工程施工现场的文明施工应严格执行《建筑施工现场环境卫生》《建设工程施工现场消防安全技术规范》的相关强制性条文规定，文明施工控制要点及目标值如下：

（1）现场文明施工

①施工现场的文明施工必须严格执行《建筑施工安全检查标准》及工程所在地主管部门、业主的文明施工管理相关要求。

②场容必须规范化，施工场地总平面布局必须结合施工条件，根据批准使用的施工场地范围、按照施工方案和施工进度计划的要求，予以科学、合理地布置，既要方便施工生产，确保安全与文明施工，又要便于管理和使用。

③施工现场的临时设施内外通道、室内地面、材料堆放场、加工场、仓库地面应硬化，浇筑厚度不小于200mm、强度等级不低于C15的混凝土硬底，机动车通道的宽度不小

于3.5m，其外侧设置排水沟、浆槽。其他临时施工用地，可根据实际情况铺石粉、炉渣等处理。

④施工现场应封闭式管理，严格按照属地建设主管部门图册进行设置。

⑤大门和门柱的颜色应与围蔽一致，大门上应标有企业标识，其高度与围墙相适应，宽度一般不小于6m，大门应平整、坚固、耐用。门口设保卫室，保卫人员要对出入人员及车辆进行登记。

⑥工地大门口（含工地所有车辆出入口）应设洗车台和沉淀池，设洗车场地、沉淀池和高压冲洗水枪，驶出车辆必须冲洗干净。

⑦施工现场门口应张挂"七牌一图"（工程概况、施工现场主要人员、消防保卫、安全生产、环境保护制度、重大危险源公示、文明施工标牌和总平面布置图）。

⑧施工现场应做到"6个100%"，即：施工现场100%围蔽，工地砂土100%覆盖，工地路面100%硬化，拆除工程100%洒水压尘，出工地车辆100%冲净车轮车身，暂不开发的场地100%绿化。

⑨施工材料、机具等应按施工总平面图放置，并根据不同特点和性质，分类堆放整齐，挂牌标识。散料要砌池围筑，杆料要立杆设栏，块料要起堆叠放，堆放高度不得高于1.6m。易燃易爆物分类、隔离存放。

⑩在围墙面、围护设施面和施工现场书写或悬挂商业性的宣传广告、标语、彩旗、气球、充气拱门等，保持简洁、整齐（按属地建设主管部门要求设置围蔽宣传画）。

⑪施工现场建设材料和设备不得堆放在围墙外，如确需在围墙外占地堆放的，必须按有关规定办理手续，并设置临时围栏，一旦条件许可，材料和设备要转入临时施工用地内。

⑫施工现场内设置的临时设施（办公室、生活用房、仓库）应统一采用新型装配式轻质防火板房，做到整齐、美观、减少二次污染，室内用白色，要求宽敞、通风、明亮、整洁，外墙四周应设散水或明沟，以利排水。

⑬施工现场必须道路畅通，设置连续、通畅的排水设施和其他应急设施。场地内不得有大面积积水、泥浆、污水。泥浆、废水必须经沉淀池沉淀及必要处理，未经处理禁止排入水道或河涌。废浆和淤泥必须使用封闭的专用车辆外运，按有关要求进行处理。

⑭施工现场办公区会议室的室内应在醒目处悬挂质量管理、文明施工、安全生产制度和组织机构框图、施工现场平面布置图。

⑮靠近教学区、生活区的工地，必须做好防尘措施、防噪声措施，使用的施工机具应选用噪声较少的机械，如发电机及噪声较大的施工机具要配备消声设施。在噪声较大施工时，如混凝土浇筑，要与当地联系认可后做出具体方案和措施才能进行施工。

⑯除有符合规定的装置外，不得在施工现场熔化沥青和焚烧油毡、油漆及其他可产生有毒有害烟尘和恶气味的废弃物，不得使用有毒物体作燃料，不得把这些废弃物作土方回填。

⑰建筑垃圾、废碎钢筋、木糠木屑、余泥渣土应在指定地点堆放，每日进行清理。高空施工的垃圾及废弃物应采用密闭式串筒或其他措施清理搬运。装载建筑材料、垃圾或渣土的车辆，应采取防止尘土飞扬、洒落或流溢的有效措施。

⑱施工现场余泥渣土排放管理工作必须严格落实"一不准进，三不准出"。承包商应配置余泥渣土排放管理员，负责严格监督余泥渣土装载作业和运输车辆冲洗等环节，为每一运输车辆签发运输联单，记录车号、单位、离开工地时间、装载情况等台账。

⑲在村民居住区以及使用中的校舍相邻区域进行爆破、打桩等施工作业前，承包商应按规定向建设部门报告并应向城管部门申请批准，还应将作业计划、影响范围、程序及有关措施等情况，向受影响范围的居民和院校通报说明，取得理解和配合。

⑳承包商必须加强对施工现场历史文物、古迹、古树名木保护，砍伐树木必须事先报经有关部门同意，上报主管部门批准。

㉑施工现场内的厨房必须符合有关建筑工地厨房卫生要求的规定，申办"卫生许可证"。炊事员和茶水员上岗必须持有效的健康证，上班时间必须穿戴口罩、白衣帽及袖套。洗、切、煮、卖、存等环节要设置合理，生熟严格分开，餐具用后随即洗刷干净，并按规定消毒。

㉒施工现场应当设茶水亭和茶水桶，茶水桶要有盖、加锁和有标志。夏季施工应当有防暑降温措施。

㉓人数超过500人的施工现场，必须设立医疗室，其他施工现场必须设立有效的医疗急救箱，发现疫情必须及时向上级卫生防疫机构报告。

㉔施工现场及办公、住宿区域应当落实各项除"四害"措施，严格控制"四害"滋生，无力自行落实除"四害"措施的，可委托社会服务机构代为处理。

㉕施工现场内要设男女厕所、浴室，厕所的设置要符合文明施工标准。厕所内应当设置洗手槽，便槽设自动冲洗设备将粪便直接排入排污管道或化粪池。对厕所要落实专人清扫，定期喷药，保持清洁卫生，不得有异味。

（2）消防安全、综合治理管理

①承包商应与当地居民、村民和社区搞好关系，互相尊重、互相支持、避免纠纷，与当地公安部门和有关单位加强治安和防火安全管理工作。应按照公安消防主管部门要求，根据有关法规，建立健全项目经理部防火保卫管理制度，落实公安消防责任制，采取有效措施确保安全。

②在编制施工组织设计时，应有消防要求。施工现场平面布置、临时建筑物的搭

建位置、用火用电和易燃易爆物品的安全管理、工地消防设施和消防责任制等都应按消防要求周密考虑和落实。

③施工现场要明确划分用火作业区、易燃易爆材料堆放场、仓库处、易燃废品集中点和生活区等。各区域之间的距离要符合防火规定。

④工棚或临时宿舍的搭建及间距要符合防火规定，临建搭建要全部采用防火材料搭建，每人占有 $2m^2$，适当分隔，单人单床，按 25 人一个直接出入口，门和主要通道宽不少于 1.2m，卫生整洁，通风、采光良好，栋与栋之间距离不应少于 6m。

⑤一切架空线路均须用固定瓷瓶绝缘，电线穿过墙壁时，必须从瓷管、硬塑料管内通过。

⑥施工现场明火作业必须经有关部门批准后，才可动火。

⑦施工现场仓库、木工棚及易燃易爆堆（存）放处等，应张贴（悬挂）醒目的防火标志。

⑧施工现场、办公区、生活区必须配备足够数量的、有效的防火、灭火设施和器材。

⑨施工中需要进行爆破作业的，必须经政府主管部门审查批准，并提供爆破器材的品名、数量、用途、爆破地点、四邻距离等文件和安全操作规程，向公安部门申领"爆破物品使用许可证"，由具有爆破资质的专业队伍按规定进行施工。

⑩施工现场应设立门卫，根据需要设置警卫，负责施工现场保卫工作，并采取必要的防盗措施，确保财产安全。进入施工现场的人员应当佩戴证明其身份的工作卡。有条件时可对进出场人员使用磁卡管理。

⑪生活区要建立健全管理制度，对夜间出入人员要登记，未经批准不允许施工人员夜间外出，严格管理，防止意外事故发生。

⑫集体宿舍内禁止男女混居，并实行宿舍内和门前三包轮值制，落实治安、计生管理责任人。

6）脚手架控制要点及目标值

（1）施工方案

①脚手架搭设之前，应根据工程的特点和施工工艺确定搭设方案，内容应包括：基础处理、搭设要求、杆件间距及连墙杆设置位置，并绘制施工详图及大样图。

②脚手架的搭设高度超过规范规定的要进行计算。

③对脚手架进行的设计计算必须符合脚手架规范的有关规定，并经企业技术负责人审批。对于高支模等危险性较大的脚手架，应按规定组织专家进行审查。对于广东地区，除按规定组织专家审查外，首件还应按规定由专家进行验收。

④超一定规模脚手架的施工方案应与施工现场搭设的脚手架类型相符，当现场因故改变脚手架类型时，必须重新修改脚手架方案并经专家组审批后，确认修改回复后方可施工。

（2）立杆基础

①脚手架立杆基础应符合方案要求。

②扣件式钢管脚手架的底座有可锻铸铁制造与焊接底座两种的，搭设时应将木垫板铺平，放好底座，再将立杆放入底座内，不准将立杆直接置于木板上，否则将改变垫板受力状态。

③当立杆不埋设时，离地面20cm处，设置纵向及横向扫地杆。

④脚手架基础地势较低时，应考虑周围设有排水措施，防止下部积水。

（3）架体与建筑结构拉结（地铁工程有高出地面的建（构）筑物施工时适用）

①脚手架高度在7m以下时，可采用设置抛撑方法以保持脚手架的稳定，当搭设高度超过7m不便设置抛撑时，应与建筑物进行连接。

②连墙杆必须与建筑结构部位连接，以确保承载能力。

连墙件位置应在施工方案中确定，并绘制作法详图，不得在作业中随意设置，严禁在脚手架使用期间拆除连墙杆。

（4）杆件间距与剪刀撑

①立杆、大横杆、小横杆等杆件间距应符合规范规定和施工方案要求。

②立杆是脚手架主要受力杆件，间距应均匀设置，不能加大间距，否则降低立杆承载能力。

③剪刀撑是防止脚手架纵向变形的关键，合理设置剪刀撑，还可以增强脚手架的整体刚度，提高脚手架承载能力12%以上。

（5）脚手板与防护栏杆

①脚手板是施工人员的作业平台，必须按照脚手架的宽度满铺，板与板之间紧靠。

②脚手板可采用竹、木、钢脚手板，其材质应符合规范要求。

③凡脚手板伸出小横杆以外大于20cm的探头板应严禁出现。

④脚手架的外侧应按规定设置密目安全网，安全网设置在外排产杆的里面。

⑤遇作业层时，还要在脚手架外侧大横杆与脚手板之间，按临边防护的要求设置防护栏杆和挡脚板，防止作业人员坠落和脚手板上物料滚落。

（6）交底与验收

①脚手架搭设前，施工负责人应按照施工方案要求，结合施工现场作业条件和队伍情况，做详细的交底，并有专人指挥。

②脚手架搭设完毕，应由施工负责人组织，有关人员参加，按照施工方案和规范分段进行逐项检查验收，确认符合要求后，方可投入使用。

③对脚手架检查验收按规范规定进行，凡不符合规定的应立即进行整改，对检查结果及整改情况，应按实测数据进行记录，并由检测人员签字。

（7）脚手架材质

①钢管材质一般应使用 Q235 钢材，外径 48mm（51mm）、壁厚 3.5mm 的焊接钢管，提供出厂合格证，进场时按规定进行抽检，不合格的、锈蚀、变形超过规定的禁止使用。

②脚手架搭设必须选用同一种材质，当不同材质混搭时，节点的传力不合理，判定为不合格脚手架，检查表不得分。

（8）通道

①各类人员上下脚手架必须在专门设置的人行通道（斜道）行走，不准攀爬脚手架，通道可附着在脚手架设置，也可靠近建筑物独立设置。

②通道（斜道）构造要求：

a.人行通道宽度不小于 1m，坡度宜用 1∶3，运料斜道宽度不小于 1.5m，坡度 1∶6。

b.拐弯处应设平台，通道及平台按临边防护要求设置防护栏杆及挡脚板。

c.脚手板横铺时，横向水平杆中间增设纵向斜杆；脚手板顺铺时，接头采用搭接，下面板压住上面板。

d.通道应设防滑条，间距不大于 30cm。

7）基坑支护与开挖安全控制要点及目标值

（1）施工方案

①基坑开挖之前，要按照土质情况、基坑深度以及周边环境确定土方开挖方案，其内容应包括：放坡要求、机械选择、开挖时间、开挖顺序、分层开挖深度、坡道位置、车辆进出道路、降水措施及监测要求等，方案应按规定组织专家进行审查。

②施工方案的制定必须针对施工工艺结合作业条件，对施工过程中可能造成坍塌的因素和作业人员的安全以及防止周边建筑、道路等产生不均匀沉降，制定具体可行措施，并在施工中付诸实施。

③土方开挖前，应按规定进行土方开挖条件专项验收（节点验收）。

（2）临边防护

①当基坑施工深度达到 2m 时，对坑边作业已构成危险，按照高处作业和临边作业的规定，应搭设临边防护措施。

②基坑周边搭设的防护栏杆，栏杆的选材、搭设方式及牢固程度均应符合规范规定。

（3）坑边荷载

①坑边堆置土方和材料包括沿挖土方边缘移动运输工具和机械不应离槽边过近，堆置土方距坑槽上部边缘不少于 1.2m，弃土堆置高度不超过 1.5m。

②大中型施工机具距坑槽边距离，应根据设备重量、基坑支护情况、土质情况经计算确定。规范规定"基坑周边严禁超堆荷载"。土方开挖如有超载和不可避免的边坡堆载，包括挖土机平台位置等，应在施工方案中进行设计计算确认。

③当周边有条件时，可采用坑外降水，以减少墙体后面的水压力。

（4）土方开挖

①所有施工机械应按规定进场经过有关部门组织验收确认合格，并有记录。

②机械挖土与人工挖土进行配合操作时，人员不得进入挖土机作业半径内。

③挖土机作业位置的土质及支护条件，必须满足机械作业的荷载要求，机械应保持水平位置和足够的工作面。

④挖土机司机属特种作业人员，应经专门培训考试合格持有操作证。

⑤挖土机不能超标高挖土，以免造成土体结构破坏。坑底最后应留30cm土方由人工完成，并且人工挖土应在打垫层之前进行，以减少基坑无支撑暴露时间。

⑥基坑开挖到基底时组织完善基底验槽，组织参建各方（设计、勘察、施工及业主单位）现场进行验收，并形成验收记录。

（5）基坑支护变形监测

①基坑开挖之前应作出系统的监测方案。包括：监测方法、精度要求、监测点布置、观测周期、工序管理、记录制度、信息反馈等。

②基坑开挖过程中特别注意监测：

a. 支护体系变形情况；

b. 基坑外地面沉降或隆起变形；

c. 邻近建筑物动态；

d. 基坑内外水位是否连通，基坑外水位沉降情况；

e. 如邻近既有地铁线路的项目必须对既有线路进行监测。

8）施工方案

（1）施工方案内容应该包括模板及支撑的设计、制作、安装和拆除的施工程序、作业条件以及运输、堆放的要求等，并经审批。达到危险性较大分部分项工程级别的模板工程，应编制安全专项方案，并按规定组织专家进行审查。

（2）模板工程施工应针对混凝土施工工艺，制定出安全、防火措施，一并纳入施工方案之中。

9）支撑系统

（1）模板的设计内容应包括：模板和支撑系统的设计计算、材料规格、接头方法，构造大样及剪刀撑的设置要求等均应详细注明并绘制施工详图。

（2）支撑系统的选材及安装应按设计要求进行，基土上的支撑点应牢固平整，支撑在安装过程中应考虑必要的临时固定措施，以保证稳定性。

10）立柱稳定

（1）立柱材料可用钢管、门型架、木杆，其材质和规格应符合设计要求。

（2）立杆底部支承结构必须具有支承上层荷载的能力。由于模板立柱承受的施工荷载往往大于楼板的设计荷载，因此常需要保持两层或多层立柱（应计算确定）。为合理传递荷载，立柱底部应设置木垫板，禁止使用砖及脆性材料铺垫。当支承在地基上时，应验算地基土的承载力。

（3）为保证立柱的整体稳定，应在安装立柱的同时，加设水平支撑和剪刀撑。立柱高度大于 2m 时，应设两道水平支撑，满堂红模板立柱的水平支撑必须纵横双向设置。其支架立柱四边及中间每隔四跨立柱设置一道纵向剪刀撑。立柱每增高 1.5~2m 时，除再增加一道水平支撑外，尚应每隔 2 步设置一道水平剪刀撑。

（4）立柱的间距应经计算确定，按照施工方案要求进行。当使用 $\phi 48$ 钢管时间距不应大于 1m。若采用多层支模，上下层立柱要垂直，并应在同一垂直线上。

11）施工荷载

（1）按施工方案设计要求检查模板上荷载，避免超载。

（2）模板上堆料和施工设备应合理分散、均匀堆放。

12）支拆模板

（1）悬空作业处应有牢靠的立足作业面，支拆 3m 以上高度的模板时，应搭设工作脚手架，高度不足 3m 的可用移动式高凳。

（2）模板拆除前应对条件混凝土试块进行试压及设计要求进行验收，确认达到可拆除条件，履行报验手续后方可拆除。

（3）拆除模板区域应设置警戒线有明显标志，设专门监护人员。作业时按"后支先拆"的原则分区域逐块进行，拆除后注意检查不得留有未拆净的悬空模板。

13）模板验收

（1）模板工程安装后，应由现场技术负责人组织，按照施工方案进行验收。

（2）对验收结果应逐项认真填写，并记录存在问题和整改后达到合格的情况。

（3）模板安装和拆除工作必须严格按施工方案进行，正式工作之前要进行安全技术交底，确保施工过程的安全。

14）"三宝"、"四口"、临边防护控制要点及目标值

（1）安全帽

①每顶安全帽应有生产厂商名称、商标、型号、生产时间、许可证编号，每顶安全帽出厂时，必须有检验部门批量验证和工厂检验合格证。

②佩戴安全帽时，必须系紧下颌带，防止安全帽坠落。

（2）安全网

①工程施工过程中使用的安全网必须采用阻燃的密目式安全网。

②每张安全网出厂前，必须有国家指定的监督检验部门批量验证和工厂检验合格证。

（3）安全带

①登高作业使用的安全带绳长限定在 1.5~2m。

②安全带应高挂低用，不得将绳打结使用，不得将钩直接挂在不牢固物和直接挂在非金属绳上使用。

③安全带的带体上应缝有永久字样的商标、合格证和检验证。合格证上应注明产品名称、生产年月、拉力试验、冲击试验、制造厂名、检验员姓名。

（4）楼梯口、电梯井口防护

①洞口、楼梯口必须按规定设置防护设施。

②洞口、楼梯口按规定设置安全防护网。

③防护栏杆、防护栅门应符合规范规定，整齐牢固，与现场规范化管理相适应。

（5）预留洞口、坑、井防护

①按照《建筑施工高空作业安全技术规范》JGJ 80—2016 规定，对孔洞口（竖向孔洞高度大于或等于 50mm，非竖向洞口短边尺寸大于或等于 25mm）应采取防坠落措施。

②当竖向洞口短边边长小于 500mm 时，应采取封堵措施；当垂直洞口短边边长大于或等于 500mm 时，应再临空一侧设置高度不小于 1.2m 的防护栏杆，并应采取密目式安全立网或工具式栏板封闭，设置挡脚板。

③较小的洞口应采用承载力满足使用要求的盖板覆盖，盖板四周应均衡，且防止盖板移位；较大的洞口应采用盖板覆盖或防护栏杆等措施，并应固定牢固；非竖向洞门短边边长大于或等于 1500mm 时，应在洞口作业侧设置高度不小于 1.2m 的防护栏杆，洞口应采用安全平网封闭。

④在基坑临边设置固定防护栏杆。防护栏杆应采用脚手钢管或与钢管材质强度相当的材料。栏杆设置应牢固、可靠，能承受任何方向 1kN 的外力作用，基坑防护栏杆上下各设一道横杆，上杆距地面高度应为 1.2m，下杆应在上杆和挡脚板中间设置，挡脚板高度不小于 180mm，防护栏杆立柱间距不大于 2m，并经驻地监理验收后才可使用。

⑤结构施工脚手架搭设或临边栏杆防护，应采用合格密目式阻燃安全网封闭，要求平整、绷紧，密拼连接、整齐美观，不得漏挂、脱落。安全网应为 100cm^2 不得小于 2000 目的密目式绿色围护立网。

15）施工用电安全控制要点及目标值

（1）承包商应当编制临时用电组织设计，应符合《施工现场临时用电安全技术规范》JGJ 46—2005 等用电安全规范要求。临时用电组织设计必须包括如下内容：

①用电机具明细表及负荷计算书；

②现场供电线路及用电设备布置图，布置图应注明线路架设方式，导线、开关

电器、保护电器、控制电器的型号及规格；

③接地装置的设计计算及施工图；

④发、配电房的设计计算，发电机组与外电联锁方式；

⑤大面积的施工照明，150人及以上居住的生活照明用电的设计计算及施工图纸；

⑥安全用电检查制度及安全用电措施（应根据工程特点有针对性地编写）。

（2）各施工现场必须设置一名电气安全负责人，电气安全负责人应由技术好、责任心强的电气技术人员或工人担任，其责任是负责该现场日常安全用电管理。

（3）施工现场的一切电气线路、用电设备的安装和维护必须由持证电工负责，并严格执行施工组织设计的规定。

（4）施工现场应视工程量大小和工期长短，必须配备不少于2名持有地级市以上安全监督管理部门核发电工操作证的电工，盾构高压用电必须按照要求配置相关电工。

（5）施工现场使用的大型机电设备，进场前应通知驻地监理部检验合格后才允许运进施工现场安装使用，严禁不符合安全要求的机电设备进入施工现场。

（6）一切移动式电动机具（如潜水泵、振动器、切割机、手持电动机具等）机身必须写上编号，检测绝缘电阻、检查电缆外绝缘层、开关、插头及机身是否完整无损，并列表报驻地监理部检查合格后才允许使用。

（7）施工现场严禁使用明火电炉（包括生活区和办公区）、多用插座及分火灯头，220V的施工照明灯具必须使用护套线。

（8）施工现场应设专人负责临时用电的安全技术档案管理工作。临时用电安全技术档案应包括以下内容：

①临时用电施工组织设计

包括临时用电施工组织设计的全部资料和修改施工组织设计的全部资料。包括：现场勘探、所有电气装置、用电设备方面的详细统计资料、负荷计算以及电气布置图等资料。

临时用电施工组织设计必须由电气工程技术人员编制，技术负责人审核，经主管部门批准后实施。

②技术交底

临时用电施工组织设计被批准实施前，电气工程技术人员向安装、维修电工和各种用电设备人员分别贯彻交底的文字资料。包括总体意图、具体技术要求、安全用电技术措施和电气防火措施等文字资料。

③安全检测记录

主要包括临时用电工程检查验收表等。其中接地电阻测定记录应包括临时用电投入运行前其工作接地阻值和重复接地阻值，以及定期检查复查绝缘电阻测试及接地阻值测定记录。

④电工维修工作记录

电工维修工作记录是反映电工日常电气维修工作情况的资料，应尽可能记载详细，包括时间、地点、设备、维修内容、技术措施、处理结果等。对于事故维修，应作出分析提出改进意见。

16）塔吊安全控制要点及目标值

（1）安装与拆卸

①塔式起重机的安装和拆卸前必须编制详细的施工方案，包括：作业程序、人员的数量及工作位置、配合作业的起重机械类型及工作位置，地锚的埋设、索具的准备和现场作业环境的防护等。

②塔吊的安装和拆卸工作必须由取得相应资质的专业队伍进行，并设专人指挥。

③安装与拆卸前，应到当地建筑行政主管部门办理告知手续，经批准后方可进行作业。

④安装完成后，须经有资质的检测部门检验合格，并按工程当地建设行政主管部门规定办理备案手续后，方可投入使用。

（2）塔吊指挥

①塔吊司机应经正式培训考核并取得特种作业操作资格证书。

②塔吊作业必须按照要求配置指挥及司索人员，相应人员应经正式培训考核并取得特种作业操作资格证书。

③当现场多塔作业相互干扰，或高塔作业司机不能清晰地听到信号指挥人员的笛声和看到手势时，应结合现场实际改用旗语或对讲机进行指挥。

（3）路基与轨道

①塔吊的路基与轨道的铺设，必须严格按照其说明书规定进行。

②固定式塔吊的基础施工应按设计图纸进行，其设计计算和施工详图应列入塔吊的专项施工组织设计内容，施工后应经验收并有记录。

（4）电气安全

①塔吊电缆不允许拖地行走，应装设具有张紧装置的电缆卷筒，随塔吊行走卷筒自动将电缆缠绕。

②施工现场架空线路与塔吊的安全距离，旋转臂架式起重机的任何部位或被吊物边缘与 10kV 以下的架空线路边线最小水平距离不得小于 2m。

③塔吊的重复接地应在轨道的两端各设一组，对较长的轨道，每隔 30m 再加一组接地装置。

④塔吊的保护零线和接地线必须分开。

（5）安装验收

①技术检查。检查塔吊的紧固情况、滑轮与钢丝绳接触情况、电气线路、安全装置以及塔吊安装精度。

②空载试验。接提升、回转、变幅、行走机械分别进行动作试验，并做提升、行走、回转联合动作试验。

③额定载荷试验。吊臂在最小工作幅度，提升额定最大起重量，重物离地20cm，保持10min，离地距离不变（此时力矩限制器应发出报警信号）。

④对试运转及验收的参加人员和检测结果应有详细如实的记录，并由有关人员签字确认符合要求。

17）起重吊装安全控制要点及目标值

（1）施工方案

①起重吊装包括结构吊装和设备吊装，其作业属高处危险作业。作业条件多变，施工技术也比较复杂，施工前应编制专项施工方案。其内容应包括：现场环境、工程概况、施工工艺、起重机械的选型依据、起重拔杆的设计计算、地锚设计、钢丝绳及索具的设计选用、地耐力及道路的要求、构件堆放就位图以及吊装过程中的各种防护措施等。

②作业方案必须针对工程状况和现场实际具有指导性，并经上级技术部门审批确认符合要求。

（2）司机、指挥司索工

①起重机司机属特种作业人员应经正式培训考核并取得合格证书。

②汽车吊、轮胎吊必须由起重机司机驾驶，严禁同车的汽车司机与起重机司机相互替代。

③起重机的信号指挥人员应经正式培训考核并取得合格证书。

④起重机在地面，吊装作业在高处作业的条件下，必须专门设置信号传递人员，以确保司机清晰准确地看到和听到指挥信号。

（3）起重作业

①起重机司机应对施工作业中所起吊重物重量切实清楚，并有交底记录。

②司机必须熟知该机车起吊高度及幅度情况下的实际起吊重量，并清楚机车中各装置正确使用，熟悉操作规程，做到不超载作业。

③严格按照"十不吊"要求落实现场起重吊装作业。

（4）警戒

①起重吊装作业前，应根据施工组织设计要求划定危险作业区域，设置醒目的警示标志，防止无关人员进入。

②除设置标志外，还应视现场作业环境，专门设置监护人员，防止高处作业或交叉作业时造成的落物伤人事故。

18）施工机具安全控制要点及目标值

（1）手持电动工具

①使用Ⅰ类工具（金属外壳）外壳应做保护接零，在加装漏电保护器的同时，作

业人员还应穿戴绝缘防护用品。

②发放使用前，应对手持电动工具的绝缘阻值进行检测，Ⅰ类工具应不低于 2MΩ，Ⅱ类工具应不低于 7MΩ。

③手持电动工具自带的软电缆或软线不允许任意拆除或接长；插头不得任意拆除更换。

④工具中运动的（转动的）危险零件，必须按有关的标准装设保护罩，不得任意拆除。

（2）钢筋机械

①设备进场应经有关部门组织进行检查验收并记录存在问题及改正结果，确认合格。

②按照电气的规定，设备外壳应做保护接零（接地），开关箱内装设漏电保护器。

③明露的机械传动部位应有牢固、适用的防护罩，防止物料带入、保障作业人员的安全。

④冷拉场地应设置警戒区，设置防护栏杆及标志。

⑤对焊作业要有防止火花烫伤的措施，防止作业人员及过路人员烫伤。

（3）电焊机

①电焊机进场应经有关部门组织进行检查验收并记录存在问题及改正结果，确认合格。

②按照电气的规定，设备外壳应做保护接零（接地），开关箱内装设漏电保护器。

③交流焊机必须安装电焊机二次侧安装空载降压保护装置。

④焊把线长度一般不应超过 30m 并不准有接头。

⑤露天使用的焊机应该设置在地势较高、平整的地方并有防雨措施。

⑥焊接作业时检查周边是否存在易燃易爆物品，现场按要求配置灭火器材。

（4）气瓶

①不同类的气瓶，瓶与瓶之间不小于 5m，气瓶与明火距离不小于 10m。

②乙炔瓶不应平放。乙炔瓶瓶体温度不准超过 40℃。

③乙炔瓶必须按照要求设置回火阀，气管不可老化。

④严格检查气瓶的压力表是否损坏，及时做好归库。

⑤现场按照要求分类设置气瓶仓库，仓库内的气瓶需按照要求设置防震圈。

（5）场内机动车辆

①施工现场内的机动车辆必须经有关部门检验、检测合格后方可使用。

②机动车辆驾驶人员必须持证上岗。

③必须严格按有关安全操作规程操作。

④场地内设置限速标识，规划好行驶线路。

(6)潜水泵

①水泵外壳必须做保护接零(接地),开关箱中装设漏电保护器。

②泵应设在坚固的筐里置入水中,泵应直立放置。放入水中或提出水面时,应先切断电源,禁止拉拽电缆。

③接通电源应在水外先行试运转,(试运行时间不超过5min)确认旋转方向正确无泄漏现象。

④泵体不得陷入污泥或露出水面。

9.4 安全生产管理的监理工作流程

安全生产管理的监理工程流程一般包括总体工作流程(图9-2)和实施流程(图9-3)。

9.4.1 安全生产管理的监理工作总体流程

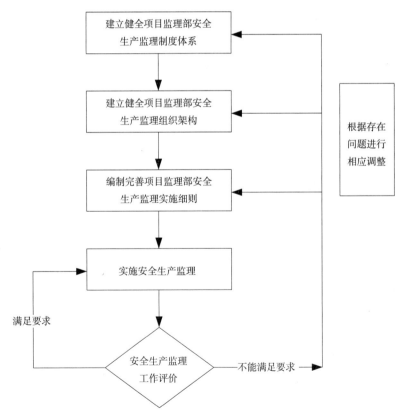

图9-2 安全生产管理的监理工作总体流程

9.4.2 项目安全生产监理实施流程

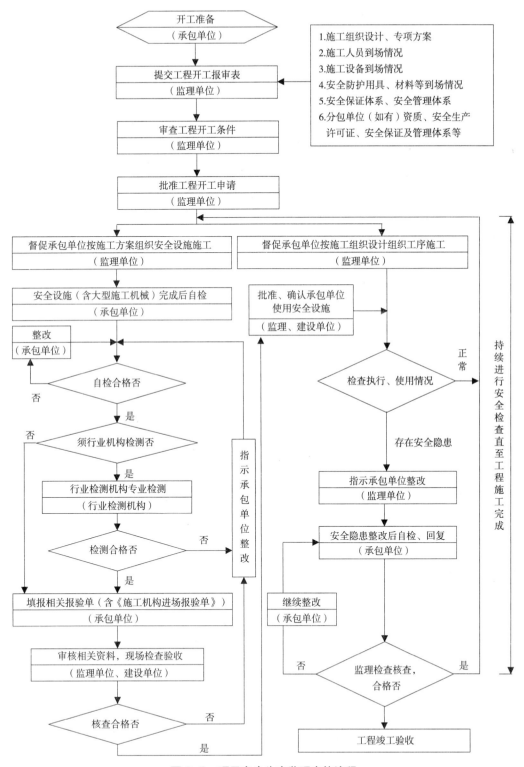

图 9-3 项目安全生产监理实施流程

第 10 章
明挖施工设备验收与日常检查监理要点

本章执笔：陈跃进　陈龙文　郑凯玲

10.1　进场施工设备安全管理

10.1.1　进场报验的施工设备

1）土方机械：挖掘机、推土机、冲桩机、成槽机、双轮铣、泥浆分离器；

2）起重、运输设备：汽车式（轮胎式、履带式）起重机、塔式起重机、门（桥）式起重机；

3）钢筋加工设备：弯曲机、切断机、调直机、弯箍机、直流电焊机、交流电焊机、对焊机或套丝机；

4）其他设备：空压机。

10.1.2　进场施工设备验收

1.施工机械设备、机具验收项目

1）安装位置是否符合施工平面布置图要求；

2）安装地基是否坚固，机械是否稳固，工作棚搭设是否符合要求；

3）传动部分是否灵活可靠，离合器是否灵活，制动器是否可靠，限位保险装置是否有效，机械的润滑情况是否良好；

4）电气设备是否安全可靠，电阻检测记录应符合要求，漏电保护器灵敏可靠，接地接零保护正确；

5）安全防护装置完好，安全、防火距离符合要求；

6）机械工作机构无损坏，运转正常，紧固件牢固；

7）各类架体搭设是否符合规范要求；

8）操作人员是否持证上岗。

2.设备报验流程及报验资料

1）承包商申报：进场设备清单、设备质量证明资料、承包商设备自检情况；

2）监理单位设备专业监理工程师审查资料的齐备、有效性。审查包括施工设备的产品合格证、起重设备年度检测合格证、空气压缩机的压力容器定期检定合格证；现场检查核对设备编号、规格是否与资料符合，现场检查设备试运行情况；

3）资料审查和现场验收合格后签署同意进场意见。

3. 设备验收监理工作要点

由设备专业监理工程师组织承包商设备技术人员实地检查验收（主要部件、试运行验收），检查合格后签署同意设备进场书面文件。

设备专业监理工程师查验申报资料的有效性、完整性：

1）进场设备清单；

2）设备、机具产品合格证，特种设备的定期检验合格证；

3）进场设备、机具自查记录表；

4）特种作业人员操作上岗证；

5）设备进退场台账。

10.1.3 设备维护保养检查

机械设备的保养和维护，必须贯彻"养修结合、预防为主"的原则，落实定期保养、计划维护制度，施工机械维护保养分为例行保养（分为例行保养、定期保养和特定保养）、定期保养（包括一级保养、二级保养）和特定保养（包括磨合期、换季、停用和转场保养）。各种作业施工机械必须由专人负责保养、维修，并落实责任制，做到勤检查、勤保养、勤维修。

监理人员需不定期地，或每月度例行抽查一次关于龙门吊、停留在现场一个月以上的临时使用汽车吊、冲桩机、成槽机、弯曲机、切断机、调直机、弯箍机等设备的维修保养记录。主要查看记录是否定期完成保养，记录是否完整。

10.1.4 施工设备操作证检查

设备需按定机专人操作，操作人员必须取得相关特种作业上岗操作证书，证书通过规定年审，并完成三级安全教育和安全技术交底。

1. 操作人员必须身体健康，上岗期间无妨碍工作身体不适，禁止酒后作业。

2. 操作人员和配合工作人员，必须穿戴劳动保护用品。高处作业必须挂好安全带，不得穿硬底鞋或拖鞋，严禁从高处投掷物件。

3. 操作人员应熟悉作业环境和施工条件，听从指挥，遵守设备安全操作规程。

4. 操作人员在发现设备的自动控制机件、各种限位器等安全装置及监测、指示、仪表、警报等自动报警、信号装置存在故障时，需通知维修人员处理，严禁擅自进行维修或拆除。

10.1.5 交接班检查

1）各种主要生产设备使用期间，都必须建立相应的交接班制度。

2）操作人员或司机交接班时，要做到岗位交接、记录交接。

3）交班时要把设备运行情况、维修保养情况在运行记录上记录完整并签名确认。

4）接班人员接班后，按交接内容详细检查设备并记录情况，对存在的问题记入检查记录本。

10.1.6 完善设备资料档案管理制度

包括设备使用说明书等原始技术文件、交接登记、运转记载、点检记录、检查整改情况、维修记录、事故分析和技术改造资料等收集、整理、保管。

10.2 地铁施工危险性较大施工设备的监理控制要点

10.2.1 龙门吊

1. 龙门吊设备简介

龙门吊主要用于露天作业，并在固定轨道（双轨）上作业，一般地铁施工由于起重量 $Q \leq 50t$、跨度 $S \leq 35m$，故多数采用单主梁门式起重机。总体来说龙门吊由天车、连接架、导梁、支腿（斜拉杆）、主行走系统等部件组成（表10-1）。

龙门吊部件组成 表10-1

部件	组成
天车	单台起吊重量在20t以上时，通常为双导梁设计。运行于导梁上的集起吊、横向移动的部件总成合称为天车。由吊装系统（卷扬机、滑轮组、吊具）和天车行走系统两部分组成
连接架	是导梁和支腿（也叫立柱），大斜拉杆的连接部件。由导梁—支腿连接架和导梁—大斜拉杆连接架组成。连接架和导梁配对板决定起吊的有效跨度。是可移动式门吊其改变起吊跨度的重要部件（一般设计时就需要详细考虑，一旦出厂就不能更改）
导梁	又叫横梁。由上下纵梁，斜撑，斜撑垫板，加强板，加强筋板，上轨道，轨道垫板等组成。20t以上大多设计成双导梁，是门吊决定起吊重量承载和起吊跨度的重要设施。其制作工艺，精度，决定该门吊其以后使用的寿命。在其中一组导梁可安装3~10t电动葫芦，以弥补起吊轻重量物件时速度慢的不足
支腿	又叫立柱。15t以下可由螺旋焊管或其他型材制作，超20t需用无缝钢管制成。是支持导梁连接主行走系统部分，通常大斜拉杆也算作支腿部分。不同的是支腿主要作用是承重，大斜拉杆作用是稳定该门吊。本系统决定了门吊的起吊高度，也是门吊的支撑和稳定设施
主行走系统	主行走系统也是门吊的动力系统。15t以下单台门吊可由一套动力系统（2主动、2被动、2电机、2减速机）提供动力。20t以上需由2套动力系统提供（为保证安全），也就是（单台）门吊的四条支腿下面都有动力（共4主动、4被动、4电机、4减速机）。以支腿连接方式，以前是螺栓连接，由于对地面轨道要求太高和有一点坡比就不能使用，故现在设计的多为铰接式销轴连接。现最先进的还自带油缸，可实现变轨作业。其他由配电箱，操作室（现多用遥控），连接花架，小斜拉杆，下拉杆，中拉杆，上拉杆等零部件组成

门式起重机用代号、额定起质量、跨度、工作级别 4 个主要要素特征表示型号。单主梁门式起重机：其符号有：MDG、MDE、MDZ、MDN、MDP、MDS。双梁门式起重机。其符号有：MG、ME、MZ、MC、MP、MS。国家现有规范为《通用门式起重机》GB/T 14406—2011。

2. 龙门吊常见安全事故因素

1）由设备因素引发

（1）电器损坏而造成触电事故。

（2）起重设备的操纵系统失灵或安全装置失效而引起事故，如制动装置失灵而造成重物的冲击和夹挤。

（3）吊具失效，如抓斗、吊钩、钢丝绳、网具等损坏而造成重物坠落。

（4）桥式起重机脱轨事故，其原因多数为啃轨现象造成紧固件松动所致。

（5）构件强度不够，如塔式起重机的倾倒，其原因是塔身的倾覆力矩超过其稳定力矩所致。

2）由操作因素引发

（1）指挥不当，动作不协调等。

（2）违反操作规程，如超载起重，或人处于危险区工作等。

（3）起吊方式不当，造成脱钩或起重物摆动伤人。

3. 龙门吊安全监控要点

1）监理人员不定期抽查安全操作规程行为

（1）操作人员必须取得相关特种作业上岗操作证书。

（2）吊车司机工作时，只听地面上专门人员指挥（并且只能有 1 人指挥），指挥信号明晰无障碍，但无论什么人发出停车信号时均应停车，查明情况再开车。

（3）是否存在作业人员酒后操作，超负荷起吊、倾斜吊运物品、人随物品一起升降、六级以上风力作业、松散物未捆绑或捆绑不紧起吊等违章行为。

（4）龙门吊吊运物品时，应鸣铃让人躲开或绕开，禁止从人头顶通过，开车前必须发出开车警告信号。

（5）不允许长时间吊重于空中停留，龙门吊吊装重物时，司机和地面指挥人员不得离开。

（6）每日每次开车前是否对机械设备和电器设备、操作系统检查并做好记录，并按规定对设备进行保养和润滑。

（7）交接班时，两个班的司机应共同检查全机的机械设备和电器设备情况，并填写司机日表。

2）日常龙门吊吊运安全监理控制要点

（1）督促承包商在起吊前对龙门吊作以下内容安全检查，形成记录：

①起重机正常工作的技术性能；②安全保护装置和仪器的可靠性；③传动机构、制动系统、液压系统、电气线路及电器元件；④金属结构的变形、裂纹、腐蚀及焊接、铆接、螺栓的连接情况；⑤钢丝绳的磨损、变形和尾端固定情况。

（2）督促承包单位做好吊运过程管理，提放吊斗时，上下有统一信号，专人指挥，严禁将吊斗吊空铲泥。在起吊时，严禁吊斗撞击工作井内设施。

（3）夜间施工时必须有充足的照明，遇到暴雨、6级以上大风、地面下沉等情况下停止施工。

（4）龙门吊机日常使用过程中，要严格按规范进行保养和维修，严格执行日检、周检、月检和年检制度。

3）设备安装拆除安全监理控制要点

（1）施工总承包单位、监理单位审核以下资料：

①建筑起重机械备案证明；②安装单位资质证书、安全生产许可证副本；③安装单位特种作业人员证书；④建筑起重机械安装（拆卸）工程专项施工方案；⑤安装单位与使用单位签订的安装（拆卸）合同及安装单位与施工总承包单位签订的安全协议书；⑥安装单位负责建筑起重机械安装（拆卸）工程专职安全生产管理人员、专业技术人员名单；⑦建筑起重机械安装（拆卸）工程生产安全事故应急救援预案；⑧辅助起重机械资料及其特种作业人员证书；⑨施工总承包单位、监理单位要求的其他资料。

以下危险性较大分部分项的工程，必须编制专项方案，专项方案应当由承包商技术部门组织本单位施工技术、安全、质量等部门的专业技术人员进行审核。经审核合格的，由承包商技术负责人签字。实行施工总承包的，专项方案应当由总承包单位技术负责人及相关专业承包单位技术负责人签字，由项目总监理工程师审核签字。

（2）采用非常规起重设备、方法，且单件起吊重量在10kN及以上的起重吊装工程。

（3）起重机械设备自身的安装、拆卸。

（4）监理单位审查设备资料，对30t以上的大型起重机械具有"起重机械安全技术监督检验合格证书"。

（5）对龙门吊轨道基础施工图纸必须由有资质的设计单位提供，监理单位对施工质量进行监督。

（6）龙门吊安装前，应当向工程所在地县级以上地方人民政府建设主管部门办理备案。龙门吊安装完成后需经有资质的检测部门检测验收，并取得检测合格证书。建筑起重机械使用单位在建筑起重机械安装验收合格之日起30日内，向工程所在地县级以上地方人民政府建设主管部门（以下简称"使用登记机关"）办理使用登记，取得建筑起重机械使用登记证明后方可许可使用。

（7）龙门吊拆除前向使用登记机关办理拆卸告知手续，注销建筑起重机械使用登记证明。

龙门吊安全专项检查见表 10-2。

龙门吊安全专项检查表　　　　　　　　　　　表 10-2

施工单位：

序号	检查项目	检查内容	检查情况
1	安装与拆卸与验收	龙门吊制造或租赁不符合有关规定或龙门吊质量证明材料不全； 安装、拆卸作业前未向施工安全监督机构办理告知手续； 安装、拆卸单位未取得相应资质； 未制定安装、拆卸专项方案； 基坑边安装龙门吊未进行基坑结构安全验算； 专项方案未经审批或内容不符合规范要求； 安装、拆卸现场地锚、缆风绳等重要保护措施未符合方案； 安装、拆卸人员未持证上岗； 安装、拆卸作业现场未安排专人监护； 安装、拆卸现场未设置警戒区域； 安装后未组织验收或验收表未经责任人签字； 未按规定办理备案、登记手续	
2	保险装置	起升高度限位器、行走限位器、起重量限制器或限制（限位）器失效； 未设置紧急断电开关或开关失效； 紧急断电开关安装位置不当； 吊钩无保险装置； 上人爬梯无护笼、无安全门或护笼、安全门不符合要求	
3	轨道	轨道两侧无缓冲器和端部止挡； 轨道基础不满足承载要求，已变形或破损； 轨道与基础间固定方式不符合要求； 轨道跨距偏差不符合要求； 轨道弯曲偏差不符合要求； 轨道接头处高低偏差或左右错位偏差不符合要求； 轨道接头处间隙过大； 轨道扭度过大； 轨顶面或侧面磨损量过大； 未按要求设置夹轨钳或铁鞋等锚定装置； 轨道钉、紧固螺栓、挡块、压板、弹条等扣件松脱； 轨道上堆积物料或存有影响安全运行的其他障碍物	
4	电气安全	电缆盘同步损坏； 轨道两端未设接地装置或轨道的接头处未做电气连接； 在其他防雷保护范围以外未设置避雷装置； 避雷装置不符合规范要求	
5	吊钩与钢丝绳	吊钩存在缺陷或危险断面磨损大于 5% 未更换； 钢丝绳选用型号不符合规范要求； 钢丝绳磨损已达到报废标准未更换； 钢丝绳锈蚀、缺油； 绳卡不符合规定	
6	结构设施	主要结构件的变形、开焊、裂纹、锈蚀超过规范要求未更换； 平台、走道、梯子、栏杆等不符合规范要求； 高强螺栓、销轴、紧固件等主要受力构件的紧固、连接不符合规范要求	

续表

序号	检查项目	检查内容	检查情况
7	防撞措施	两台及以上龙门吊在同一轨道上作业或行走作业区间存在交叉作业且无防碰撞措施； 防碰撞措施不可靠	
8	防护及警示	作业区域周边无防护栏杆； 未安装警示灯或警示灯失效； 危险部位未设置安全标志	
9	检查检测及维修保养	未按规定检测或检测不合格； 未制定起重设备检查制度，或未按要求定期对设备进行检查； 未制定维修保养制度，或未按制度进行定期维修保养； 委托维修保养的无委托合同或被委托单位无相应资质； 维修保养记录不真实； 无设备运转记录或运转记录填写不真实； 达到报废标准或国家禁止使用时未报废	

检查问题汇总：

检查人员：　　　　　　　　　　　　检查日期：

10.2.2 交流电焊机

交流电焊机是由降压变压器、电流调节器和散热系统以及焊接导线、把手等附件组成。监理检查要点：

1. 设备必须安装电焊机二次空载降压节能防触电保护装置；

2. 设备接地良好，机壳接地电阻不大于 4Ω；

3. 多台电焊机集中使用时，应分接在三相电源网络上，使三相负载平衡；多台焊机的接地装置，应分别由接地极处引接，不得串联；

4. 电焊钳应有良好的绝缘和隔热能力。电焊钳握柄必须绝缘良好，握柄与导线连接应牢靠，接触良好，连接处应采用绝缘布包好并不得外露；

5. 现场使用的电焊机，应设有防雨、防潮、防晒的机棚，并应装设相应的消防器材；

6. 焊接现场 10m 范围内，不得堆放油类、木材、氧气瓶、乙炔发生器等易燃、易爆物品。

10.2.3 流动式起重设备

流动式起重设备包括轮胎起重机、履带起重机，安全监理要点：

1. 设备报验资料是否符合要求；
2. 起重操作人员、司索人员证件是否符合要求；
3. 设备现场检查包括：

（1）检查卷扬钢丝绳、吊臂伸缩用钢丝绳是否损坏严重，当钢丝绳出现下列情况之一时，应予更换：一股中断丝超过10%，直径减小超过名义直径70%，钢丝绳出现扭结，显著松脱、严重锈蚀；

（2）各仪表、指示灯及安全装置是否正常，必要时应进行调整；

（3）支腿、变幅、伸缩机构各软管连接是否松动；

（4）检查各部分的润滑情况，应按规定加油，特别是液压油箱，应加到规定刻线；

（5）查液压系统油路各泵、阀、缸、马达等有无渗漏现象。